Peter Meier-Hüsing

Wo die Schneelöwen tanzen

Maurice Wilsons vergessene Everest-Besteigung

Mit 8 Seiten Bildteil

Ein MALIK Buch

Piper München Zürich

Ungekürzte Taschenbuchausgabe
Dezember 2004

erschienen im Verlagsprogramm Malik
Umschlagkonzept: Büro Hamburg
Umschlaggestaltung: Birgit Kohlhaas
Foto Umschlagvorderseite: Royal Geographical Society
Satz: Satz für Satz. Barbara Reischmann, Leutkirch
Druck und Bindung: Clausen & Bosse, Leck
Printed in Germany ISBN 3-492-24290-1

www.piper.de

»Diese Schneeberge sind der Nabel der Welt, der Platz, wo die Schneelöwen tanzen. Ihre kristallgleichen Pagoden sind der Ort höchster Seligkeit, die sie umgebenden Hügel Quelle lebenspendenden Nektars, wo spirituelle Vollendung gelingt und wahre Meditation gedeiht. Nichts ist wunderbarer, nichts ist erstaunlicher!«
Milarepa (1040–1123)

Inhalt

Auf den Spuren Maurice Wilsons

Viel ist über die Entdeckungs- und Besteigungsgeschichte des Mount Everest und ihrer Heroen geschrieben worden: Legenden, Passionen, Verklärungen. Maurice Wilson wurde dabei kein Platz in der alpinen »hall of fame« zugewiesen. Man kennt seinen Namen nicht, man stolpert eher zufällig über ihn. So erging es jedenfalls mir, als ich vor einigen Jahren in Reinhold Messners Bericht über seine Everest-Solobesteigung im Jahre 1980 las. Der Südtiroler hat Maurice Wilson einige Seiten im Kapitel zur frühen Expeditionsgeschichte gewidmet. Er läßt einerseits keinen Zweifel daran, daß Maurice Wilsons Besteigungsversuch von einem rein *alpinistischen* Standpunkt als verrückt zu bezeichnen ist, aber andererseits ist zwischen den Zeilen immer wieder eine Faszination für diesen frühen »Bruder im Geiste« herauszulesen, als suche Messner so etwas wie eine historische Legitimation für sein epochales Vorhaben. Und Maurice Wilson geisterte auch auf dem Berg in Messners Gedanken umher, denn in Lager II auf achttausend Meter Höhe schrieb er: »War ich genauso verrückt wie Wilson, besessen von einer Idee, die niemand mehr verstand, nicht einmal die Bergsteiger?«

Ich war neugierig geworden. Wer war dieser Maurice Wilson? Was verbarg sich hinter diesem ungeliebten und deshalb oft vergessenen Kapitel der Expeditionsgeschichte des

Mount Everest? In den Standardmonographien zum Everest werden ihm, wenn überhaupt, nur wenige Zeilen gewidmet.

Ich begann zu suchen, nach Spuren und Hinterlassenschaften von Wilson, nach Menschen, die seine Geschichte, seine Familie oder seine Beweggründe gekannt haben mochten. Ich knüpfte Kontakte rund um die Erde, per Brief und Internet, zu Archiven, Bibliotheken und Alpin-Historikern. Ich erhielt Hinweise, Tips, es fanden sich Spuren, die sich manchmal in nichts auflösten und manchmal zu einem Schatz führten. Langsam entstand aus den vielen Puzzleteilen ein Bild – eine bewegende Biographie.

Nach der Spurensuche in Briefen, Akten und Tagebüchern stand mein Entschluß fest, diesem unzeitgemäßen Rebellen Wilson mehr als ein paar weitere Zeilen in der langen Geschichte des Everest zu widmen. Aber die weißen Flecken im Bild konnten erst dann ausgefüllt werden, wenn ich seinen Weg tatsächlich nachvollzog. Deshalb unternahm ich eine Reise durch Tibet, über die Hochebene bis zum Kloster Rongbuk und weiter auf die Gletscher am Mount Everest. Hier bekamen die oft sehr persönlichen Andeutungen, Beschreibungen und Selbstreflexionen aus Wilsons Tagebuch endlich Farbe und Gestalt.

Mein Buch ist jedoch nicht aus dem Blickwinkel eines »Alpinisten« geschrieben, sondern hat vor allem den Menschen Maurice Wilson und dessen historisches Umfeld zum Thema. Das zusammengesetzte Bild weist immer noch Lücken auf. Denn obwohl alle handelnden Personen und vorkommenden Orte so exakt wie möglich recherchiert und beschrieben sind, bleiben trotzdem Details, die sich nicht klären lassen.

Anfang 1933 erklärt ein in englischen Bergsteigerkreisen unbekannter Mann namens Maurice Wilson in London: »Ich besteige den Mount Everest. Allein!« Zu diesem Zeitpunkt weiß man im Westen nicht viel über Chomolungma, wie der Mount Everest in Tibet genannt wird. Nur wenige »Weiße« hatten ihn bisher überhaupt zu Gesicht bekommen. Das Königreich Nepal verbietet Europäern die Einreise. Und der Dalai Lama in Lhasa erteilt äußerst selten Genehmigungen für ausländische Expeditionen. Erst dreimal waren englische Bergsteigerexpeditionen von der tibetischen Seite zum Everest vorgestoßen. Zweimal erreichten sie Höhen über achttausend Meter, angesichts der damaligen Ausrüstung eine enorme Leistung. Diese frühen Unternehmungen kosteten neun Sherpas und einem Engländer das Leben, zwei britische Kletterer blieben verschollen, die legendäre Seilschaft George Leigh Mallory und Andrew Irvine. Und der »dritte Pol« blieb unerstiegen, die vielen Hochtäler der Everest-Region fast unbekannt und unerforscht. Der »offizielle« Alpinismus in London, der Alpine Club und die Royal Geographical Society, war sich sicher: der Everest konnte bestiegen werden, aber nur durch eine militärisch präzise geplante Großexpedition. Und außerdem war es eine Aufgabe von höchstem nationalen Interesse, in den Zeiten langsam verblassender imperialer Herrlichkeit. Ein Unternehmen wie Wilsons Soloversuch konnte in seinen Augen nur tollkühn und »mad« wirken, es war eine unverfrorene Verhöhnung britischen Selbstwertgefühls und Nationalstolzes. So dachten viele, und entsprechend empfindlich reagierten offizielle Stellen auf Wilson, als deutlich wurde: der Mann meint es ernst! Man versuchte, ihm Knüppel zwischen die Beine zu werfen, wo es nur ging.

Und das beliebteste Etikett für ihn war schnell gefunden: »der Verrückte aus Yorkshire«. Als 1935 Wilsons Tod bekannt wurde, schrieb das *Himalayan Journal:*

»Ein Mann, der alleine klettert, bricht die erste Bergsteigerregel. Im Himalaja so zu handeln, kann nur als verrückt bezeichnet werden, es gibt kein anderes Wort dafür.«

Die Bergsteiger, die seit achtzig Jahren zum Mount Everest pilgern, sind immer auch ein Spiegelbild des herrschenden Zeitgeistes, schleppen trotz aller ersehnten und gesuchten Zivilisationsferne ihre kulturellen Muster im Rucksack mit. Vielleicht sogar noch mehr, vielleicht verdichten sich an einem solch extremen Punkt wie dem höchsten Berg der Welt auch die extremen Ambitionen, Wünsche und Ängste derjenigen, die ihn umlagern, wie in einem Brennglas. Natürlich konnte damals ein Soloaspirant à la Wilson, der 1933 von einer »Vision« sprach, die ihn zum Everest trieb, in den Augen englischer Offiziere und nationalgesinnter Vereinshonoratioren nur ein Verrückter sein! Er war in jedem Fall ein Unzeitgemäßer. Wäre Wilson mit seinen Motiven in den Kreisen der »counterculture« der siebziger Jahre, der Selbstbespiegeler und Sinnsucher – auch im Extremsten am Berg – noch aufgefallen, wäre er noch der »Verrückte aus Yorkshire« gewesen? Ich denke, daß Maurice Wilson in seiner Motivation und seiner Getriebenheit alpinen Extremisten wie etwa Messner, Buhl oder Bonatti zutiefst verwandt war. Die Urteile späterer Autoren, die Maurice Wilson kurz streifen, sind im Vergleich zu denen seiner Zeitgenossen milder. So wurde er beispielsweise als »ein seltsamer Held« (Peter Hopkirk) oder auch als »ein romantischer Einzelgänger« (K. M. Herrligkoffer) bezeichnet. Aber er wurde nicht nur in die ein oder andere Schublade gesteckt, sondern man machte sich über ihn und seine Motivation Gedanken, wie etwa Reinhold Messner:

»Maurice Wilson wußte, daß der Mensch mit Gottes Hilfe alles kann. Um es zu beweisen, wollte er den Mount Everest besteigen. Damit begann das bizarrste Kapitel in der Geschichte des Everest.«

Dieses Buch ist ein Kapitel vergessener Everest-Geschichte, es beleuchtet auch die politischen Dimensionen des angeblich so

»wertfreien« Alpinismus während der frühen Expeditionen zum Everest, die sehr zwiespältige Begegnung der Berg-»Eroberer« mit den Mönchen und Pilgern der Berge und schließlich den eigenwilligen Weg des Maurice Wilson zwischen diesen Welten. In seiner Mischung aus Essay, Roman und Reportage will es einen Außenseiter, Visionär und Idealisten einer »verlorenen Generation« rehabilitieren, der sich den Traumata des Krieges nicht ergeben wollte und in seinem Kampf um ein für ihn lebenswertes Leben alles riskierte.

Viele Menschen haben mir in den Jahren der manchmal mühsamen und langwierigen Recherche mit wichtigen Tips und Hinweisen geholfen. Ihnen allen gebührt mein Dank: Barbara Gardiner, eine entfernte Verwandte von Wilson mit viel Interesse für Familienhistorie; Scott Ickes, ein Kenner englischer Archive und Bibliotheken; Alex McKay, Historiker, der als erster über die Rolle der Engländer in Indien und Tibet schrieb; Hildegard Diemberger, eine Tibetologin, die vielleicht beste Kennerin des Klosters Rongbuk; Karin Inmann, die mit der Organisation öko-himal den Wiederaufbau des Klosters Rongbuk unterstützt; Jean Bradley, die ein großes Interesse an der Geschichte von Maurice Wilson hat, da ihr Vater ein Cousin von Wilson war; dem Genealogen Dennis Flaxington; meinem Kollegen und Asien-Korrespondenten Michael Weidemann; den Lamas und Mönchen in Katmandu und Rongbuk, Trulshik Rinpoche, Ngawang Nyenta und vielen anderen; einem wunderbaren tibetischen Führer, der namentlich nicht erwähnt werden will; dem englischen Journalisten Dennis Roberts, der vor fünfzig Jahren über Maurice Wilson schrieb und mir wertvolles Material zur Verfügung stellte und dem Freund und wohl kompetentesten Everest-Kenner im deutschsprachigen Raum, Jochen Hemmleb, der mich in meiner Idee immer wieder unterstützte. Einen besonderen Dank an Jens F. Borns, ohne dessen Hilfe dieses Buch nie hätte abgeschlossen werden können; an die Firmen Racing Green, tex-as und Airport Bowling für die Unterstützung meiner Reise nach Tibet; an die Lektorin Kristin Bamberg für die geduldige Begleitung; an meinen langjährigen Freund und Bergbegleiter Volker Klein und schließlich und vor allem an meine »erste Leserin« für ihre hilfreiche Kritik, meine Frau Bettina.

Schwanewede, im Herbst 2002
Peter Meier-Hüsing

30. März 1934, Grenzgebiet Sikkim/Tibet auf etwa fünftausend Meter Höhe

Er keuchte, stapfte durch den frisch gefallenen Schnee und rang nach Luft. Ungefähr alle zehn Schritte hielt er an, stützte sich auf seinen Stock und verschnaufte. Maurice Wilson schaute nach oben: Noch etwa dreihundert Meter trennten ihn vom Ziel. Dort vorn, vielleicht noch eine halbe Stunde Fußmarsch entfernt, lag der Paß Kongra La. Der schmale Übergang in der Kette des Himalaja-Hauptkamms war Wasserscheide und Sprachgrenze, Tor zu den unendlichen Weiten der tibetischen Hochebene. Ja, dort begann Tibet, das verbotene Land, und dort führte der Weg weiter zum Mount Everest. Er erschauderte und eine Woge von Glück durchfloß ihn. Weit und breit waren keine tibetischen Soldaten oder Grenzposten auszumachen, die ihn an der Einreise hätten hindern können. Der Paß lag einsam und verlassen vor ihm. Es war noch früh im Jahr, Ende März, die tibetischen Nomaden, die die Hochweiden Sikkims für ihre Herden nutzten, würden erst in etwa vier Wochen die Grenze nach Süden passieren. Wilson blickte zurück. Hundert Meter hinter ihm stapften Tewang, Rinzing und Tsering in seiner Aufstiegsspur. Die drei Bhutias aus Darjeeling begleiteten ihn auf seinem Weg zum Everest. Und dahinter trottete etwas unwillig das Lastpony durch den ihm ungewohnten Schnee, und immer wieder mußte einer der Männer kräftig am Halfter ziehen, um es zum Weitergehen zu bewegen. Lautstark redeten die drei miteinander, es klang fast wie ein Streit. Wilson mußte schmunzeln. Wahrscheinlich schimpften sie über ihn, den leichtsinnigen Sahib, der jetzt, kurz vor der Grenze, so zur Eile antrieb und der Gruppe voranlief, durch ein Gelände, das er doch gar nicht kannte. Aber der Weg war klar und eindeutig für ihn: über einen sanft geneigten Hang verlief die Pfadspur direkt hinauf auf die Paßhöhe. Die Geröllflanke war fast völlig von Schnee bedeckt, kalter Wind fegte über die kahlen Hänge, obwohl die Sonne hoch über ihnen stand. Links und rechts umrahmte sie ein Kranz von Eis- und Schneegipfeln, die alle weit über die Sechs- oder Siebentausend-Meter-Marke ragten, alles kulminierte im riesigen Massiv des Kangchendzönga, das direkt im Westen aufragte. Steil fielen die Hänge unter ihm ab, Schnee ging über in Geröll, Grasmatten verloren sich weiter in flachem Gesträuch und ersten blühenden Frühlingswiesen. Dann verschwamm das zerfurchte Tal der Tista weit unter ihnen im Dunst des Dschungels. Dort waren sie vor zehn Tagen aufgebrochen, in Darjeeling. Illegalerweise, denn Maurice Wilson besaß keine Einreisegenehmigung für Tibet. Und das gefiel weder den Tibetern noch den englischen Beamten. Er wurde beobachtet, und vielleicht hatte man seine Abreise schon entdeckt, und eine Polizeipatrouille verfolgte die kleine Gruppe. Und immer wieder sah er sich nervös um und suchte die Schnee- und Geröllfelder hinter ihnen nach einer Bewegung ab, aber nichts regte sich dort unten. Nichts durfte jetzt so kurz vor der Grenze mehr passieren, denn stand er erst einmal auf tibetischer Seite, war er in Sicherheit, wenigstens vor den Verfolgern aus Darjeeling. Den tibetischen Soldaten aus dem Wege zu gehen, das sollte in den Weiten des Schneelandes einfach sein, dachte Wilson. Langsam war er weitergestapft, schleppte sich schwer atmend den Hang hinauf. Die Luft war dünn hier auf weit über fünftausend Meter Höhe, und Wilson war noch nicht ausreichend akklimatisiert. Er sah an sich herunter und mußte wieder schmunzeln. In seiner Verkleidung als tibetischer Lama sah er hier oben auf dem Schneefeld noch merkwürdiger aus, als es ihm in den vergangenen Tagen ohnehin schon vorgekommen war. Aber auf die Tarnung konnte er auf keinen Fall verzichten, auch wenn ihm die lange rote Wollrobe ständig um die Füße baumelte und den Aufstieg erschwerte. Er schaute wieder hoch. Noch fünfzig Meter vielleicht, der weiche Schnee wurde tiefer hier direkt im Windschatten des Passes. Er wühlte sich durch das kniehohe Pulver, rammte den Stock mit letzter Kraft vor sich in den Schnee und zog sich empor. Dann verschwand die Sonne hinter einer hohen Felswand, die direkt westlich über den Kongra La aufragte, und nach fünf weiteren Schritten rutschte und kroch Wilson mehr, als daß er ging, auf die weite Höhe des Passes. Er schnaufte und schaute. Dort lag Tibet vor ihm, weit, unbekannt, aber so, wie er es sich erträumt hatte. Ein eisiger Wind ergriff ihn trotz der hochstehenden Mittagssonne, aber er fror nicht, sondern reckte sein Gesicht Sonne und Wind entgegen. Sein Herz pochte vor Aufregung und Anstrengung. Mittlerweile hatten Tewang, Rinzing und Tsering ihn eingeholt. »Lha Gyal-lo!« riefen sie mehrmals den uralten tibetischen Ausruf der Reisenden auf Paßhöhen und Gipfeln, »die Götter werden siegen!« Wilson nickte. »Ich werde den Everest erreichen«, dachte er, »ich habe einen weiten Weg bis hierher zurückgelegt ...«

Phönix

Das Geburtsregister des Distrikts Bowling im County of Bradford vermerkt für den 21. April 1898 unter der laufenden Nummer acht die Geburt eines Jungen namens Morris, Vater Mark Wilson, Aufseher in einer Wollspinnerei, Mutter Sarah Elizabeth Wilson, geborene Pearson, Hausfrau. Der Name des Jungen wurde nachträglich in Maurice geändert, Maurice Wilson. Er war der dritte von vier Söhnen, die Sarah Wilson zur Welt brachte. Sechs Jahre zuvor hatte die damals 27jährige den drei Jahre jüngeren Mark Wilson geheiratet. Die Vorfahren der Wilsons waren auch schon in der Wollindustrie tätig, Sarahs Vater handelte mit Gemüse und Früchten. Die junge Familie lebte damals in der Loughrigg Street, unweit der Spinnerei Holme Top, in der Mark Wilson die Kammgarnweberei beaufsichtigte. Er war ein ehrgeiziger Mann mit vielen Fähigkeiten und arbeitete sich bis zum Direktor in Holme Top hoch, einer von damals mehreren hundert wollverarbeitenden Fabriken in der Bradford-Region. Seiner Familie konnte er einen gewissen Wohlstand bieten, man zog in ein größeres Haus in unmittelbarer Nähe der Fabrik, und die Söhne erhielten eine gute Ausbildung. Maurice besuchte die Carlton Street Secondary School. Er war ein durchschnittlicher Schüler, mit einer robusten Gesundheit und viel Kraft. Und er war kommunikativ, schloß schnell Kontakte, sprach als Jugendlicher fließend Französisch und Deutsch, und »er mochte Menschen«, wie eine Verwandte der Familie sagte. Und er las, vor allem Geschichten aus fernen Ländern und über fremde Völker, darunter auch die faszinierende Geschichte um die Entdeckung des wohl höchsten Berges der Welt im unzugänglichen und geheimnisvollen Himalaja-Gebirge, in einem Land, das keinem Ausländer erlaubte, auch nur einen Schritt hineinzusetzen. Später verfolgte er auch begierig die Berichte über die Everest-Expeditionen der Engländer.

Trotz ökonomischer Sicherheit war Luxus in der Familie Wilson verpönt. Mark und Sarah Wilson waren in Bradford für ihre Wohltätigkeit bekannt, sie spendeten für soziale und karitative Zwecke. Ihre Söhne erlebten in der Industriemetropole Bradford von früher Jugend an, was soziales Elend, Arbeitslosigkeit und Arbeiterslums bedeuteten. Dabei war die Epoche um die Jahrhundertwende für Bradford eine Zeit des positiven Wandels, des Optimismus und besserer Lebensbedingungen. Wenige Jahre zuvor galt die Stadt in Mittelengland noch als eines der abschreckendsten Beispiele für die Auswüchse des Frühkapitalismus: verdreckte Flüsse, verschmutzte Luft, menschenunwürdige Unterkünfte für die Fabrikarbeiter, brutale Arbeitsbedingungen schon für Kinder – nur wenige Arbeiter in Bradford erreichten Mitte des neunzehnten Jahrhunderts das fünfzigste Lebensjahr.

Zur Zeit von Maurices Geburt hatten sich die Arbeitsbedingungen in der Wollindustrie im Vergleich zu 1850 radikal verbessert. Die Stadt verfügte jetzt über eine funktionierende Wasserversorgung und Kanalisation, die Kriminalität hatte abgenommen, die Gesundheitsversorgung wurde ausgebaut, neue Schulen errichtet, Slums durch neue Wohnviertel ersetzt, sogar kulturelle Einrichtungen wie Konzerthallen und Museen entstanden. Ein Jahr vor Maurices Geburt wurde Bradford von Königin Victoria der Stadt-Status verliehen, noch immer boomte die Wollindustrie, und die meisten Menschen in Bradford sahen dem neuen Jahrhundert voller Optimismus entgegen. Ein berühmter Bradforder, der Schriftsteller J. P. Priestley, vier Jahre älter als Maurice Wilson, beschrieb seine Jugendzeit positiv: »Das Bradford, wie ich es kannte, befriedigte mich – nein, es entzückte mich, weil es so unvergleichlich klein und kompakt war, ... ich erinnere mich daran, wie ich an einem Sonntag abend quer durch Bradford lief, einfach nur, um vielleicht einen Blick von den Mädchen aus der Methodistenkirche zu erhaschen ... Bedenkt man, was Bradford uns zu bieten hat: drei Tageszeitungen und eine wöchentliche, die Konzerte am Freitag, Chorsingen fast jeden Tag, zwei Theater, zwei Konzerthallen, zwei professionelle Orchester, einen Kunstverein, einen Fußballverein, der vor kurzem den FA-Cup gewonnen hat und schließlich einige wunderbare alte Pubs ...«

Wahrscheinlich erlebte es der junge Maurice Wilson ähnlich. Doch *alles* änderte sich wenige Jahre später mit dem Beginn des Ersten Weltkriegs ...

Natürlich wollte Mark Wilson seine Söhne in guten Positionen in der Wollindustrie unterbringen. Maurices ältere Brüder Victor und Fred arbeiteten bereits als Wollkaufleute, und Maurice wollte ihnen voller Enthusiasmus folgen, als im August 1914 Deutschland dem Königreich Großbritannien den Krieg erklärte. Die ungeheure Woge des kriegsbegeisterten Patriotismus auf der britischen Insel ergriff auch Maurice Wilson, der aber erst 1916 mit Erreichen des achtzehnten Lebensjahrs in die Armee eintreten durfte. Die zwei Jahre als Soldat im Krieg veränderten alles für ihn und merzten alle Sicherheiten, die er in seinem Leben zu besitzen glaubte, radikal aus.

21. April 1916, Maurice Wilson wird achtzehn Jahre alt. Unbekannte, neue Freiheit? Nein, das Königreich Großbritannien befindet sich seit zwei Jahren im Krieg. Vor allem gegen das Deutsche Reich, schon seit zwei Jahren liegen sich »Tommy« und »Fritz« in den dreckigen Schützengräben Flanderns gegenüber und kämpfen verbissen um wenige Meter Landgewinn. Trotz dieses sinnlosen, tödlichen Ringens treibt die von Regierungen und Medien angeheizte patriotische Stimmung in Berlin und London immer noch kriegsbegeisterte junge Männer in die Rekrutierungsbüros der Armee. Allein im ersten Kriegsjahr melden sich eine Million Freiwillige zum Waffendienst für England.

Auch der 18jährige angehende Wollkaufmann Maurice Wilson reiht sich in die Schlange der Freiwilligen vor den Rekrutierungsbüros am Belle Vue ein. Am 13. Mai tritt er in den Dienst der britischen Armee.

Er wird gewogen: 59 Kilogramm, gemessen: 173 Zentimeter, untersucht, und er unterschreibt ein Formular, daß er mit dem Einsatz an jedem beliebigen Kriegsschauplatz außerhalb des Vereinigten Königreichs einverstanden ist. Aber er will nach Frankreich! Die Deutschen durften unter keinen Umständen die Hafenstädte am Kanal, Calais und Dünkirchen, erobern! Dann wäre England direkt bedroht! Eine unmögliche Vorstellung!

Wilson tritt in das fünfte Bataillon des West-Yorkshire-Regiments, genannt *The Prince of Wales's Own*, ein. Dieses 1685 gegründete Traditionsregiment der britischen Armee kämpfte für die englische Krone in allen Teilen des Empire. Ohne Unterbrechung warben die Rekrutierungsbüros in Yorkshire Tausende junger Männer, schließlich standen 37 Bataillone im Dienst des West-Yorkshire-Regiments. Und fast alle kämpften bis zum Ende im November 1918 an der Front in Flandern, die meisten Soldaten blieben dort, auf den Todesfeldern des »Great War«. In der Regimentskapelle im Münster zu York liegt eine »Roll of Honour« mit 13 000 Namen der ehemaligen Regimentsmitglieder. Auch Maurice Wilson ist dort aufgeführt.

Private Maurice Wilson, Reg. No. 4141, begann sein militärisches Leben zunächst mit monotonem Drill in der Kaserne. Bald bewarb er sich für eine Offizierslaufbahn. Die Vorgesetzten sahen bei ihm beste Voraussetzungen, der Bürgermeister seiner Heimatstadt Bradford bescheinigte Wilson einen »guten, moralischen Charakter«, und im April 1917 machte sich der Corporal Wilson auf den Weg in die Offiziersakademie Oxford. Er beendet den Kurs erfolgreich, und am 29. November desselben Jahres schifft er sich in Dover nach Boulogne-sur-Mere ein, mittlerweile 2. Lieutenant des fünften Bataillons, um zu den kämpfenden Einheiten seines Regiments zu stoßen. Das letzte Kriegsjahr hat begonnen, doch das ahnt in diesem Winter 1917/18 noch niemand, und den Soldaten beiderseits der Front drohen noch die verheerendsten und blutigsten Schlachten des gesamten Krieges.

Die Bataillone des West-Yorkshire-Regiments lagen alle im französisch-belgischen Grenzgebiet, zwischen der Stadt Ypres und dem Fluß Lys. Dreimal schon tobten heftigste Schlachten um die Ypres-Region während der ersten Kriegsjahre. Es war »no man's land« wie die englischen Soldaten sagten. Ein Land ohne Bewohner und Häuser, bis auf unzählige Ruinen und in Gräben kauernde Soldaten, ohne Tiere und Pflanzen, bis auf viele Ratten und einige Baumstümpfe. Granattrichter überzogen das Land, einer neben dem anderen, Quadratkilometer über Quadratkilometer, die in den feuchten Niederungen Flanderns voll Grundwasser liefen. Dazwischen alte oder neue Schützengräben, Reste von Stacheldrahtbefestigungen, tote Pferde oder Soldaten, verlassene, rostige Geschütze.

Im November und Dezember 1917 lag das fünfte Bataillon

an der Front nah der Ortschaft Zonnebeke. Und Maurice Wilson erlebte in seinen ersten Fronttagen sogleich den Horror und Schrecken des Grabenkriegs. Ein Offizier aus dem fünften Bataillon beschreibt die unerträglichen Zustände:

»Die Grenzen des physischen Elends und der Not sind erreicht. Die Situation hier wird durch das permanente Bombardement und die unmöglichen Bedingungen des Granattrichterlebens extrem verschärft. An der Frontlinie liegen kleine Gruppen von fünf Mann in den Trichtern und sind dem Feind fast schutzlos ausgeliefert. Bewegung ist nur des Nachts möglich, und die Trichter tiefer auszuschaufeln war unmöglich, sie laufen mit Wasser voll, und dabei stößt man sofort auf Tote in allen Stadien der Verwesung. Kein Licht, kein Feuer ist möglich, deshalb gibt es auch kein warmes Essen, frisches Wasser ist selten und wird uns von den hinteren Linien durch dieses Meer aus Schlamm und Dreck gebracht.«

Vorne, wo der Schmutz am ärgsten und die Angst am größten war, begann der Tag um etwa halb sechs mit der ersten Dämmerung. Es war die »beliebteste« Zeit für Attacken und Angriffe. Deshalb robbten alle mit gezückten Gewehren an die Grabenkante und stierten in den Nebel des schlammigen Niemandslandes. Wenn gegenüber keine Bewegung zu erkennen war, kein Schuß fiel und keine Granate abgefeuert wurde, ließ man sich erleichtert in die Sicherheit der Grabenwände hinabrutschen und frühstückte. Tee, Brot und Schinken, die während der Nacht gebracht worden waren. Und zwei Eßlöffel dunklen, starken Rum, der zumeist direkt getrunken wurde. Vor Angriffen gab es zur »Stimulation« größere Rationen.

»In der Luft lag ein Geruch von Rum und Blut«, schrieb ein britischer Soldat nach Hause.

Tagsüber schliefen die Soldaten, reparierten ihre Waffen, schrieben Briefe oder versuchten das Wasser aus den Gräben zu pumpen. Alles spielte sich unterhalb der Grabenkante ab, jede Bewegung oberhalb wurde mit Maschinengewehrfeuer beantwortet. Die »richtige Arbeit« für die Soldaten begann nach Einbruch der Dunkelheit: Die Stacheldrahtzäune außerhalb der Gräben mußten repariert werden, ebenso wie die Grabenbefestigungen aus Sandsäcken und Eisenstücken. Immer wieder schaufelten sie maulwurfsgleich neue Gräben, entsprechend des Frontverlaufs. Nachschub wurde geliefert, Essen, Munition, Rum und Briefe. Nächtliche Patrouillen waren im »no man's land« unterwegs. Granatfeuer und Flammenwerfer illuminierten von Zeit zu Zeit die gespenstische Szenerie.

Der Winter 1917/18 in den Gräben Flanderns war naß und kalt, die Verpflegung miserabel, die Angst vor Granaten und Giftgasattacken allgegenwärtig, die »Moral der Truppe« schlecht. Das letzte bißchen Leben in den Gräben schien in Dreck, Gestank und Verwesung zu versickern. Nur die schwarzen, fetten Ratten lebten nicht schlecht.

Nein, das hatte er nicht geahnt, das hatte er nicht gewußt, was hier draußen vor sich ging, was der Mensch in der Lage war, zu erdulden und zu tun! Aber bevor Maurice Wilson sich fragen konnte, was er sich denn überhaupt unter »Krieg« vorgestellt und sich davon erwartet hatte, ging es nur noch ums eigene Überleben. Im März 1918 rüstete die deutsche Armee zur letzten großen Offensive an der Westfront, und sie wäre fast erfolgreich verlaufen. Am 21. März erteilte General Ludendorff den Befehl zum Vormarsch im südlichen Frontabschnitt. Innerhalb von zwei Wochen marschieren die deutschen Truppen bis auf wenige Kilometer vor Amiens. Dann erfolgt der zweite Teil der Offensive im Norden, Codename »St. Georg«. Am 9. April beginnen die heftigen

Infanterieangriffe zwischen Ypres und Béthune. Tag für Tag weichen die englischen Einheiten zurück, verlassen einst mühsam erobertes Gebiet. Der englische Oberbefehlshaber General Haig erläßt am 12. April einen inzwischen in die Geschichte eingegangenen Tagesbefehl: »Es gibt keinen anderen Weg für uns, als bis zum Ende zu kämpfen. Jede Stellung muß bis zum letzten Mann gehalten werden. Mit dem Rücken zur Wand und im Vertrauen auf die gerechte Sache muß jeder von uns sein Letztes geben.«

Noch rücken die Deutschen weiter vor. Zwei Tage später stehen ihre vordersten Linien nur noch wenige Kilometer vor der Ortschaft Hazebrouck. Noch nie ist dieser Ort während des Krieges von den Deutschen besetzt worden. Und es wäre auch eine Katastrophe aus englischer Sicht, denn der strategisch wichtige Eisenbahnknotenpunkt Hazebrouck ist das Eingangstor zur Kanalküste! Die Situation an der Front ist in diesen Tagen chaotisch. Überall zwischen Hazebrouck und Ypres wird gekämpft, mehrere Bataillone der West Yorkshires stehen in vorderster Front. Ganze Abteilungen sind plötzlich abgeschnitten von ihren Einheiten, werden komplett vernichtet, der Verlauf der Kämpfe und die Linie der Front sind unklar. Im Tagebuch des Brigade-Hauptquartiers findet sich aus diesen Tagen folgender Eintrag: »Von der Front können keine gesicherten Nachrichten geliefert werden, da kein Mann von der Front zu seinen Bataillonen zurückgekehrt ist. Es scheint, daß alle Männer auf ihren Posten blieben und dort starben.«

Es muß in diesen Tagen gewesen sein, daß 2. Lieutenant Maurice Wilson einen einsamen Maschinengewehrstand bei dem Dorf Meteren, fünf Kilometer vor Hazebrouck, befehligte. Zusammen mit australischen Einheiten sollten sie den Ort bis zum Äußersten verteidigen. Der deutsche Angriff dauerte schon Stunden und gewann noch an Intensität. Wilsons Posten wurde von mehreren Seiten aus beschossen. Dann erkannte er plötzlich, daß die benachbarten Stellungen bereits aufgegeben, seine Kameraden um ihn herum schon tot oder schwer verletzt waren. Sollte er auch flüchten? Wohin? Wo waren die Deutschen, wo die Engländer? Er sah nichts mehr vor lauter Rauch und Nebel, wußte nichts mehr, kein Warum und Wofür, klammerte sich an sein Maschinengewehr und feuerte weiter in Todesangst, bis er schließlich während einer englischen Gegenattacke von einem Soldaten zurück in Sicherheit gebracht wurde. Der Angriff bei Meteren war der äußerste Vorstoß der deutschen Einheiten nach Westen. Wilson blieb unverletzt, es war ein Wunder, dachte er, aber er fühlte sich alt und müde, der Tag hatte einen anderen aus ihm gemacht.

Für besonderen Mut und überragende Pflichterfüllung erhielt der zwanzigjährige 2. Lieutenant Maurice Wilson einen Orden, das »Military Cross«. In der Begründung hieß es, »... daß durch seinen Einsatz bei Meteren der Vorstoß des Feindes entscheidend gestoppt wurde«.

Der deutsche Vorstoß war gestoppt, und trotz enormer Verluste auf beiden Seiten begann bald darauf die Gegenattacke der Alliierten, es sollte die letzte in diesem barbarischen Ringen sein. Am 19. Juli führte Maurice Wilson ein kleine Einheit durchs Niemandsland vor den Schützengräben in der Nähe von Ypres, als er plötzlich durch die Maschinengewehrsalve eines deutschen Scharfschützen getroffen wurde. Der schwerverletzte Wilson konnte schnell in eine Lazarettstation abtransportiert werden.

Der ärztliche Bericht erwähnt zwei Einschüsse: einen glatten Durchschuß des linken Oberarms und eine weitere Kugel im hinteren, linken Brustbereich. Sie wurde herausoperiert. Man verlegte den verletzten Wilson in ein Hospital des Roten Kreuzes, am 7. August verließ er Frankreich per Schiff von Boulogne-sur-Mere nach Dover und erreichte am 10. August das Western General Hospital in Manchester. In den kommenden zwölf Monaten folgen mehrere medizinische Untersuchungen in Militärhospitälern, in York, in Leeds und dann wieder in Manchester. Die Ärzte prognostizieren ihm zunächst eine schnelle Heilung und eine baldige Rückkehr in den aktiven Militärdienst. Doch sein Zustand bessert sich nur minimal. Wilson klagt über Schmerzen in Arm und Brust, er fühlt keine Kraft im linken Arm und kann ihn nicht in die Horizontale heben, die Haut ist auf eigenartige Weise extrem berührungsempfindlich. Simuliert er? Die Ärzte sind sich unsicher, doch anscheinend sind Wilsons Angaben korrekt. Im November 1919 attestiert man ihm eine zwanzigprozentige Dauerbehinderung und empfiehlt keine Zurückversetzung in den aktiven Dienst. Der Krieg ist vorbei, Wilson wird »demobilisiert«. Er stellt einen Antrag beim Finanzministerium in London auf Entschädigung für die im Krieg erlittenen Verletzungen. Die Behörden zieren sich, verlangen neue amtsärztliche Untersuchungen.

Wilson ist enttäuscht und verbittert. Er arbeitet lustlos wieder in der Wollindustrie in Bradford, die Geschäfte laufen schlecht, die weltweite Rezession macht sich bemerkbar. Er startet einen letzten Versuch, und eine unmißverständliche Antwort aus London erklärt ihm nochmals, daß er keinen Anspruch auf irgendeine »finanzielle Entschädigung« hat, da seine Verwundung nach der gültigen Definition nicht als »sehr schwerwiegend« klassifiziert würde. Nur halbtoten Soldaten zahlt das Vaterland eine Entschädigung.

Wilsons kurze und folgenschwere militärische Karriere ist beendet, sein Vertrauen in die staatlichen Institutionen gebrochen. Er ist 22 Jahre alt, ohne Perspektive, sein linker Arm bleibt fast unbeweglich, sein Haar ist grau geworden.

Bradford war noch immer Bradford. Die St. Johns Church stand noch an ihrem Platz, auch die Holme Top Mill und die Wool Exchange. Bradford nach dem Krieg war wie Bradford vor dem Krieg. In West Yorkshire war keine Bombe detoniert, keine Granattrichter bedeckten Straßen und Felder, keine Schützengräben durchzogen die Landschaft, keine aufgedunsenen Leiber toter Pferde streckten hier ihre Hufe gen Himmel, keine Giftgasschwaden hinterließen totes Land aus Schlamm und schwarzem Wasser. Und es hatte vor allem keine toten Soldaten gegeben, keine zerfetzten, erdolchten, verbrannten, erstickten, zerrissenen, erschossenen Körper. Aber die jungen Männer zwischen 18 und 25 waren aus dem Straßenbild verschwunden. Und die wenigen, die da waren, hatten Dinge gesehen, Szenen aus der Hölle, die kannte niemand außer ihnen, nicht in Bradford, nicht in Shipley und auch nicht in Cambridge oder London. Und sie konnten es auch niemandem erzählen, wenn sie es denn in Worte hätten fassen können. Es würde niemand verstehen, sie selbst verstanden es ja auch nicht. Deshalb erkannten sie sich, am Gang, am Blick, am Leid, an der Leere. England hatte Krieg geführt, aber in England hatte kein Krieg stattgefunden. Sie, die jungen Privates, Sergeants und Captains, sie hatten in Flandern und in der Picardie gefroren, gehungert, gelitten, und so viele ihrer Freunde, Brüder oder Cousins waren dort geblieben, tot.

Bradford ging es immer noch gut, obwohl es in der Wollindustrie kriselte. Auch Maurice Wilsons Familie kannte keinen Krieg, keine Schützengräben und keine Senfgasattacken. Und sie wollten davon auch nichts wissen und hören. Ja, es war schön, daß Maurice wieder da war. Sie hatten solche Angst um ihn gehabt, aber nun ist ja alles vorbei, und das Leben geht weiter!

Nein, ging es eben nicht. Und das verstanden nur die

wenigen, die mit leerem Blick und grauer Haut, die Eingeweihten und Verschworenen der Schützengräben. Ihr Elend wollte keine Ende nehmen.

Maurice Wilson konnte nicht wieder in der Spinnerei Holme Top arbeiten. Es war nicht zu begründen oder wirklich zu erklären. Es war ihm einfach unmöglich, das »normale« Leben eines Wollkaufmanns in Bradford zu führen. Zu Hause am Eßtisch, im Kontor, in der Kneipe, sogar sonntags in der Kirche: Immer waren die Toten da, der Gestank, der Dreck, die Angst. Hätte er sich nicht freuen müssen, überlebt zu haben, hätte er sich nicht voller Elan und Tatendrang auf neue Aufgaben stürzen müssen? Nein, er fühlte keine Freude und spürte keinen Tatendrang. Seine Wunden wollten nicht heilen. Und während die Welt um ihn herum Theater, absurdes Theater spielte, war er auf sich zurückgeworfen, ganz auf sich allein. Aber ganz tief in ihm gab es noch einen Funken Hoffnung, der ihm die Kraft gab, nicht völlig zu zerbrechen. Es mußte etwas geschehen, das war ihm klar, etwas Grundlegendes mußte sich in seinem Leben ändern, und zwar schnell.

Da war dieses Mädchen, Beatrice, er kannte sie noch aus der Schulzeit, sie ging auf eine Mädchenschule, zwei Klassen unter ihm. Wilson traf sie nun wieder, bei Freunden. Sie mochten sich, trafen sich regelmäßig. Wilson war jemandem begegnet, der wirklich etwas wissen wollte über ihn und seine Erlebnisse in Flandern. Beatrice war geduldig und einfühlsam, und Wilson fand langsam den Weg zurück ins Leben. Sie liebten sich, der 24jährige Kaufmann Maurice Wilson und die 22jährige Beatrice Hardy Slater, und sie heirateten am 20. Juli 1922 in der St. Johns Church zu Bradford.

Wilson verspürte seit langem wieder so etwas wie Glück mit Beatrice. Aber er blieb trotzdem ruhelos und empfand sein Leben als unvollständig. Es war Bradford! Hier war die Kindheit, die Familie, die Büros und Fabriken, die Arbeit und die hohen Erwartungen der anderen, die er nicht mehr erfüllen wollte. Nein, er mußte fort von hier! Sie mußten fort von hier! Sein Entschluß stand bald fest. Aber wohin sollte es gehen? Maurice schlug Beatrice vor, daß er nach Amerika gehe und sie nachhole, sobald er Arbeit gefunden hatte. Beatrice wäre durch seine Familie gut versorgt, und er würde mit seiner Ausbildung und seinen Fähigkeiten sicher schnell einen guten Job finden. Beatrice stimmte zu, wenn auch widerwillig.

Maurice Wilson verließ mit wenig Gepäck und großen Hoffnungen irgendwann Ende 1923 England. Seine Spuren verlieren sich in den folgenden Monaten, nur wenig ist bekannt oder läßt sich rekonstruieren über seinen Verbleib. Er fährt über den Atlantik nach New York, lebt eine Zeitlang in der Ostküstenmetropole, dann reist er weiter nach Kalifornien, arbeitet wohl kurz in San Francisco und schifft sich dann nach Neuseeland ein. Schließlich erreicht er Wellington, und nach einer kurzen, wenig erfolgreichen Episode als Farmer besinnt er sich auf das, was er gelernt hat, und eröffnet ein Geschäft für Damenbekleidung.

Beatrice hat auf seine Nachricht gewartet und folgt ihm nach Neuseeland. Das Geschäft scheint gut zu laufen, doch die Ehe wird nach einer Affäre von Maurice geschieden. Er heiratet 1927 erneut, eine Einheimische aus Tasmanien, die zunächst gemeinsam mit Wilson das Bekleidungsgeschäft betreibt und später einen eigenen Frisiersalon in Wellington eröffnet. Auch diese Beziehung scheint nicht glücklich zu verlaufen. Und es muß wohl Anfang 1931 gewesen sein, als Wilson Neuseeland wieder Richtung England verläßt. Seine zweite Ehe wurde nie geschieden, in England wußten bis zu seinem Tod weder Verwandte noch Freunde etwas von der Frau aus Tasmanien.

In England erwarteten Wilson in kurzem zeitlichen Abstand zwei Ereignisse, die sein Leben ganz und gar verändern würden.

Er geht nach London und erkennt, daß sein jahrelanger Weg um die Welt ihn nicht wirklich weitergebracht hat. Noch immer ist er ein ruheloser, getriebener Mann von mittlerweile 33 Jahren, der oft mit seinem Schicksal hadert, unzufrieden und ungeduldig ist und nicht weiß, wie er diese quälende Leere in seinem Herzen wirklich füllen kann. Er hat in Neuseeland Geld angespart, von dem er eine Zeitlang leben kann.

Kurz nach seiner Ankunft fährt er nach Bradford, um seine Familie zu besuchen. Sein Vater Mark ist wenige Jahre zuvor gestorben, seine Mutter Sarah ist schwer krank, während seine älteren Brüder Fred und Victor erfolgreich in die beruflichen Fußstapfen des Vaters getreten sind und in der mittlerweile stark kriselnden Wollindustrie arbeiten. Der heimgekehrte jüngste Bruder wird herzlich aufgenommen. Seine Geschwister und seine Mutter versuchen ihn zu überreden, nun endlich ein geregeltes Leben in Bradford zu beginnen. Doch dieses Leben ist nichts für Maurice. Der Sonderling der Familie reist wieder ab, nach London.

Einige Wochen später kommt Wilson bei einem Londoner Gebrauchtwagenhändler mit einem anderen Kunden ins Gespräch. Der Mann heißt Leonard Evans, arbeitet als Büroangestellter in einem großen Londoner Handelshaus und ist verheiratet. Mit seiner Frau Enid lebt er in einer eleganten, großzügigen Wohnung nahe dem Regent's Park. Sie haben keine Kinder, dafür einen Foxterrier. Keiner der beiden Männer überlegte ernsthaft, sich ein Automobil anzuschaffen, die in der Regel auch gebraucht noch sehr teuer waren. Aber der Faszination der neuen Technologie erlegen, beginnen beide, angeregt über ihre automobilen Vorlieben und Abneigungen zu philosophieren. Die Einladung an Wilson, die Evans baldigst einmal zu besuchen, ist der Beginn einer besonderen Freundschaft.

So besuchte Maurice Wilson wenige Tage später zum ersten Mal die helle, große Wohnung der Evans', die bald sein zweites Zuhause werden sollte. Und das lag nicht nur an Leonard. Denn Enid Evans gegenüber empfand Wilson ebenso schnell eine spontane und tiefe Sympathie wie zu ihrem Mann. Enid empfing ihn an der Wohnungstür. Die schlanke, hochgewachsene Frau mit offenem, klaren Blick bat ihn einzutreten. Sie trug ein modisches hellblaues Kostüm und hielt den jungen Foxterrier auf dem Arm.

»Das ist Mickey!« sagte sie lachend zu Wilson, zeigte dann auf den Gast und erklärte Mickey: »Und das ist, glaube ich, Mr. Wilson, Maurice Wilson. Und ich merke schon, daß er Foxterrier mag, nicht wahr?«

Wilson nickte und wußte nicht recht, was er sagen sollte. Es gab Tee, Gebäck und Sandwiches. Maurice, Enid und Leonard saßen in bequemen Ledersesseln vor dem Kamin und plauderten. Wilson ertappte sich immer wieder dabei, wie er Enid beobachtete, ihre Hände, ihre Bewegungen, ihr Lachen. Eigentlich war sie eine unscheinbare Frau, dachte er, sie wäre ihm auf der Straße sicher nicht sofort aufgefallen. Aber sie hatte etwas Strahlendes, das ihn faszinierte, und er genoß zusehends ihre Gegenwart.

Es folgten weitere Besuche, zum Tee, zum abendlichen Dinner mit Kaminfeuer und Whiskey, dann gemeinsame Spaziergänge im Regent's Park und Ausflüge nach Cornwall. Wilson empfand ihre Freundschaft zu dritt als eine seltene und glückliche Fügung des Schicksals, obwohl ihm klar war, daß er sich mittlerweile in Enid verliebt hatte. Doch seine Gefühle für Enid durften diese besondere Konstellation nicht gefährden, er mußte sich zurückhalten. Und das wurde ihm dadurch leicht gemacht, daß Enid von seiner Liebe wirklich nichts zu bemerken schien oder es verstand, seine vorsichtigen Annäherungen zu ignorieren und lediglich seine Verehrung still zu genießen. Doch auffällig war ihr Bemühen, ausgedehnte Spaziergänge oder Ausflüge mit Maurice allein zu unternehmen. Die Spannung zwischen beiden wuchs, doch bevor die unbeschwerte Freundschaft durch Wilsons Gefühle endgültig bedroht wurde, griff das Schicksal ein, so sah er es jedenfalls später.

Maurice wird krank. Nicht plötzlich. Langsam und schleichend beginnt bei ihm eine eigenartige Auszehrung. Der kräftige, energische Wilson verliert Gewicht, fühlt sich unwohl, hat keinen Appetit mehr. Sind es Depressionen, eine weitere Seelenkrise des Kriegsveteranen? Dem scheint nicht so, ein hartnäckiger Husten gesellt sich dazu. Die Diagnose lautet: Tuberkulose. Wilson erleidet zusätzlich einen Nervenzusammenbruch. Die Ärzte sind ratlos, es sieht nicht gut aus für ihn. Leonard und Enid Evans kümmern sich aufopferungsvoll um den Kranken, der auf eine für ihn so untypische Art einsilbig und phlegmatisch geworden ist. Eines Tages ist er verschwunden und hinterläßt nur eine kurze Botschaft: »Ich muß diese Sache geregelt bekommen. Wenn ich zurückkomme, wißt ihr, daß es mir gut geht. Wenn ich nicht wiederkommen sollte, wißt ihr, daß ich tot bin.«

In allen späteren Aufzeichnungen oder Briefen Wilsons finden sich nur sporadische oder indirekte Anmerkungen über die entscheidenden Erlebnisse der nächsten Wochen, die sein Leben komplett verändern werden. Wie viele von der Schulmedizin aufgegebene Kranke sucht nun auch Wilson Rettung bei den unorthodoxen Außenseitern. Der Todgeweihte sucht auf Anraten eines Bekannten einen Londoner Heiler namens Armstrong auf. Siebzehn Jahre zuvor hatten auch ihm die Ärzte einen baldigen Tod prophezeit, doch Armstrong gab sich nicht auf und begann als gläubiger Christ intensiv für seine Heilung zu beten. Außerdem fastete er und trank 35 Tage nur reines Wasser. Armstrong wurde gesund.

Wilson kam also zu Armstrong in den Londoner Stadtteil Mayfair und wurde dort mit der schlichten und doch so wirkungsvollen Methode des »Betens und Fastens« vertraut gemacht und mit den besten Wünschen für seine Genesung wieder entlassen.

An einem unbekannten, ruhigen Ort unterzog sich Maurice Wilson dem 35-Tage-Zyklus. Er hat sich schriftlich nie über die genaueren Umstände oder seine Erlebnisse in diesen Tagen geäußert – nur über die Konsequenzen seiner »Wiedergeburt«.

Er gab das Rauchen und Trinken auf, reduzierte als nächstes seine täglichen Mahlzeiten Stück für Stück und aß zuletzt nur noch etwas Obst, bis er völlig auf feste Nahrung verzichtete und ausschließlich reines, klares Wasser trank. Täglich betete und meditierte er. Er müsse seinen Geist öffnen, hatte Armstrong ihm gesagt, offen sein für das, was er erfahren werde. Fasten ist seit Jahrtausenden bei fast allen Kulturen als spirituelle Praxis bekannt, um sich physisch und psychisch zu reinigen, als Vorbereitung für geistig-religiöse Erfahrungen. Der Fastende verläßt immer mehr die Sphäre der Materie und öffnet sich für die geistige Sphäre. Maurice Wilson war bislang kein sonderlich religiöser Mensch. Wie Millionen anderer Engländer auch wuchs er mit Kirchgang, Abendgebet und Religionsunterricht auf. Er wurde getauft, hatte kirchlich geheiratet und blieb somit ein sehr durchschnittliches Mitglied der anglikanischen Kirche. Nun las er die Bibel, suchte nach Antworten auf seine Fragen im Alten und Neuen Testament und meditierte über das Johannes-Evangelium.

Nach 35 Tagen des Fastens und Betens befand sich Maurice Wilson in einem Zustand zwischen Leben und Tod. Vision und Wirklichkeit, Wunsch und Wahrheit vermischten sich. Er betete ein letztes Mal für seine Wiedergeburt aus Geist und Wasser. Wenige Tage darauf wußte Wilson, daß er geheilt war. Er hielt sich für wiedergeboren, »im Geiste wie im Fleische«, so wie es im Johannes-Evangelium steht.

Wilson war geheilt, aber noch kehrte er nicht wieder in »seine Welt« zurück. Im Herbst 1932 reiste er für eine weitere, kürzere Fastenkur in den Schwarzwald. Er quartierte sich bei Freiburg in einem Gasthof ein, wanderte, fastete und meditierte. Er fand einen geistigen Frieden und ein seelisches Gleichgewicht, wie er es noch nie erlebt hatte. Die Sinne waren geschärft, sein Intellekt hellwach, sein Körper geschmeidig. Eines Tages saß er auf der Terrasse eines Cafés am Ufer der Dreisam und las in einer Zeitschrift Berichte über die Everest-Expedition von 1924 und die auf so mysteriöse Weise verschwundenen Bergsteiger Mallory und Irvine. 1924 hatte Wilson gerade seit wenigen Monaten in Neuseeland gelebt, und er hatte die tragischen Ereignisse während der damaligen Expedition nur sporadisch verfolgt. Seither hatte es keine Besteigungsversuche mehr gegeben, denn wegen mehrerer unerfreulicher Vorfälle hatte die verärgerte tibetische Regierung den Engländern keine weiteren Expeditionen erlaubt. Nun gab es nach vielen diplomatischen Interventionen endlich wieder eine Genehmigung, und in England wurde viel über die Vorbereitungen zur vierten großen Everest-Expedition geschrieben. Wilson verfolgte fasziniert die letzten Tage und Stunden von Mallory und Irvine, er las begierig die Berichte, während er die milde Herbstsonne und das Rauschen des Flusses genoß: »Es hat keinen Zweck, Geschwächte gegen den Berg anlaufen zu lassen. Die ganze Mannschaft ist in einem ziemlich traurigen Zustand. Wir müssen nun versuchen, uns zu erholen und einen abgekürzten Plan durchzuführen. Und dann dieser Monsun! Wird er uns noch einmal Gelegenheit geben? Ich möchte mich nicht überrumpeln lassen. Übermorgen steigen wir wieder auf. Von hier aus sechs Tage zum Gipfel!« (aus Mallorys letztem Brief).

»Mallorys Geist trieb den Körper in den Tod. Aber sein und Irvines Sterben hat die Flamme in Tausenden entzündet. Sie haben ihr Leben nicht nutzlos vertan, denn ihr heldischer Tod hat zahllose Menschen auf dem weiten Erdenrund zu neuen Taten begeistert. Mallory und Irvine werden immer zu den Pfadweisern gehören, die der Menschheit den Sieg des Geistes verkünden« (Francis Younghusband, offizieller Expeditionsbericht).

Plötzlich wußte er, was zu tun war. Die Vision stand in allen Details klar und deutlich vor ihm: Er wollte den Mount Everest allein besteigen! Natürlich fastend und betend, um ein für allemal die ungeheure Kraft dieser Lebensphilosophie unwiderlegbar allen Menschen zu demonstrieren! »Was ist denn der Nutzen von Großexpeditionen mit dreihundert und mehr Trägern und vielen Bergsteigern, wenn die Notwendigkeiten für die Aufgabe eigentlich nur ein Zelt, ein Schlafsack, warme Kleidung und Lebensmittel sind?« schrieb Wilson während seines Freiburg-Aufenthalts in sein Tagebuch.

Und dann tauchte er wieder in London auf, so plötzlich und unerwartet, wie er verschwunden war. Wilson war wieder gesund, voller Energie und Tatendrang. Leonard und Enid freuten sich über die Rückkehr ihres vermißten Freundes und feierten mit ihm ausgiebig seine Genesung. Zwar blieb er merkwürdig verschwiegen, was die Zeit seiner Abwesenheit betraf, aber was zählte das schon angesichts seiner völligen Verwandlung. Es war ein regnerischer Herbstabend, und sie saßen wie schon so oft zuvor vor dem Kamin in Biddulph Mansion. Leonard hatte allen einen Whiskey eingeschenkt und stopfte sich jetzt in aller Ruhe seine Pfeife.

»Nun erzähl uns mal, was du jetzt vorhast. Du hast doch sicher Pläne für deine Zukunft?« fragte Len.

»Ja, die habe ich ...«, antwortete Wilson und zögerte.

»Raus mit der Sprache!« ermunterte ihn Len und entzündete genüßlich den Tabak.

»Ich habe noch niemandem davon erzählt«, antwortete Wilson und lachte beide an. »Aber du hast recht, ihr solltet es als erste erfahren.« Wilson nippte langsam an dem Whiskey und schaute in die tanzenden Flammen. »Ich möchte etwas Besonderes, etwas absolut Außergewöhnliches tun, etwas, was wirklich die Aufmerksamkeit auf sich zieht ... ihr wißt, ich bin errettet worden, bin geheilt worden auf solch eine wunderbare Weise, daß ich darüber ... wie kann ich sagen, ... daß ich darüber Zeugnis ablegen will, so heißt es doch immer in der Bibel, nicht wahr? Ich will ... ich werde auf den Mount Everest steigen, allein! Und ich werde dorthin fliegen!«

»Nein!« entfuhr es Leonard und Enid fast gleichzeitig.

»Doch!« erwiderte Wilson knapp und entschieden und sah in ihre völlig verblüfften Gesichter. Einige lange Sekunden war es völlig still in Biddulph Mansion 101, nur das Kaminfeuer knisterte, noch immer starrten die Evans ihren Freund sprachlos an.

»Du kannst doch nicht ...«, stammelte Leonard und hörte wieder auf. Er schüttelte energisch den Kopf und nahm einen großen Schluck Whiskey. Enid sah Wilson unentwegt an, der jetzt sein Glas zwischen den Handflächen rollte und ins Leere zu schauen schien.

»Maurice, warum ausgerechnet *das?* Ich verstehe das nicht! Das ist so gefährlich, es sind schon einige Bergsteiger dabei ums Leben gekommen, und sie waren mit einer großen Expedition dort, mit allen Hilfsmitteln, und du sagst, du willst allein auf den Berg steigen! Das ist einfach ...«

»Verrückt! Ja, sag ruhig, was du denkst, Enid!« fiel ihr Wilson energisch ins Wort. »Das verletzt mich nicht. Es bestätigt mir nur, daß meine Entscheidung richtig ist, denn das werden viele sagen, oder so denken wie ihr. Und sie werden erst überzeugt sein, wenn ich zurückgekehrt bin vom Gipfel. Große Ideen klingen für die meisten Menschen doch immer erst einmal verrückt, oder?«

Leonard hatte sich wieder gefaßt und war sich unsicher, ob die absonderliche Fastenkur seinem Freund wirklich so gut getan hatte, wie dieser behauptete. Denn langsam dämmerte ihm, daß Maurice es wirklich ernst meinte. Er versuchte sachlich zu argumentieren: »Maurice, nach allem, was ich weiß, kann man nicht einfach so zum Mount Everest laufen, fahren oder fliegen wie nach Blackpool oder zum Ben Nevis! Es kostet viel Geld, man braucht Genehmigungen, du kennst weder die Länder noch die Sprachen und die Menschen dort! Und ...«, Leonard holte tief Luft und wollte sein entscheidendes Argument besonders betonen, »... du kannst weder Fliegen noch Bergsteigen, soweit ich weiß!«

»Aber ich kann es lernen!« entgegnete Maurice knapp und sah seinem Freund direkt in die Augen. Leonard wich nicht aus, sondern nickte unmerklich. Wilson konnte wirklich entwaffnend sein, und Enid wußte in diesem Moment, daß er es ernst meinte, völlig ernst.

»Maurice, ich vertraue dir, aber ich habe kein gutes Gefühl. Mehr kann ich nicht dazu sagen – im Moment«, warf Enid ein.

»Das brauchst du auch nicht«, erwiderte Wilson. »Ich weiß, es ist schon etwas ungewöhnlich, aber ich habe seit einiger Zeit darüber nachgedacht, und ich werde euch, wenn ihr wollt, von meinen Plänen mehr erzählen. Werdet ihr mich unterstützen?«

Enid mußte lachen.

»Du kannst Fragen stellen! Du bist und bleibst unser Freund, ob du nun auf den Everest kletterst oder in die Politik gehen willst.«

»Das merkwürdigste Unternehmen, das je ein Pilot angekündigt hat.«
Reynolds News, 23. April 1933

London, Frühjahr 1933
Aufbruch

So oder ähnlich lauteten die Zeitungsschlagzeilen in Englands Tagespresse im April 1933, nachdem Maurice Wilson öffentlich erklärt hatte: »Ich fliege allein zum Mount Everest und besteige ihn!« Natürlich überschlugen sich Gerüchte, Vermutungen und Unterstellungen. Immer wieder wurden Experten zitiert, die eine Landung an den Hängen des Mount Everest für völlig unmöglich hielten, und man unterstellte Wilson, wahrscheinlich noch nie ein Foto des Berges gesehen, geschweige denn die Geschichte von Mallory und Irvine gelesen zu haben. Beides war falsch. Wilson hatte zu diesem Zeitpunkt alle verfügbare Literatur über den Everest studiert, er kannte die wenigen Landkarten und wußte natürlich, daß er nicht »an den Hängen des Everest« landen konnte. Er beabsichtigte, von Indien nach Nepal zu fliegen, um dort in einer Höhe von dreitausend bis viertausend Meter in der Nähe des Everest zu landen, also etwa in einer Region im Solu Khumbu, in der auch heute die Landebahnen von Lukla und Namche Bazar liegen. Bei genauer Ortskenntnis wäre eine solche Landung, wie von Wilson geplant, sicherlich möglich gewesen, aber mit seiner geringen Flugerfahrung war es natürlich riskant, in unbekanntem Gelände auf dieser Höhe eine Maschine sicher aufzusetzen. Nicht ohne Grund unternahm Wilson in dieser Zeit auch einige Fallschirmsprünge, »nur um meine Nerven zu testen«, wie er Reportern sagte.

Einige Wochen zuvor hatte Maurice das Flugfeld von Stag Lane in der südenglischen Wiesenlandschaft nahe London und seinen London Aeroplane Club, den angesehensten englischen Flugverein zu dieser Zeit zum ersten Mal besucht. Noch blühte trotz erster weltweiter Linienverbindungen die Ära der Flugpioniere und ihrer Rekorde. Langstrecken- und Zeitrekorde wurden aufgestellt, in den kleinen, einmotorigen und offenen Maschinen ohne Radar und Funk flogen wagemutige Piloten über Wüsten und Ozeane. Abstürze und Unfälle gehörten zur Tagesordnung. In den Baracken von Stag Lane wurden die Flugzeuge des englischen Konstrukteurs Geoffrey de Havilland entwickelt und gebaut. Speziell für den noch jungen Markt der privaten Fliegerei hatte de Havilland 1925 ein einmotoriges Leichtflugzeug entwickelt, die »Moth«, eine kräftiger motorisierte Variante wurde später unter dem Namen »Gypsy Moth« produziert. Die »Motte« war ein offener Doppeldecker auf Holzrahmenbasis mit zwei Sitzen und einem Vierzylindermotor, der die acht Meter lange Maschine auf 186 Stundenkilometer beschleunigen konnte. Sie besaß eine Reichweite von rund sechshundert Kilometern – je nach Windverhältnissen. Zwei berühmte Pilotinnen, Amy Johnson und Jean Batten, die »Garbo der Lüfte«, wie sie damals genannt wurde, hatten mit der Gypsy Moth Anfang der dreißiger Jahre spektakuläre Rekordflüge absolviert. Amy Johnson hatte ihre Flugkünste in Stag Lane erlernt.

Anfang 1933 entschloß sich Maurice Wilson ebenfalls, sich das Fliegen im London Aeroplane Club beibringen zu lassen. Dazu kaufte er sich gleich bei seinem Eintritt in den Club eine gebrauchte Gypsy Moth aus dem Jahr 1930, registriert unter der Bezeichnung G-ABJC. Die sechshundert Pfund Sterling für ein fabrikneues Modell waren ihm zuviel.

Wilson taufte die Maschine mit seinem für ihn typischen Humor auf den Namen »Ever Wrest«, »Ewiger Kampf«. Wenige Tage später stellte er sich beim Aeroplane Club als neuer Schüler vor. Der leitende Fluglehrer in Stag Lane, Nigel Tangye, nahm sich seiner an, denn schon bald hatte sich unter den Clubmitgliedern herumgesprochen, daß dieser eigenartige Kerl allein zum Everest fliegen wollte. Den mußte sich Nigel Tangye genauer ansehen. Ein Anfänger, der sich bereits vor der ersten Stunde ein eigenes Flugzeug gekauft hatte und in den Hangar stellte, war ihm suspekt. Und daß dieser Neuling auch noch genagelte Bergschuhe zum Fliegen trug, das irritierte ihn wirklich! Doch der Fluglehrer und der Exzentriker schienen sich trotzdem gut zu verstehen, auch wenn Tangye bald klar war, daß Wilson nie ein wirklich guter Pilot werden würde. Es dauerte ungewöhnlich lange, bis der kräftige Wilson, durch die Kriegsverletzung am linken Arm stark behindert, die Steuerung der sensiblen Maschine beherrschte. Nach neunzehn Solostunden erteilte man ihm die A-Lizenz, und sein Fluglehrer sagte den Zeitungsreportern, die von Wilsons spektakulärem Langstreckenflug gehört hatten: »Wilson hat seinen ersten Soloflug vor acht Wochen absolviert. Ich bezweifele, daß er schon genügend Erfahrung für solch einen langen Flug gesammelt hat, aber er ist sehr eifrig und in bester körperlicher Verfassung. Klar habe ich ihn auf die Risiken hingewiesen, die er eingeht, aber er will sie auf sich nehmen.«

Auch ein glimpflich verlaufender Unfall konnte Wilson nicht bremsen. Zwei Tage vor seinem ursprünglich geplanten Abflugtermin am 21. April – seinem 35. Geburtstag – wollte er sich von seiner Mutter verabschieden und flog die 350 Kilometer von Stag Lane nach Bradford. Wenige Kilometer vor seinem Ziel nahe Cleckheaten geriet die Gypsy Moth plötzlich ins Trudeln, verlor an Höhe, streifte eine Hecke und blieb nach einer Bruchlandung auf der angrenzenden Kuhweide liegen – kopfüber. Ein zufällig vorbeikommender Junge half dem nur leicht verletzten Wilson aus dem Flugzeug. Die »Ever Wrest« war dagegen schwer ramponiert und wurde auf einem Lastwagen nach Stag Lane transportiert. Die Reparatur würde drei Wochen dauern, sagten die Monteure.

Wilson haderte, hatte er doch gehofft, noch in diesem Jahr vor dem Monsun den Everest zu erreichen. Das war auf keinen Fall zu schaffen, trotzdem entschied er sich, so bald wie möglich nach Indien zu fliegen und die Zeit dort mit Erkundungen zu überbrücken. Auf die Überflugerlaubnis für Nepal mußte er ohnehin noch warten.

Durch Zeitungsartikel wurden nun auch die offiziellen Stellen auf Wilsons Pläne aufmerksam. Der stellvertretende Direktor der zivilen Luftfahrtbehörde, F. G. L. Bertram, fragte im Ministerium für Luftfahrt an, ob dort irgend etwas über Wilsons Expeditionsvorhaben bekannt sei, ob eine Genehmigung der indischen oder sogar nepalesischen Behörden zum Überflug ihrer Länder vorliege. Fehlanzeige. Das Ministerium teilte mit, daß eine Erlaubnis der nepalesischen Regierung unbedingt erforderlich sei, bevor Wilson starten dürfte. Bertram fragte daraufhin bei Wilson an, ob seine in den Zeitungsartikeln erwähnten Pläne zum Flug nach Nepal und zum Everest »irgendeine reale Grundlage hätten«, und betonte: »Ich muß Sie darauf hinweisen, daß eine vorherige Genehmigung der nepalesischen Regierung absolut erforderlich ist, um über ihr Territorium zu fliegen, und es Ihnen deshalb nicht gestattet werden kann, von Purnea, Indien, die Grenze nach Nepal zu überqueren, bevor Sie nicht im Besitz dieser Genehmigung sind. Das Luftfahrtministerium nimmt an, daß es unwahrscheinlich ist, daß die Regierung von Nepal Ihnen diese Erlaubnis für den Flug zum Mount Everest erteilen wird ...«

Wilson antwortete umgehend und unmißverständlich: »Sie sind vollkommen richtig informiert über meinen bevorstehenden Flug zum Mount Everest. Aber ich möchte deutlich meine Mißbilligung über Ihre abschließende Bemerkung zum Ausdruck bringen, gerade wo doch die jüngste englische Flugexpedition zum Everest vergleichbare Genehmigungen benötigt und bekommen hat. Wenn es der Wunsch des Luftfahrtministeriums ist, die zivile Luftfahrt zu fördern, wäre ein Angebot zu meiner Unterstützung in dieser Sache sicherlich die korrektere Haltung gewesen ...«

Der stellvertretende Direktor der Luftfahrtbehörde wurde deutlicher und schrieb an Wilson zurück: »... es ist klar, daß Sie die Lage völlig falsch verstehen. Die jüngste Flugexpedition zum Everest erhielt ihre Erlaubnis zum Überfliegen nepalesischen Territoriums nur nach langen Verhandlungen der Regierung von Indien mit der Regierung in Katmandu.

Das India Office bat uns deshalb, Sie zu warnen, daß Sie keinesfalls die nepalesische Grenze unerlaubt überfliegen dürfen und daß das dazu nötige Einverständnis der nepalesischen Regierung sicherlich nicht gegeben wird.

Aus diesem Grund kann es keine Unterstützung des Luftfahrtministeriums für Ihren geplanten Flug geben ...«

Wilson war zwar verärgert, aber in keiner Weise verunsichert. Er würde fliegen, und zwar am 21. Mai ab Stag Lane. Die Vorbereitungen gingen weiter! Er ließ die »Ever Wrest« für die Anforderungen seines Langstreckenflugs umbauen: De Havilland montierte ein kräftigeres Fahrwerk samt breiteren Reifen, um notfalls auf Schnee landen zu können, und im Rumpf wurden Extratanks für die teilweise sehr langen Etappen über Meer oder Wüsten installiert. Täglich brütete Wilson über großformatigen Landkarten, um die beste Route entlang der wenigen Flughäfen auszutüfteln und sich die entscheidenden Landmarken einzuprägen – eine in der

Frühzeit der Luftfahrt ohne Radar und Funkverkehr überlebenswichtige Übung. War er einmal in der Luft, hatte er keine Zeit mehr für stundenlanges Kartenstudium. Seine Route sollte ihn erst nach Freiburg im Breisgau führen, um alte Freunde zu besuchen. Von dort wollte er über Passau und Österreich die Alpen überqueren, weiter entlang der italienischen Westküste über Rom und Neapel nach Sizilien, hier hinüber nach Afrika und über Tripolis und Bengazi nach Kairo fliegen. Es sollte der erste lange Wüstenflug nach Basra am Persischen Golf folgen, dann flöge er südwärts entlang der persischen Golfküste schließlich ins pakistanische Gwadar. Über Karatschi und Delhi wollte er dann sein Ziel Purnea erreichen, eine kleine Stadt nahe der Grenze zu Nepal und Sikkim. Von dort aus war auch die Everest-Flugexpedition 1933 gestartet.

Für persönliche Dinge hatte er nur wenig Platz, natürlich packte er eine Bibel ein, seinen selbstgenähten seidenen Union Jack mit den Unterschriften seiner Freunde, sein Tagebuch und einen Talisman von Enid.

Er stellte jetzt auch sorgfältig seine Ausrüstung für die Bergbesteigung zusammen: genagelte Bergschuhe mit besonders starker Kälteisolierung, Zelt und Schlafsack bei der Ruttledge-Expedition erprobter Fabrikate, eine Kamera mit Selbstauslöser, die ihm nach dem Auslösen fünfzehn Sekunden Zeit gab, um sich auf dem Gipfel richtig ins Bild zu setzen, ein spezieller Höhenmesser, der seine größte erreichte Höhe speichern konnte, und ein leichter Sauerstoffapparat. Lange hatte er gehadert, ob er dieses Gerät einpacken sollte. Eigentlich entsprach er nicht seiner Philosophie des »klein und bescheiden«, aber Wilson hatte in Expeditionsberichten so viel über die enormen Probleme aufgrund mangelnden Sauerstoffs gelesen, daß er es nicht riskieren wollte, ausgerechnet deshalb am Ende zu scheitern. So nahm er ein sieben Kilogramm schweres Gerät mit, das ihm für acht bis zehn

Stunden Sauerstoff liefern konnte, also nur für den Notfall beziehungsweise für den allerletzten Gipfelvorstoß. Acht Stunden waren am Everest nicht viel Zeit.

Wenn Wilson nicht dabei war, die »Ever Wrest« gefühlvoll in die Luft und wieder heil zur Erde zurückzubringen, dann wanderte er – stundenlang, tagelang. Mit schwerem Gepäck lief er mehrmals durch die mittelenglische Hügellandschaft von London nach Bradford, Zwanzig-Meilen-Märsche pro Tag erschöpften ihn nicht, und einige Bergbesteigungen in Wales und im Lake District gaben ihm wenigstens einen kleinen Eindruck von den notwendigen Fertigkeiten eines Bergsteigers und Alpinisten. Warum er allerdings trotz aller aufwendigen und wohlüberlegten Vorbereitungen genau hier nachlässig wurde und nicht die Grundfertigkeiten etwa des Gehens mit Pickel und Steigeisen und die Benutzung des Seils erlernte, bleibt rätselhaft.

Wilsons Vorhaben machte weiterhin Schlagzeilen, er selbst zeigte sich ausgesprochen redselig der Presse gegenüber, immerhin hatte er ja eine »message«, die er unter die Menschen bringen wollte. Um so mehr erregte sein Abenteuer das Interesse von Presse und Öffentlichkeit, als drei Wochen vor seinem geplanten Abflug eine andere Flugexpedition zum Mount Everest erfolgreich beendet wurde:

Am Morgen des 3. April 1933 hoben vom kleinen Flugfeld von Lalbalu bei Purnea zwei speziell ausgerüstete Westland-Flugzeuge ab, an Bord jeweils ein Pilot der Royal Air Force und ein Kameramann. Ihr Ziel: das Everest-Massiv zu umrunden und zu überfliegen. Seit Wochen hatte die Mannschaft in Purnea auf geeignete Wetterbedingungen, klare Sicht und geringe Höhenwinde gewartet. Nun war die Situation günstig, und um zehn Uhr flog die erste Maschine über den Everest-Gipfel, eine Stunde später auch die zweite, und nach einem vierstündigen Flug landeten beide Teams wohlbehalten, aber völlig erschöpft wieder in Lalbalu. England war begeistert, der *Daily Express* titelte auf Seite eins: »Triumphaler Flug über den Everest – Ein Spektakel, das kein menschliches Auge zuvor erblickte!«

Auch ein zweiter Flug am 19. April verlief erfolgreich, die Ausbeute an Luftbildern vom Everest war enorm, die topographische Aufnahme unbekannter Landstriche gelungen. Die Royal Geographical Society als federführende Vereinigung hinter der Expedition war zufrieden, insbesondere nach den fehlgeschlagenen Everest-Expeditionen der zwanziger Jahre. Die kostspielige Flugunternehmung war einzig durch die großzügige Spende von 10 000 britischen Pfund durch Lady Houston ermöglicht worden, ein Budget, von dem jede der bisherigen Everest-Expeditionen nur träumen konnte. (Eric Shiptons kleine und »billige« Erkundungsexpedition von 1935 kalkulierte mit zweihundert Pfund pro Teilnehmer!) Und durch Unterstützung hochrangiger Militärs und Protektion einiger Lords hatte sich die Regierung Britisch-Indiens erweichen lassen, mit der nepalesischen Regierung eine einmalige Ausnahmegenehmigung zum Überfliegen ihres Territoriums auszuhandeln. Nepal hatte bislang seine staatliche Souveränität bewahrt und wollte diese auf keinen Fall gefährden. Man befürchtete: Wo Flugzeuge fliegen und Luftaufnahmen machen, könnten schon bald Armeen marschieren. Auf britischer Seite waren es neben den wissenschaftlichen genau dies die Gründe, eine ansonsten »nutzlose« kostspielige Flugexpedition zu genehmigen und zu unterstützen. Lady Houston scheute sich hingegen nicht, in Interviews ihre wahre Motivation zur Unterstützung des Unternehmens kundzutun, auch wenn das India Office umgehend dementierte. Die erfolgreiche Flugexpedition der Briten, so die Lady, würde die »zurückgebliebenen Inder« von der Überlegenheit des Königreichs überzeugen und zur Festigung des

Empire beitragen! Wie konnte Maurice Wilson so naiv sein und hoffen, vor diesem Hintergrund Unterstützung für *seine* Expedition zu bekommen? Er, der Alleingänger, der Invalide, der keine wissenschaftlichen oder politischen (Schein-)Argumente für sein Unternehmen vorschob und noch nicht mal öffentlich auf die nationalistische Karte setzte. Der seinen Union Jack mit den Unterschriften seiner Freunde »Freundschaftsfahne« nannte und schließlich sich selbst einen »Internationalisten«. Der sich keinem Verein anschließen wollte und vor keinen Karren spannen ließ.

Zum Alpine Club oder der Royal Geographical Society erhielt in jenen Tagen nicht jeder Zutritt. Engländer im engeren Sinne zu sein war dabei Mindestvoraussetzung! Gehobene Mittelschicht, Oxbridge-Erziehung, gesellschaftliche Anerkennung, das waren genauso wichtige Kriterien (der Sozialist George Mallory blieb aufgrund seiner alpinistischen Sonderbegabung die Ausnahme!). Kein Platz für Maurice Wilson, den Sohn einer Aufsteigerfamilie aus der schmutzigen Industriestadt Bradford, hochdekoriert im Krieg, aber irgendwann durchgedreht, der sich seinen Privatglauben aus Christentum, Spiritismus und östlichen Lehren zusammenmischte, einmal geschieden ist und zuletzt mit einer Tasmanierin in Neuseeland verheiratet war. Und das alpine Establishment war nicht nur arrogant, es war auch chauvinistisch. Der Everest-Historiker Walt Unsworth brachte es einmal auf den Punkt: »Die Wahrheit ist, daß damals das Everest-Komitee und der Alpine Club den Mount Everest bereits als ihre Privatsphäre betrachteten, die exklusiv für sie reserviert war.«

Entsprechend massiv wehrte man alle Versuche anderer Nationen ab, Expeditionsgenehmigungen für den Everest zu erhalten. Was durch die britische Kolonialherrschaft in Indien bis zum Ende des Zweiten Weltkriegs auch bestens funktionierte. Allerdings waren die Honoratioren vergeßlich. Denn was man im Fall Maurice Wilsons als »verrückte Idee« und als ein »Selbstmordunternehmen« bezeichnete, wurde einige Jahre zuvor in den Reihen der Royal Geographical Society und des Alpine Club ernsthaft diskutiert. Der ehemalige Präsident des Alpine Club, Percy Farrar, wollte eine komplette Expedition per Flugzeug zum Everest schicken, ein amerikanischer Pilot bot dem Komitee seine Dienste an, Bergsteiger am Everest abzusetzen. Und der berühmte Captain John Noel, der Filmer und Fotograf der Expeditionen von 1922 und 1924, dessen Bericht über seinen illegalen Grenzübertritt nach Tibet die ganze Everest-Saga erst richtig in Bewegung brachte, jener John Noel hatte selbst einmal vorgeschlagen, ein Team von Höhenbergsteigern per Flugzeug am Everest abzusetzen und wieder aufzunehmen: »Am Schneefeld des unteren Östlichen Rongbuk-Gletschers unterhalb der Eisbrüche könnte ein entsprechend konstruiertes Flugzeug bequem landen und die Mannschaften zurück nach Indien bringen.«

Daß diese verschiedenen »Flugpläne« nicht weiter verfolgt wurden, lag weniger an der Ablehnung bei den Verantwortlichen im Alpine Club und bei der Royal Geographical Society (obwohl es dort große Widerstände gegen Unterstützung aus der Luft gab), sondern sie scheiterten in erster Linie an den enormen Kosten und dem absoluten Unwillen der Air Force in Indien, solche Projekte zu unterstützen.

Die »Alpinisten-Fraktion« im Everest-Komitee und im Alpine Club schmollte derweil mehr oder weniger unverhohlen und beklagte, die Houston-Flugexpedition habe ihnen die Schau gestohlen, die Publizität und die so dringend benötigte öffentliche und finanzielle Unterstützung. Gerade zu der Zeit, als die beiden Royal-Air-Force-Piloten den Gipfel aller Sehnsüchte umrundeten, quälte sich der lange Troß der Ruttledge-Expedition über den Pang-La Richtung Everest.

Doch das in den Jahren nach 1924 in Großbritannien etwas erlahmte Interesse des Publikums an Everest-Geschichten erwachte wieder. Fast täglich lieferten *Daily Mail, Daily Express, Daily Telegraph, Daily Herald, Star* oder auch die *Times* Geschichten aus Indien, Sikkim, Nepal und Tibet, schickten manchmal eigene Reporter mit auf Reisen oder schlossen teure Exklusivverträge mit den Expeditionsleitern ab.

Maurice Wilson betrat also zur rechten Zeit die öffentliche Bühne mit seiner Ankündigung: »Ich fliege allein zum Mount Everest und besteige den Berg!« Der unerschrockene Flugpionier, ein gehöriger Schuß britischer Exzentrik, das schon fast mythisch überhöhte und nationalistisch durchtränkte Ziel einer Everest-Besteigung – all das verschmolz und kulminierte kurzzeitig in der Person von Maurice Wilson. Anfang 1933 liebte ihn die Presse, die »Experten« rümpften die Nasen und die Bürokraten rauften sich die Haare.

Wilson hatte sich von seiner Bruchlandung gut erholt, die »Ever Wrest« verließ den De-Havilland-Hangar in Stag Lane wie neu, und Wilson flog seine letzten Testrunden über Südengland. Den endgültigen Abflugtermin setzte er nun auf den 21. Mai fest – vorausgesetzt, das launische englische Wetter machte ihm keinen Strich durch die Rechnung. Die modifizierte Gypsy Moth ließ sich gut manövrieren, befand Wilson, auch mit seiner Ausrüstung und dem zusätzlichen Treibstoff an Bord. Er bereitete sich auf seine Art auf die besondere Aufgabe vor. Seit Tagen pflegte er seine spezielle Fastendiät, er betete und meditierte regelmäßig.

Enid hielt Distanz zu ihm in diesen letzten Wochen vor seinem Abflug. Ihre Nähe und Vertrautheit miteinander wuchs ihr über den Kopf, ihr Gefühlsleben geriet aus den Fugen, und so machte sie es ihnen beiden leichter, glaubte sie. Manchmal stand sie am Rand des Flugfeldes und beobachtete Maurice, wie er am Aufbau oder dem Vierzylindermotor der Gypsy Moth herumschraubte, wie er hüpfenderweise auf der Graspiste aufsetzte, so daß sein Fluglehrer immer noch erschrokken den Atem anhielt, sie sich die Augen zuhielt und Wilson dann trotzdem völlig unbeeindruckt und gutgelaunt aus dem engen Cockpit kletterte, seine Brille über die Lederkappe schob und sie anlachte, als ob er sagen wollte: »Klappt doch schon ganz gut, oder?«

Er sprach es aber nicht aus, und wenn er doch einmal Angst hatte oder unsicher wurde wegen seines Abenteuers, dann behielt er es für sich, nach außen strahlte er eine unerschütterliche Zuversicht aus, wie seit Monaten. »Zuviel Zuversicht manchmal«, dachte Enid bei sich und seufzte, denn gleichzeitig liebte sie an ihm ja gerade diese grenzenlose Energie. Sowenig er über mögliche Zweifel sprach, so wenig sprach er über sie beide. Vielleicht sollten die Brücken abgebrochen werden, je früher, desto besser. Sie saßen oft wie früher am Kamin in Biddulph Mansion, zu dritt, tranken Tee und Whiskey, planten, lachten, diskutierten und stritten über Maurice' verrückte Ideen. Manchmal gingen sie auch wieder zu zweit im Regents Park spazieren, wenn Len noch arbeitete, und Maurice blickte sie an wie früher, lachte wie früher, aber er vermied jetzt jede Berührung und jede Andeutung über eine mögliche gemeinsame Zukunft, jeden Satz über seine Wünsche und Hoffnungen, mit ihr zu leben. Enid vermißte es einerseits, andererseits forcierte sie gar nichts, es war ihr sogar ganz lieb, wieder Normalität einkehren zu lassen. Ihre Dreierkonstellation wirkte nun, von außen betrachtet, unkompliziert und harmonisch. »Und den Rest werden wir schon schnell vergessen«, dachte sich Enid und betrachtete immer noch den bastelnden Maurice. »Und Len? Hatte sie eigentlich überhaupt einmal in den vergangenen zwölf Monaten Streit mit Len wegen Maurice gehabt? Eine deutliche Anspielung, eine Warnung, ein gekränktes, eifersüchtiges lautes Wort von ihm gehört? Irgend etwas in dieser Richtung?« Nein, sie glaubte nicht. »Es war zum Verzweifeln! Len machte es ihr nicht einfacher. War er so blind oder naiv? Oder war es das, was ein leitender Angestellter mit britischer Erziehung unter gentlemanlike verstand. Außerdem spekulierte er vielleicht ganz abgeklärt auf den Gang der Zeit. War Maurice erst mal in der Luft, käme er so schnell nicht wieder, das war sicher, vielleicht auch gar nicht. Wie hieß es doch, ›der Mann, der da ist, ist immer im Vorteil vor dem, der nicht da ist‹. Wie wahr«, dachte Enid. Maurice hatte vor wenigen Tagen Len mit der Wahrnehmung seiner Interessen betraut. Er dürfe Preise für Presseveröffentlichungen aushandeln und auch ansonsten in seinem Namen sprechen. Len fühlte sich geehrt, obwohl gerade er in seiner nüchternen Vorsicht nie ein Hehl daraus gemacht hatte, was er von Wilsons Plänen hielt, nämlich gar nichts. Aber er mochte ihn einfach und würde ihn loyal vertreten, da war sich Enid sicher. Und sie würde auch wieder loyal sein, dachte sie, nahm ihren Terrier unter den Arm und ging zu ihrem Wagen. Sie wollte sich mehr Gedanken über die Zeit nach dem 21. Mai machen, das nahm sie sich fest vor.

Man registrierte in London, daß Wilson seine Flugvorbereitungen unbeirrt fortsetzte. Das zivile Luftfahrtamt und das Luftfahrtministerium einigten sich mit der indischen Regierung auf eine letzte Warnung. Drei Tage vor seinem Abflug erhielt Wilson ein Telegramm: »Die indische Regierung erklärt, daß sie keinen Versuch unternehmen wird, um eine Genehmigung für Ihren geplanten Flug zum Mount Everest von der nepalesischen Regierung zu erhalten. Sie werden hiermit noch einmal gewarnt, einen Flugversuch dorthin zu unternehmen.«

Am Montag, dem 22. Mai, stellte das Luftfahrtministerium in einer Notiz lakonisch fest, »man habe auf das Telegramm keine Antwort von Mr. Wilson erhalten«. Der befand sich zu dieser Stunde bereits in der Luft über Deutschland.

Und noch andere machten sich Sorgen um Maurice Wilson. Einen Direktor der zivilen Luftfahrtbehörde in Indien erreichte ein Schreiben der Shell Oil Company, die die Treibstoffdepots auf allen Flughäfen und Luftstützpunkten im britischen Kolonialreich belieferte und dadurch von Wilsons Plänen erfahren hatte. Die Shell fragt besorgt: »... es ist zwar eigentlich nicht unsere Angelegenheit, aber meinen Sie nicht, daß es dem Ruf der zivilen Luftfahrt schadet, wenn man solche Selbstmordunternehmen erlaubt? ... Ich denke, Sie haben die Macht, ihn zu stoppen!«

Der Direktor der indischen Luftfahrtbehörde bedankte sich für die Informationen über Wilson, von dessen Plänen er bislang nur sehr oberflächlich informiert gewesen war, und sicherte der Shell zu, daß er im Falle eines erfolgreichen Flugs schon in Karatschi überredet werden wird, »seine Zeit nicht mit einem weiteren Flug nach Indien zu verschwenden, andernfalls hat der zuständige Offizier Anweisung, ihn aufzuhalten.«

Der 21. Mai brach an, ein Sonntag. Es war kalt und neblig am Stag-Lane-Flugfeld, aber die aufgehende Sonne löste bald den Dunst auf. Es war ein guter Tag zum Fliegen. Fotografen und Reporter belagerten noch einmal Wilson und die »Ever Wrest«, ein, zwei Dutzend Zuschauer und Freunde hatten sich zum Start eingefunden, darunter natürlich sein Fluglehrer Nigel Tangye und die berühmte Pilotin Jean Batten.

Wilson diktierte noch einmal den Reportern sein Credo in die Notizblöcke: »Ich bin fest entschlossen, diesen Flug zu beginnen, so wie jeder, wenn er einen Rekordflug unternimmt. Ich habe über acht Monate den Berg studiert, ich habe zwei Monate in diesem Flugzeug zugebracht, und bin so gut ausgerüstet für dieses Unternehmen, wie man nur sein kann.«

Das wollte sein Fluglehrer Nigel Tangye auch nicht bestreiten, aber er sorgte sich sichtlich um seinen sympathischen, sonderbaren Schüler: »Ich habe in den vergangenen drei Wochen noch versucht ihn zu überreden aufzugeben, aber vergebens, ich denke seine Flugerfahrung reicht einfach noch nicht aus für solch ein schwieriges Unternehmen.«

Jean Batten, die einige Flugrekorde zu jener Zeit innehatte, trat an das Cockpit und wünschte Wilson Erfolg, sie war wenige Monate zuvor auf der gleichen Route Richtung Australien drei Tage nach dem Start abgestürzt. Das Foto vom Abschied Wilsons mit Jean Batten druckten am nächsten Tag alle Zeitungen. Leonard Evans schüttelte dem im Cockpit sitzenden Wilson die Hand, der Mann, den er erst vor etwa einem Jahr kennengelernt hatte und der ihm so sehr ans Herz gewachsen war, verschwand so plötzlich aus seinem Leben, wie er gekommen war.

Enid kam als letzte zu ihm, es war zwischen den Dutzenden von Freunden und Reportern kein Platz und nicht die richtige Zeit für Intimitäten, aber trotzdem störte sie der Trubel um sie herum nicht. Sie nahm ein violettfarbenes Band aus ihrer Handtasche und knotete es an die Verstrebungen der Tragflächen.

»Es soll dir Glück bringen, Maurice.«

»Das wird es bestimmt, Enid, und ich brauche es auch … es ist wunderbar.«

Enid atmete tief durch, sie hatte nicht viel Zeit.

»Gibt es noch etwas, das du mir sagen willst?« fragte sie Maurice, der etwas abwesend auf seinen Steuerknüppel blickte.

»Ja … nein … ich … du weißt es natürlich, aber, nein, nicht hier und heute, ich habe damals alles gesagt, jetzt muß ich einfach los … mach es uns jetzt nicht schwerer, … aber ich komme wieder, sicher, good bye.«

Er sagte es so abrupt, daß Enid sich abdrehte und ging.

»Enid!«

Sie drehte sich zu Maurice um.

»Bitte, eine Sache noch …« Er sah sie fest an und Enid kam näher. »Doch, eines muß ich dir sagen …, aber nur dir, ausschließlich dir«, und er flüsterte fast: »Ich tue es für dich!«

Sie trat einfach ein paar Schritte zurück, kein Kuß, keine Umarmung, Wilson machte sich betont energisch an den Steuerknüppeln und dem Motor zu schaffen, die Menschentraube wich langsam zurück, der Vierzylinder sprang röhrend an und lief rund, der Holzpropeller schnurrte, die Bremsklötze wurden weggezogen, und schon rollte die »Ever Wrest« über das holprige Grün zum Startplatz, noch eine Kurve, Wilson gab Gas und ließ die Kupplung kommen, Blitzlichter zuckten, weiße Taschentücher flatterten, die »Ever Wrest« beschleunigte rasch, röhrte auf, und nicht nur Nigel Tangye schickte ein Stoßgebet in den frühjahrsblauen Himmel. Doch in diesem Moment hob die Gypsy Moth hüpfend vom Erdboden ab und gewann zügig an Höhe. Sie drehte in einer langen Kurve nach Süden und entschwand bald hinter einer Baumgruppe. »Du Wahnsinniger!« dachte Enid immer wieder und wußte nicht, ob sie lachen oder weinen sollte.

Frühjahr 1933
Über den Wolken

Nach einem kurzen Zwischenstopp am Heston Airport nahe London, wo Wilson Zollformalitäten erledigen mußte, verließ er endgültig England und flog direkt über den Ärmelkanal Richtung Rheinmündung. Das Wetter blieb freundlich, er folgte ohne Probleme dem Flußlauf und erreichte am späten Nachmittag Freiburg im Breisgau. Er übernachtete bei Freunden, die er während seines Urlaubs dort im vergangenen Jahr kennengelernt hatte. In London titelten die Zeitungen in den Morgenausgaben über den erfolgreichen Start des einsamen Everest-Fliegers, und das Luftfahrtministerium informierte per Telegramm das India Office über Wilsons Abflug. Derweilen schnurrte dessen Gypsy Moth ruhig über Bayern nach Passau. Er tankte dort die Maschine auf und wollte am nächsten Tag die Alpen überqueren. Aber eine Tieffront hüllte am Morgen die Bergspitzen bis hinunter auf zweitausend Meter in dicke graue Regenwolken. Wilsons einzige Chance bestand darin, die Wolkendecke nach oben zu durchstoßen, doch er erreichte nur etwa dreitausend Meter. Die »Ever Wrest« war durch sein umfangreiches Gepäck zu schwer geworden, um größere Höhen zu erreichen, und so flog er durch dichte Wolkenberge. Schnell drehte Wilson bei und gab die Alpenüberquerung auf.

In England machten sich die ersten Reporter bereits Sorgen über den Soloflieger. Mehrere Zeitungen meldeten:

»Keine Neuigkeiten sind von Maurice Wilson zu hören, dem Piloten vom Londoner Aero Club, der in Etappen zum Everest fliegen wollte. Anfragen in Paris und Freiburg im Breisgau blieben erfolglos.«

Und der *Daily Express* spekulierte bereits besorgt:

»Erleidet Maurice Wilson, der Flieger, der am vergangenen Sonntag von Stag Lane zum Everest startete, etwa das gleiche Schicksal wie Bert Hinkler, der bei einer Bruchlandung im Apennin während seines Fluges nach Australien getötet wurde?«

Wilson flog zurück nach Freiburg. Er tüftelte eine neue Route aus, die ihn über den Genfer See und das Rhônetal nach Norditalien führen würde, um dann wieder auf seine alte Strecke zu stoßen. Er folgte dieser Route bei Sonnenschein und leichtem Rückenwind entlang der französischen und italienischen Riviera und landete am Mittwoch in der Dämmerung in Rom. Am gleichen Tag sagte Enid Evans einem Reporter vom *Daily Express*:

»Ja, wir sind etwas besorgt, obwohl Mr. Wilson uns sagte, wir bräuchten uns keine Gedanken zu machen, auch wenn er sich sechs Wochen lang nicht melden würde. Wahrscheinlich mußte er an einem abgelegenen Flecken landen. Er versprach uns, sich zu melden, sobald er Neapel erreicht hat.«

Aber schon einen Tag später erhielt Leonard Evans einen Brief von Wilson, und die englischen Blätter konnten eine Woche nach seinem Start aufatmend melden:

»Everest-Flieger unversehrt – Mr. Evans sagte dem *Daily Express,* daß Mr. Wilson dabei ist, nach Tunis und später Tripolis aufzubrechen. Der Empfang bei den italienischen Fliegern in Rom und Neapel sei großartig gewesen, sein abenteuerlicher Flug wurde dort ausgiebig gefeiert ...«

Wilson kam gut voran, von Neapel folgte er weiter der italienischen Westküste und überquerte die Straße von Messina, um bald darauf in Catania zu landen. Die »Ever Wrest« wurde betankt, und noch am gleichen Tag versuchte er, das Mittelmeer Richtung Tunis zu überqueren. Aber breite Nebelbänke über dem Meer nördlich von Malta zwangen ihn zur Umkehr nach Catania, und am Abend, bei Steak und Orangen in einer Trattoria nahe des Flugfeldes, schrieb er an Enid:

»Es war eine wunderbare Reise entlang der Küste, leider war es zu neblig, um nach Tunis zu gelangen, ich starte morgen sehr früh ... dachte gerade daran, wie schön es wäre, wenn du hier neben mir auf diesem leeren Stuhl sitzen könntest ...«

Der Nebel über der Straße von Sizilien hatte sich am nächsten Morgen nicht verflüchtigt. Zuerst versuchte Wilson wieder die Wolkendecke zu durchbrechen, aber wie schon vor der Tieffront über den Alpen gelang es der »Ever Wrest« nicht, über dreitausend Meter zu steigen. Wilson fluchte leise, als er deshalb runtergehen und dicht über die Wasseroberfläche fliegen mußte. Hier war die Sicht noch am besten. Unter sich das Mittelmeer, über sich dichte Nebelbänke, die er zeitweise noch im Blindflug kreuzte – zum ersten Mal sah Wilson keine eindeutigen Landmarken mehr und mußte seinen Kurs ausschließlich nach seinen Berechnungen und den Kompaßanzeigen setzen. Es wurde die Feuertaufe für den Novizen am Steuerknüppel, und er hielt strikt die errechnete Gradzahl in der Hoffnung, wie geplant in Höhe des Cap Bon afrikanisches Festland zu erreichen. Nach etwas über einer Stunde hatte er Gewißheit: Aus dem dichten Nebel tauchte unvermittelt das sandige Ufer der tunesischen Küste auf, er hatte genau den vorherbestimmten Punkt erreicht. Ein Jubelschrei hallte über die Dünung, und die Gypsy Moth schien einen Hüpfer in der Luft zu machen. Wilson folgte der eintönigen nordafrikanischen Mittelmeerküste zwischen Wüste und Wasser. Ab und zu überflog er kleine Dörfer und selten Städte wie Tripolis oder Benghazi. Aber er blieb im Zeitplan. Die »Ever Wrest« flog zuverlässig, und so setzte er eine Woche nach seinem Start wie geplant auf dem Flugfeld von Kairo auf – erschöpft und zufrieden.

Doch jetzt begann der Ärger für Wilson. Ursprünglich hatte er geplant, entlang der persischen Golfküste zu fliegen, wozu eine Genehmigung der persischen Behörden erforderlich war. Andernfalls würde sein Flugzeug konfisziert werden, auch wenn er nur zum Auftanken in Persien landen sollte. Und das war bei den langen Etappen über unbewohnte Wüstengegenden unausweichlich. Er mußte die wenigen vorhandenen Stützpunkte zum Tanken und für etwaige Reparaturen nutzen. Wenige Tage vor seinem Abflug hatte er noch in London die Bestätigung erhalten, daß seine Genehmigung zum Überfliegen des persischen Territoriums in Kairo vorliegen werde. Indes war die »Ever Wrest« fällig für ihre erste Inspektion – vor den langen, gefährlichen Wüstenetappen eine unumgängliche Maßnahme. Wilson hatte somit genügend Zeit, sich um die persische Genehmigung zu kümmern. Bei seinem Anruf bei der britischen Vertretung in Kairo erlebte er jedoch eine böse Überraschung. Nach kurzem Warten erklärte ihm ein Beamter kurz und bündig:

»Sorry, alter Junge, aber hier liegen keine Papiere für Sie!« Um dann betont süßlich fortzufahren: »... aber wenn ich sonst etwas für Sie tun kann, lassen Sie es mich wissen.«

Wilson wußte sofort, daß es keinen Zweck hatte, noch einmal nachzufragen. Das Luftfahrtministerium hatte seine Ankündigung wahr gemacht: Sie wollten ihn aufhalten! Wütend, aber keineswegs entmutigt schrieb er an Len und Enid:

»Na ja, Kairo ist ja nicht der Everest, also muß ich eben ohne Erlaubnis nach Bagdad fliegen und eine neue Route ausarbeiten.«

Doch das gestaltete sich wesentlich schwieriger, als es so lapidar in seinem Schreiben klang. Sein Flugzeug war mittlerweile betankt und überholt, die Route nach Bagdad klar, Wilson besaß die notwendigen Karten. So startete er, immer noch ohne offizielle Genehmigung, und flog mit Zwischenstopps in Suez und Bethlehem in einem Tag nach Bagdad, der ehemaligen Kalifenstadt am Tigris. Zwei Drittel der Strecke führten ihn über die menschenleere jordanische Wüste, doch inzwischen vertraute Wilson immer mehr seinem fliegerischen Instinkt, der ihn auch dieses Mal nicht im Stich ließ, und so setzte er sicher in der abendlichen Schwüle auf Bagdads Landepiste auf. Schnell erfuhr er, daß auch hier keine Genehmigung der persischen Behörden für ihn vorlag – und daß er auch keine bekommen würde. Wilson hatte damit gerechnet. Sein größtes Problem bestand nun darin, daß es in Bagdad kein geeignetes Kartenmaterial für die Planung einer Alternativroute entlang der arabischen Golfküste gab. Wilson hatte sich vorgenommen, über das Euphrat- und Tigris-Delta zu fliegen, dann den Persischen Golf Richtung der Insel Bahrain zu queren, damals ein britisches Protektorat, im Scheichtum Sharaj aufzutanken und schließlich die pakistanische Küstenstadt Gwadar kurz hinter der persischen Grenze zu erreichen. Es waren lange, gefährliche Etappen, über unbewohntem Gebiet, mit sehr wenigen Stützpunkten und noch dazu in extremer Hitze – es war Anfang Juni. Zu seinem Unglück erfuhr er zudem, daß die Landepiste von Basra im Tigris-Delta gesperrt war. Das bedeutete für ihn, zwei lange Etappen fliegen zu müssen, die an der Grenze der Reichweite seines Flugzeugs lagen – wenn nicht sogar darüber. Und wenn dann noch Gegenwind dazukam ... Aber Wilson hatte keine Wahl. Mit Hilfe eines alten Schulatlas und eines Vermessungsblatts der Golfregion erarbeitete er sich eine Karte der nördlichen Arabischen Halbinsel. Das letzte Stück der Route bis Bahrain blieb allerdings unsicher. Er wußte nicht, wann er den nächsten Brief an Enid würde schreiben können, und so saß er am Abend vor seiner langen Wüstenetappe im Schatten der »Ever Wrest« und dichtete einige holprige Verse über Enids violettes Band an seiner Tragfläche:

Oh, das Wetter war wunderbar in Edgware Downs
ein wunderbarer Tag zum Fliegen
als wir über London abhoben
an diesem Tag im Mai.
Keinen Gedanken verschwendeten wir ans Scheitern
als wir ins Blau hinaufkletterten
Du bist nun gestartet,
es gibt kein Zurück mehr
also vertrau auf dein Stück violettes Band!
Über die Schiffe im Kanal, über Wälder und Hügel
die Worte reichen nicht aus
die Freude zu beschreiben, die mich verzauberte
mich und mein violettes Stück Band.
Über Frühlingswiesen ging's ins Rheintal,
der Reichtum der Natur war unbeschreiblich
in Freiburg landeten wir zur rechten Zeit,
das Münster ließ seinen Willkommensgruß ertönen.
Über Basel und Genf ging's weiter,
wir wollten über die Alpen,
aber wir verloren Höhe und wären fast abgestürzt,
aber ich wurde gerettet durch mein Stück violettes Band.
Lyon, Marseille hin zu den Zitadellen Roms
an Genua vorbei und den Türmen Pisas
hielten wir kurz in Nizza und Neapel
und erreichten schließlich sicher Catania.

Dann hinaus nach Tunis durch wollene Wolken
der erste Blindflug war's für mich,
aber mitten im Torkeln und Schlingern hörte ich eine
Stimme:
Vertrau dir und deinem violetten Band …

Am 31. Mai morgens um halb acht startete er in Bagdad, eine Stunde nach Sonnenaufgang. Tausend Kilometer Luftlinie lagen vor ihm, die Hälfte davon über offenem Meer. Es durfte nichts Unvorhergesehenes geschehen, kein schlechtes Wetter, kein Fehler, die maximale Reichweite seiner umgebauten Gypsy Moth betrug bei guten Bedingungen 1150 Kilometer. Zuerst verfolgte Wilson das Silberband des mäandernden Tigris und später einen seiner Nebenflüsse. Die Dörfer und Felder der mesopotamischen Ebene gaben den Augen Abwechslung und Orientierungspunkte, bis zum sumpfigen Delta südlich von Basra. Das änderte sich schlagartig über dem Persischen Golf. Die Sonne stand hoch am Himmel und brannte auf das Meer und die Wüste nieder. Die arabische Golfküste ist eine der heißesten Regionen der Erde. Jetzt im Juni waren Tagestemperaturen über vierzig Grad keine Seltenheit. Die Luft flimmerte, das blaugrüne Meer lag unbeweglich unter Maurice. Keine Wellenkrone, kein Schiff und keine Insel unterbrachen die Eintönigkeit. Wilson versuchte die flache, bräunliche Küstenlinie der Arabischen Halbinsel rechts von ihm im Blick zu behalten, hielt sich aber so weit es ging vom Land entfernt. Die Fernsicht war mäßig, in zwei, drei Kilometer Entfernung schien alles um ihn herum in einem weißlichen, dunstigen Hitzeschleier zu verschwimmen. Das gleichmäßige Brummen des Vierzylinders verstärkte noch die Monotonie. Wilson wurde schläfrig und mußte sich nach mittlerweile sechs Stunden Flug immer wieder zusammenreißen, um nicht einzunicken. Aber wieder bewährte sich sein fliegerisches Gespür. Acht

Stunden nach dem Start in Bagdad passierte er das Kap Ras Tannurah und steuerte unmittelbar danach das flache Eiland Bahrain direkt vor der arabischen Küste an.

Er bat noch einen Monteur darum, die »Ever Wrest« zu betanken, da er morgen frühzeitig weiterfliegen wolle, dann ging der erschöpfte Pilot schlafen. Am nächsten Tag war sein Flugzeug jedoch nicht betankt, und der verärgerte Wilson wurde von einem Polizisten in eine der Flughafenbaracken gebeten. Dort wartete der Vertreter der britischen Krone in Bahrain auf ihn, Colonel Loch. Der schlanke, hochgewachsene Mann saß hinter einem leeren Schreibtisch und fächelte sich mit einem Stapel zusammengerollter Papiere Luft zu. Er trug eine neu aussehende Khaki-Uniform, auf der sich aber schon die ersten dunklen Schweißflecken abzeichneten, trotz der frühen Morgenstunde.

»Mr. Wilson? Maurice Wilson nehme ich an?« begann Colonel Loch sehr höflich, ohne sich zu erheben.

»Ja, Sie wissen doch ganz genau, wer ich bin«, polterte der verärgerte Wilson los. »Warum wurde mein Flugzeug nicht betankt? Ich besitze eine gültige Fluglizenz, bezahle den Treibstoff sofort und habe gegen kein Gesetz verstoßen! Ich denke, Sie können mich hier nicht festhalten und müssen mich weiterfliegen lassen, Mr. ...«

»Loch, Colonel Loch, Mr. Wilson. Ja, Sie haben recht, ich muß Sie weiterfliegen lassen und habe auch nicht die Absicht, Sie hier zu behalten. Es fragt sich nur, in welche Richtung Sie weiterfliegen ...«

Loch wedelte vielsagend mit einem Stück Papier. »Dieses Telegramm kam heute morgen hier an. Absender: Das Hauptquartier der Royal Air Force, also nicht irgend jemand, Mr. Wilson! Und es geht um Sie!« Loch ignorierte den entnervten Augenaufschlag Wilsons bei den Worten »Royal Air Force« und las vor:

»Mr. Wilson, der eine Gypsy Moth G-ABJC fliegt, hat vor,

weiter über Bahrain und Sharjah nach Indien zu fliegen. Die Route entlang der arabischen Küste ist nicht für den zivilen Luftverkehr erlaubt. Er darf seinen Flug nicht fortsetzen.« Loch blickte Wilson fragend an. »Was sagen Sie dazu?«

»Ich sage Ihnen dazu, daß es gerade die Royal Air Force war, die mir in Kairo meine zugesagten Papiere für den Flug über Persien verweigert hat! Damit zwangen sie mich überhaupt erst hierherzukommen, entlang der arabischen Küste zu fliegen. Glauben Sie, ich bin freiwillig hier? Und es ist eine Unverfrorenheit, nun von mir zu verlangen umzudrehen!« Wilson hatte sich in Rage geredet und schwitzte jetzt nicht weniger als Colonel Loch. Der zog die Augenbrauen hoch und sagte:

»Wilson, ich kann hier nicht die Entscheidungen der Royal Air Force kommentieren oder bewerten, das wissen Sie. Für mich ist Tatsache, daß Sie auf einer verbotenen Strecke unterwegs sind und bislang vorhaben, auf dieser zu bleiben. Solange das so ist, werde ich Ihr Flugzeug nicht betanken lassen beziehungsweise Sie zwingen, zurück nach Bagdad zu fliegen. Oder ...« – Loch machte eine bedeutungsschwangere Pause – »Oder Sie fliegen direkt nach Bushir in Persien, da sitzt der britische Political Agent für die Golfregion, und Sie können sicher dort direkt die fehlende Genehmigung bekommen. Von hier sind Sie in drei Flugstunden drüben in Bushir.«

»Das könnte dir so passen«, dachte Wilson, »aus Bushir komme ich erst recht nicht wieder weg.« Dort würde sein Flugzeug sicher konfisziert und er in Haft genommen. Und der britische Political Agent hatte sowieso kein Interesse an seinem Weiterflug, im Gegenteil. Aber zunächst mußte er erst mal einlenken.

»Ich werde darüber nachdenken, Colonel Loch, bis morgen.«

»Gerne, mein Lieber, gerne ... erzählen Sie mir doch mal etwas vom Everest, Wilson. Es ist so elend heiß hier und langweilig«, schlug Loch plötzlich vor und ließ Tee bringen. Wilson war verwundert und wußte nicht, wie er Lochs Interesse verstehen sollte, aber er ließ sich darauf ein. Erst am frühen Nachmittag trennten sich die beiden. Loch hatte die ganze Zeit über interessiert Wilsons Erzählungen gelauscht.

Am nächsten Morgen traf Wilson Colonel Loch wieder in der bekannten Baracke:

»Nun, Wilson?«

»Ich denke, daß ich umdrehen werde und in Bagdad oder Basra noch einmal die Genehmigung für Persien beantrage«, sagte Wilson.

»Wunderbar«, entgegnete Loch, »dann haben wir ja unser Problem gelöst. Unterschreiben Sie mir das auch?«

»Ja, natürlich. Wenn Sie mir das Flugzeug betanken und entsprechend quittieren.«

Loch lachte. »Daran soll es nicht scheitern, Flieger!« Und er ging in das benachbarte Büro und fing an, die zwei Dokumente aufzusetzen. Wilson folgte ihm langsam und sah dann an der Bürowand eine Landkarte der gesamten Golfregion, großer Maßstab. Er trat näher, sah Bahrain, Basra, Bagdad, Bushir und die pakistanische Hafenstadt Gwadar kurz hinter der persischen Grenze. Er taxierte die Entfernungen, die Richtung und schaute sich schnell nach dem schreibenden Loch um. Der war noch in die Dokumente vertieft. Wilson zückte schnell einen Stift aus seinem Hemd und notierte sich ein paar Daten von der Karte auf seinen Ärmel. Ja, er konnte es schaffen, er konnte Gwadar auch in einer Etappe erreichen. Es war riskant, aber es konnte klappen. Gwadar lag genau in östlicher Richtung, 1200 Kilometer entfernt, eigentlich mehr, als die Gypsy Moth zurücklegen konnte, trotz der eingebauten Zusatztanks. Er mußte auf das Wetter vertrauen, ansonsten würde er eine Bruchlandung in Pakistan riskieren. Aber auf keinen Fall wollte er zurückfliegen und noch weniger über den Golf nach Persien.

»Ich kalkulierte meine Tankfüllung und kam zu dem Ergebnis, daß ich dreißig Meilen ›einsparen‹ mußte. Ich mußte auf günstiges Wetter vertrauen. Zusätzlich nahm ich noch einen Vier-Gallonen-Kanister Benzin mit ins Cockpit, füllte die Tanks bis zum Rand und startete am nächsten Morgen.«

Wilson hatte nicht nur ein Problem mit der Entfernung, sondern auch mit der Zeit, denn er mußte bei Tageslicht starten und landen. Am 24. Breitengrad kam die Dämmerung schnell, und der Tag dauerte zwölf Stunden. Es würde knapp. Der gutgläubige Colonel Loch winkte der startenden »Ever Wrest« hinterher, die in den pastellfarbenen Morgenhimmel über dem Golf abhob. Wilson winkte zurück; das violettfarbene Band von Enid flatterte im Wind.

Wilson flog nur fünf Minuten in nordwestlicher Richtung, dann war das Flugfeld von Bahrain im Morgendunst verschwunden, und er drehte scharf auf östlichen Kurs. Vor ihm lag die offene See. Fünfhundert Kilometer weiter mußte er auf die Straße von Hormuz und den nördlichsten Zipfel des Sultanats von Oman treffen, dann erst konnte er sich sicher sein, daß der Kurs noch stimmte. Es folgte eine kürzere Strecke über den Golf von Oman, bis er sich schließlich der persischen Küste als Orientierungshilfe nähern konnte und parallel zu ihr bis Gwadar fliegen wollte. Das war sein Plan. Die Sonne hing im Dunst des östlichen Horizonts direkt vor ihm, noch lag die Temperatur am Boden bei dreißig Grad, aber sie stieg rasch. Er passierte die Landspitze von Qatar, hier konnte er ein letztes Mal seinen Kurs korrigieren. Nun folgte für lange Stunden die offene See, ohne eine Möglichkeit, in der Nähe zu landen. Er hatte keine Karten und flog nur nach seinen provisorischen Berechnungen und Notizen aus dem Büro von Colonel Loch. Er durfte keinen Fehler machen, nichts durfte schiefgehen. Endlos zog die Einöde des

Meeres unter ihm dahin, einmal silbriggrau glitzernd, dann wieder vom Grün ins tiefe Blau changierend, je nachdem, wie hoch die Sonne stand und das flirrende Licht auf die Wasseroberfläche traf. Die Temperatur stieg schnell, Wilson schwitzte trotz des kühlenden Windes unter seiner Lederkappe und hinter der Schutzbrille, der Schweiß juckte auf der Kopfhaut und lief ihm bald brennend in die Augen, aber er durfte die Brille auf keinen Fall für längere Zeit absetzen. Heute gab es keine Schläfrigkeit wie auf dem Flug von Bagdad, alle Sinne waren aufs äußerste geschärft. Er war nervös. Immer wieder suchte er hoffnungsvoll den Horizont nach Landmarken ab, obwohl er wußte, daß dort nichts war außer Wasser. Immer wieder kontrollierte er seine Bordinstrumente, den Öldruck, die Temperatur, die Flughöhe und vor allem die Treibstofftanks. Es muß noch vor der Straße von Hormuz gewesen sein, als er zusammenzuckte: Der Drehzahlmesser zitterte immer stärker, und dann sank der Zeiger langsam gegen null. Wilson schaute erschrocken auf den surrenden Propeller, hörte das Schnarren der Zylinder, alles schien in Ordnung. Doch dann rotierte der Propeller plötzlich langsamer, der Motor stotterte – und setzte aus. Es wurde still, so still, daß er das Rauschen des Windes hörte, das aber vom schnellen Hämmern seines Herzens übertönt wurde. Reflexartig griff Wilson zu seinem Fallschirm, aber sofort war ihm klar, daß der nicht helfen würde. Nein, es gab nur eine Chance! Die »Ever Wrest« segelte in der Thermik und sank langsam Richtung Wasseroberfläche. Wilson vergegenwärtigte sich noch einmal alle Maßnahmen für den Notfallstart, den Nigel mit ihm geübt hatte. Es mußte einfach klappen, er durfte nur nicht durchdrehen. Er umfaßte fest den Steuerknüppel, neigte langsam die Nase der Gypsy Moth nach unten Richtung Persischer Golf. Der Doppeldecker beschleunigte und stürzte immer schneller, vierhundert Meter, dreihundert Meter, zweihundert Meter, die Wasseroberfläche kam rasch näher, jetzt zog Wilson gleichmäßig, aber nicht zu schnell den Steuerknüppel wieder an sich, drückte den Startknopf für den Motor und hielt die Luft an. Die Maschine ruckelte, spuckte und röhrte mit einem Mal wieder so rund und vertraut, als ob es nie ein Problem gegeben hätte. Wilson keuchte noch schwer und gratulierte sich selbst. Er lachte und wußte, so etwas durfte nur einmal passieren. Wie gerne wäre er jetzt ausgestiegen, hätte einen Drink genommen oder wäre einfach nur pinkeln gegangen. Aber die Sonne stand noch hoch, und Gwadar lag weit hinter dem Horizont.

Fünf Stunden später sichtete er die Bergspitzen von Jebel al Harim, die Straße von Hormuz umspülte die Halbinsel, und nach wenigen Minuten hatte er den nördlichsten Zipfel des Sultanats Oman überquert und sah vor sich den Golf von Oman, den Indischen Ozean. Wilson atmete durch, die Hälfte der Strecke war geschafft, wahrscheinlich die schwierigere. Jetzt konnte er bald linker Hand in einiger Entfernung die persische Küste erkennen, die ihm in den nächsten Stunden als Orientierung dienen sollte. Die Sonne schien jetzt auf seinen Rücken, er saß seit Stunden eingekeilt in dem kleinen Cockpit der »Ever Wrest«, fast unbeweglich, noch zusätzlich beengt durch den Zusatzkanister. Alle Muskeln taten ihm mittlerweile weh. Er glaubte, nie wieder aufstehen zu können. Hände, Hals und Gesicht waren verschmiert und verbrannt, er war müde und konnte das monotone Brummen des Motors nicht mehr hören. Er sang aus voller Kehle, um nicht einzunicken, schaute immer wieder auf das flatternde Band an den Tragflächen zu seiner Linken und stellte sich Enid vor, wie sie ihn am Flugfeld von Stag Lane zuletzt so erstaunt angeschaut hatte. Die Stunden verrannen. Jetzt sank der Benzinstandsanzeiger gegen null, man konnte auch sagen, er stand bereits auf »LEER«. Wilson näherte sich der Küste, eigentlich mußte er schon jenseits der persisch-pakistanischen Grenze sein. Er konnte Gwadar nur erkennen, wenn er sich direkt über der Küstenlinie hielt, und suchte nach einer charakteristischen Ausbuchtung, an deren Ende die kleine Stadt liegen sollte. Das Sonnenlicht verschwand gerade, als er vor sich in einiger Entfernung die Zunge einer langgestreckten Halbinsel erkannte. Das mußte es sein. An der gegenüberliegenden Seite der Bucht lag Gwadar! Und tatsächlich, kurz nach Sonnenuntergang, mit dem allerletzten Tropfen Treibstoff, setzte die »Ever Wrest« nach über neun Stunden Flug auf der Landebahn von Gwadar in Pakistan auf. Wilson war zu erschöpft, um sich noch richtig zu freuen.

Die arabischen Potentaten bekamen natürlich Wind von Wilsons unautorisiertem Flug, und der Sultan von Oman und die Scheichs von Bahrain und Kuwait protestierten energisch beim britischen Vertreter in der Golfregion. Colonel Loch konnte eine gewisse Freude über Wilsons Flugkunststück nicht verbergen, auch wenn er ihn hinters Licht geführt hatte. Aber der Offizier nahm es britisch-sportlich, und in seinem offiziellen Bericht nahm er Wilson in Schutz und machte plötzlich aufkommende starke Gegenwinde dafür verantwortlich, daß die »Ever Wrest« vom Nordkurs abweichen und nach Pakistan fliegen mußte. Die Royal Air Force konnte es nicht glauben.

Schon am nächsten Tag flog Wilson weiter in die große Küstenstadt Karatschi. Die Presse erwartete ihn, und endlich konnten die englischen Zeitungen berichten, daß der Everest-Pilot heil und gesund die gefährlichsten Etappen überstanden hatte. Allerdings mußte Wilson – wie auch schon in England – einiges richtigstellen: Er wolle nicht, wie immer wieder behauptet wurde, *über* den Everest, sondern zum Fuß des Berges fliegen, um von dort weiterzugehen. Er hoffe immer noch auf eine Erlaubnis der nepalesischen Behörden für einen Flug zum Everest, sagte er, aber wenn es wirklich bei der Ablehnung bliebe, dann müsse er eben zu Fuß durch Nepal gehen: »Ein fitter, trainierter Mann kann dort erfolgreich sein, wo eine große, unbewegliche Mannschaft scheitert!«

In kurzen, einfachen Etappen über Hyderabad und Allahabad erreicht Wilson am 8. Juni Lalbalu, das kleine Flugfeld zehn Meilen außerhalb von Purnea, die Ausgangsbasis der Houston-Everest-Flugexpedition. Trotz aller Schwierigkeiten, Hindernisse und Umwege, die er überwinden mußte, hatte der Flugnovize Wilson die mehr als siebentausend Kilometer Luftlinie von London nach Purnea in siebzehn Tagen mit Bravour gemeistert. Die Anerkennung der Fliegerszene war ihm sicher.

Wilson hatte vor seinem Abflug zu den Reportern gesagt:

»Das ist keine Sensationshascherei, das ist eine sehr ernsthaft vorbereitete Expedition, die sich ihres Erfolges sicher ist, auch wenn es einige sehr orthodoxe Geister für verrückt halten.«

»Das Individuum mit Namen Wilson hat Karatschi per Flugzeug erreicht und bittet um eine Genehmigung zum Weiterflug nach Nepal und zum Mount Everest. Die indische Regierung weist darauf hin, daß solch ein Versuch eine politische Katastrophe wäre, und sie tut alles Erdenkliche, um Wilson von seinem Vorhaben abzuhalten ...«
3. Juni 1933, Telegramm vom indischen Außenministerium an den britischen Gesandten in Nepal

Indien, Sommer 1933
Widerstände

Natürlich versäumten es die Vertreter der britischen Kolonialverwaltung künftig an keinem nordindischen Flughafen, Wilson darauf hinzuweisen, daß er ohne Genehmigung nicht nach Nepal fliegen dürfe. Wilson nahm die Warnungen geduldig auf, war er doch nach seinem bislang erfolgreichen Flug zuversichtlicher denn je, auch das letzte Hindernis zu meistern.

Wilson parkte seine »Ever Wrest« am Rande des Flugfeldes von Lalbalu und schlief die erste Nacht erschöpft, aber glücklich unter seiner Maschine.

Um sieben Uhr am nächsten Morgen bekam er Besuch. Der oberste Vertreter der lokalen Steuerbehörde, Mr. Sharma, und der stellvertretende Polizeichef von Purnea, Mr. Creed, fuhren auf den Flugplatz. Sie begrüßten Wilson sehr freundlich, erkundigten sich nach seinem abenteuerlichen Flug und seinem Wohlbefinden. Doch dann kamen sie zur Sache.

»Ich mache es kurz«, begann Mr. Creed. »Ich habe von der indischen Regierung den Auftrag, Sie zu stoppen. Das bedeutet, daß wir sofort Ihr Flugzeug stillegen werden und es Ihnen verboten ist, damit zu fliegen – so lange, bis Sie eine gültige Genehmigung der nepalesischen Regierung vorlegen können, die Ihnen einen Flug zum Everest gestattet.«

»Soll das heißen, ich stehe unter Arrest oder Polizeiüberwachung?« fragte Wilson verärgert.

»Drücken Sie es aus, wie Sie wollen. Wir betrachten es als Vorsichtsmaßnahme, da Sie bisher nicht unbedingt bereit waren, mit den britischen Behörden zu kooperieren.« Creed grinste. »Oder?«

Wilson ignorierte Creeds Vorhaltungen und fragte:

»Was denken Sie sich, was mit dem Flugzeug geschehen soll?«

»Oh, kein Problem, Mr. Wilson«, fuhr der Polizeioffizier fort. »Wir werden die ›Ever Wrest‹ auf dem Gelände des Maharadja von Durbhanga parken, dort steht sie sicher und wird von unseren Leuten bewacht. Verstehen Sie, wir wollen einfach sichergehen, daß Sie uns nicht noch einmal hintergehen.«

»Das habe ich nicht, Mr. Creed, die Royal Air Force hat mich betrogen, das möchte ich hier festhalten.«

Creed zuckte mit den Achseln: »Kann ich nicht beurteilen, jetzt jedenfalls ist es vorbei mit dem Fliegen … Und, was ich noch vergaß: Die Bewachung Ihres Flugzeugs kostet drei Rupien pro Tag, die müssen natürlich Sie bezahlen … äh, Mr. Sharma hat hier ein entsprechendes Schriftstück bereits vorbereitet, das Sie bitte unterzeichnen wollen.« Und er händigte Wilson eine Erklärung aus, mit der er sich verpflichtete, nicht nach Nepal zu fliegen und die Bewachungskosten für sein Flugzeug zu übernehmen bis … ja, bis wann eigentlich?

Wilson wußte, daß die Zeit für einen Flug zum Everest in diesem Jahr eigentlich abgelaufen war. Es war der 9. Juni, jeden Tag rechnete man mit den ersten Monsunwolken, und dann konnte man bis Ende September nicht mehr, ohne sich in Lebensgefahr zu begeben, in die Täler des hohen Himalaja fliegen. Mußte er sich auf eine Überwinterung in Indien einstellen? Sosehr er sich gegen diesen Gedanken sträubte, es schien keine andere Möglichkeit zu geben. Trotzdem wollte er in den nächsten Tagen versuchen, eine Erlaubnis aus Katmandu zu bekommen, die würde er auch in vier Monaten brauchen.

»Geben Sie her, ich unterschreibe«, sagte Wilson entnervt.

Und Mr. Creed freute sich, war ihm doch anscheinend gelungen, was seit Wochen vergeblich versucht wurde: Maurice Wilson von seinen Plänen abzubringen und zu stoppen.

»Ich danke Ihnen sehr, Mr. Wilson!« erwiderte er freundlich.

Wilson richtete sich in Purnea ein. Glücklicherweise erhielt er eine Einladung von einem pensionierten Armeeoffizier. Der hatte von Wilsons Plänen gehört und war interessiert, den Mann persönlich kennenzulernen, dessen Abenteuer und Disput mit den Behörden nun auch die indische Presse zunehmend beschäftigten. Außerdem war Major Remmington sozusagen ein Landsmann von Wilson, er stammte ebenfalls aus Yorkshire. Er und seine Frau nahmen Wilson sehr gastfreundlich in ihrem Haus auf. Schnell sprach sich herum, daß der Everest-Flieger dort wohnte, und in den nächsten Tagen belagerten fast ständig Neugierige das Anwesen der Remmingtons. Besucher, die Wilson sprechen wollten, gaben sich die Klinke in die Hand. Sogar die Lokalpresse bedankte sich öffentlich: »... für die große Freundlichkeit und Geduld, mit der die unzähligen Besucher dort empfangen werden.« Und auch die Reporter waren von der Person Wilsons beeindruckt: »Kräftig, höflich, gutaussehend«,

»Ein intelligentes Gesicht voller Entschlossenheit, eine beeindruckende Erscheinung«, »Mr. Wilson ist das personifizierte Abenteuer!«

Maurice fühlte sich als die Attraktion der Stadt wohl, plante seine nächsten Schritte und genoß die Zeit in Purnea. »Es ist wunderbar grün hier«, schrieb er in einem Brief an Enid, »das tut gut nach den vielen tausend Kilometern Wüstenei, über die ich geflogen bin. Es erinnert mich ein bißchen an old England ... abgesehen von den Beamten ist die Freundlichkeit und Gastfreundschaft der Menschen hier überwältigend, ich könnte manchmal in Tränen ausbrechen.«

Ein paar Tage später begann es zu regnen. Der Monsun war da, es regnete täglich, die unbefestigten Straßen verwandelten sich in Schlammlöcher, und die Felder waren überschwemmt. Wilson war klar, daß er von Purnea aus nichts erreichen konnte. Er entschloß sich deshalb, in die Grenzstadt Raxaul zu fahren, um von dort mit den Behörden in Katmandu zu telefonieren und eine Reise in die Hauptstadt zu beantragen.

»Ich bin immer noch zuversichtlich, was die Genehmigung betrifft. Und wenn ich nicht fliegen darf, dann werde ich zu Fuß gehen!« schrieb er an Enid.

Für die dreihundert Kilometer nach Raxaul brauchte er im Monsunregen einen Tag und eine Nacht. An der nepalesischen Grenze wurde ihm klargemacht, daß es keine Möglichkeit für ihn gäbe, nach Katmandu zu reisen. Aber er dürfe die Grenze passieren und vom nächsten Ort mit der Hauptstadt telefonieren. Was Wilson dann auch versuchte, stundenlang. Die Verbindung war schlecht, die Verständigungsprobleme groß. Aber natürlich ließ er nicht locker, bis er endlich mit einem General verbunden wurde, der anscheinend befugt war, direkt dem nepalesischen König Wilsons Wünsche vorzutragen. – »Nein!« war die klare Antwort.

Wilson bat und bettelte, verhandelte, schmeichelte und insistierte. Der General sagte endlich zu, mit seiner Königlichen Hoheit noch einmal zu sprechen. Er würde zurückrufen.

Wilson saß in einer kleinen Holzbaracke der nepalesischen Polizei, bereits einige Kilometer hinter der Grenze, Katmandu lag keine Tagesreise entfernt, der Everest wäre bei klarer Sicht bereits von dort zu sehen. Siebentausend Meilen lagen hinter ihm, vielleicht noch hundert vor ihm, warum sollte er ausgerechnet hier scheitern? Er konnte es nicht begreifen. Er, ein Alleinreisender, ohne militärischen Auftrag und nicht auf der Suche nach Bodenschätzen, ein friedlicher Mann mit einer Vision – sonst nichts. Und hatte es nicht breits eine Ausnahmegenehmigung gegeben? Aber wahrscheinlich hatte die Briten schon alles hintertrieben.

Draußen rauschte der Monsunregen, der Dschungel jenseits der Straße war nur wie durch einen Schleier wahrzunehmen. Das Telefon klingelte, Wilson stürzte zum Hörer: »Nein!« sagte der General. Ein schlichtes, eindeutiges »Nein«, kein Flug, kein Fußmarsch, keine Einreise, nicht heute, nicht morgen, nicht nächstes Jahr, keine Ausnahme, keine Genehmigung. Kein Everest.

Wilson war verbittert, enttäuscht, sah sich als Opfer dunkler, verräterischer Machenschaften. Er paßte der britischen Politik nicht ins Konzept, das war es. Aber sollte ihn das aufhalten? Nein! Schon schöpfte er neuen Mut. Nein, sagt er sich, ich bin nicht bis hierher gekommen, um nun unverrichteter Dinge umzudrehen. Bisher habe ich mit offenen Karten gespielt, doch jetzt muß ich zu anderen Mitteln greifen.

»Nun muß ich das Gesetz in meine eigenen Hände nehmen!« schrieb er an Enid. »Ich werde ihnen eben erzählen, daß ich versuche, eine Erlaubnis für Tibet zu bekommen, um zu Fuß die gleiche Strecke zu gehen wie die Ruttledge-Expedition, und damit bekomme ich mein Flugzeug wieder frei. Am ersten schönen Tag bin ich dann weg.«

Die britischen Behörden und Agenten waren auf dem laufenden, Wilson wurde beschattet. Der britische Gesandte in Katmandu kabelte an das indische Außenministerium:

»Wilson tauchte vor wenigen Tagen auf der nepalesischen Seite der Grenze auf und versuchte per Telefon ein Treffen mit dem Maharadja zu arrangieren. Er wurde informiert, daß er nicht nach Nepal einreisen dürfe und zügig nach Indien zurückkehren solle. Es kamen weiter keine Beschwerden von der nepalesischen Regierung, und somit scheint die Sache in Ordnung zu gehen.«

Wilson war wieder in Purnea eingetroffen und studierte zum hundertsten Mal die Karten. Nein, es gab keine Möglichkeit, nepalesisches Territorium zu meiden, wenn man von Süden zum Everest gelangen wollte, egal ob zu Fuß oder mit dem Flugzeug. Langsam dämmerte es ihm, daß er hier in einer Sackgasse steckte. Und wenn er nun wirklich die Strecke über Sikkim und Tibet wählen würde? Nun gut, auch dort wäre eine Genehmigung vom britischen Vertreter nötig, dem Political Officer for Sikkim, Bhutan and Tibet. Aber das erschien Wilson langsam erfolgversprechender als sein Flugvorhaben. Nein, er mußte sich von diesem Plan verabschieden, aber vielleicht war das nicht wirklich schlimm. Man mußte dem Druck nicht noch mit größerem Druck begegnen, sondern ihm zur richtigen Zeit ausweichen, und schon eröffnen sich ganz neue Möglichkeiten. Er begann zu planen ...

Währenddessen versorgte sein Freund Len Evans die Londoner Presse mit Neuigkeiten und optimistischen Erklärungen. Trotz der Katastrophe an der nepalesischen Grenze gäbe Maurice Wilson nicht auf:

»Ich denke, er hat die sogenannten Experten verwirrt. Sie waren alle der Meinung, er würde scheitern mit nur zwei Monaten Flugerfahrung. Und dann kreuzt er die Alpen, überfliegt Afrika und die arabische Wüste, Ozeane und Dschungel und landet wie geplant in Nepal. Ich denke, er hat allen Grund, über seine Kritiker zu lachen.«

Maurice wollte allerdings noch einige Einladungen wahrnehmen, bevor er Purnea verließ. So besuchte er auch den Rajah von Lallu. Dieser erzählte ihm eine interessante Theorie über die Gründe seines adligen Kollegen in Katmandu, keine Ausländer ins Land zu lassen: Der nepalesische König wolle auf keinen Fall, daß fremde Piloten oder Bergsteiger oder sonstige Abenteurer in seinem Land Unfälle erlitten oder gar ihr Leben verlören.

Und dann war Wilson noch bei Major Kent eingeladen, der jetzt als Pflanzer in Purtabpore lebte. In die vierhundert Kilometer entfernte Stadt wollte Wilson mit seiner immer noch stillgelegten »Ever Wrest« fliegen; und er unterschrieb dem Polizeioffizier Creed eine Erklärung, daß er die Gelegenheit nicht nutzen werde, über die nepalesische Grenze zu fliegen. Creed verließ sich dabei weniger auf Wilsons Unterschrift als auf den für Flieger unangenehmen Monsun.

Die »Ever Wrest« befand sich in einem miserablen Zustand, sie wurde zwar pflichtbewußt bewacht, aber weder gepflegt noch gewartet. Sie stand bis zu den Achsen im Monsunregen, Rost und Schimmel waren die sichtbaren Folgen, und Wilson wunderte sich nicht, als beim ersten Startversuch der Motor gleich wieder absoff. Er begann, bewaffnet mit Handbuch und Schraubenschlüsseln, den Motor auseinanderzunehmen und wieder zusammenzuschrauben, und, bescheiden wie er war, schrieb Wilson später »... nach fünf Stunden Schufterei hatte ich das Ding wieder am Laufen, und der Motor lief besser als jemals zuvor.«

Auf dem Flug nach Lucknow in der Nähe von Purtabpore zu Major Kent zwangen ihn heftiger Regen und tiefhängende

Wolken zu einer vorzeitigen Landung. In dem Polofeld eines Pflanzers namens Cassells fand Wilson glücklicherweise eine geeignete Landebahn. Und der alte Cassells suchte gerade ein neues Flugzeug für sich. Die Angebote aus London waren ihm zu teuer, und da Wilson die »Ever Wrest« nicht mehr benötigte, aber dringend Bargeld brauchte, machte er Cassells ein attraktives Angebot. Vier Wochen später ging der Pflanzer darauf ein, und Wilson verkaufte ihm die mittlerweile berühmte Gypsy Moth für fünfhundert Pfund. Es fiel ihm nicht leicht, sich von der »Ever Wrest« zu trennen, die ihn zuverlässig um die halbe Welt gebracht hatte. Aber jetzt würde sein Weg zu Fuß weiterführen.

Am 16. Juli veröffentlichte der *Statesman* die Nachricht, daß Wilson Bombay mit dem Zug Richtung Darjeeling verlassen habe.

»Was du nicht tun kannst, das tut die Zeit.«
Sprichwort aus dem Ajoie

Darjeeling, Herbst 1933
Stillstand

Wenn Europäer in der Zeit zwischen dem Ersten und Zweiten Weltkrieg auf dem Landweg zum Mount Everest reisten, kamen sie zwangsläufig durchs indische Darjeeling. Auch für die großen Expeditionen war Nepal ein verschlossenes Land, das geheimnisumwitterte Himalaja-Königreich sperrte alle Weißen aus – aus Angst, ein ähnliches Schicksal zu erleiden wie der große Nachbar Indien. Es blieb also nur der Fußweg von Indien über Sikkim nach Tibet, ein Land, nicht minder abgeschottet, geheimnisvoll und schwer zu bereisen. Doch durch jahrelange diplomatische Intervention hatten es einige britische Beamte des »frontier cadre« geschafft, mit ihren Kollegen im fernen Lhasa und sogar mit dem 13. Dalai Lama persönlich ein vertrauensvolles Verhältnis aufzubauen. Nur diesem Einfluß, etwa des Political Officer Sir Charles Bell, war es zu verdanken, daß 1921 der Troß der ersten englischen Everest-Expedition von Sikkim aus den Gelep La überqueren durfte. Der Leiter, Oberst Charles Kenneth Howard-Bury, war im Besitz eines Dokuments, das den Fremden in Tibet den Weg ebnen sollte:

»An die Dzongpens von Phari-Dzong, Ting-ke, Khamba und Kharta:

Lasset euch gesagt sein, daß eine Gesellschaft von Sahibs

kommt, die den Tscho-mo-lung-ma-Berg sehen wollen. Diese Herren werden zu allen Tibetern sehr freundlich sein. Auf Ersuchen des Hohen Ministers Bell wird hiermit ein Geleitbrief erlassen, der euch und alle anderen Beamten und Untertanen der Regierung von Tibet auffordert, Beförderungsgelegenheit zu schaffen, seien es Reitpferde, Lasttiere oder Träger, je nachdem, was die Sahibs gerade brauchen. Die Bezahlung soll durch gütliches Übereinkommen geordnet werden. Sonstige Hilfe, welche die Sahibs verlangen, bei Tag oder Nacht, unterwegs oder am Ruheplatz, muß ihnen treulich gewährt werden, und allen ihren Erfordernissen in bezug auf Beförderung oder was es sonst sei, ist ungesäumt Aufmerksamkeit zu schenken. Alle Leute in den Gegenden, welche die Sahibs besuchen, sollen nach bestem Können hilfreich zur Hand sein, damit zwischen der britischen und der tibetischen Regierung fernerhin freundschaftliche Beziehungen bestehen bleiben.

Erlassen im Jahre des Eisernen Vogels (Siegel des ersten Ministers)«

So kamen die englischen Bergsteiger mit Jeeps und der Schmalspureisenbahn von Kalkutta oder Bombay nach Darjeeling herauf, kauften Vorräte, mieteten Packtiere, verpflichteten Köche, Träger und Dolmetscher und genossen die Tage im milden Gebirgsklima zwischen riesigen Teeplantagen. Bald entstand eine kleine Kolonie von tibetischen Bhutias und nepalesischen Sherpas, die nach Darjeeling kamen, um sich als Träger zu verdingen. Sie waren Menschen der Berge – zäh, ausdauernd, genügsam und im hohen Himalaja den meisten Europäern überlegen –, aber keine Bergsteiger. Die in der Regel jungen Männer wollten dem harten Leben als Bauer oder Yaktreiber entfliehen, sie wollten Geld verdienen und etwas von »der Welt« sehen. Auch andere Expeditionen, die etwa in den Westhimalaja oder sogar ins ferne

Karakorum aufbrachen, kamen nach Darjeeling, um hier gute Helfer zu rekrutieren.

Maurice Wilson stieg in Siliguri um. Nachdem er mühsam sein Gepäck in einem kleinen Eisenbahnwaggon verstaute hatte, ließ er sich schwitzend auf die harte Holzbank fallen. Er blickte noch einmal hinaus auf den quirligen Basar direkt neben den Schienen, mit schreienden und gestikulierenden Händlern, Gauklern und mobilen Garküchen auf Fahrrädern, da pfiff die Lokomotive, verscheuchte so einen trägen Wasserbüffel von den Gleisen, und ruckend setzte sich der kurze Zug in Bewegung. Ohne Wehmut sagte Wilson der feucht-heißen bengalischen Ebene »good bye« und freute sich auf die kühle Luft von Darjeeling. Es war Ende Juli, sechs Wochen lang würde die Regenzeit noch dauern, es würde dort oben also genausoviel regnen wie hier unten. Wilson stöhnte leise und schaute hinaus. Seit fünfzig Jahren schnaufte die Kleinbahn zweimal täglich von Siliguri in die Berge Darjeelings auf über zweitausend Meter. Fast sieben Stunden benötigte die Dampflok für die achtzig Kilometer lange Strecke. Schwitzende englische Ladies, malariageschwächte Offiziere, reiche Inder oder Teepflanzer, sie alle fuhren mit der Bahn ins Kolonialstädtchen Darjeeling.

Der Zug rüttelte und schüttelte, Dampfschwaden zogen an den offenen Fenstern vorbei. Bald hatten sie die Wolkengrenze erreicht und durchfuhren feuchte, aber kühle Nebelschwaden. Alles war von Nässe durchtränkt, es tropfte vom Zugdach, auf dem einige Inder mit löchrigen schwarzen Schirmen saßen. Der Regen floß in Rinnsalen über die Gleise, Bäche kamen vom Berghang herab und platschten unvermittelt auf die Passagiere, Hemd und Hose waren längst naß, vom Regen oder Schweiß, und klebten am Körper, es war egal. Immer wieder sah er im grünen Walddickicht neben den Gleisen Teile der schlammigen Straße, die nach Darjeeling führte, nur einige Rikschas und Jeeps waren unterwegs. Der Nebel wurde langsam dünner, die Luft klarer, sie kamen in die Gebirgsregion, die Sicht weitete sich, Wilson erblickte Lichtungen im dunkelgrünen Waldteppich: erste Teeplantagen und terrassierte Felder. Quälend langsam, aber unermüdlich stampfte die kleine Dampflokomotive – sie hieß »Mountain Queen« – über den höchsten Punkt der Strecke im Ort Ghoom auf 2257 Meter. Nur wenig tiefer und einige Kilometer weiter befand sich die Endstation: Darjeeling, das »hill ressort«.

Dorje-Ling, »Land des Blitzes«, so lautete der alte tibetische Name der Hügelsiedlung Darjeeling. Nach einer Legende der Hindus traf vor langer Zeit der Strahl des Gottes Indra die Stelle, an der sich jetzt der »Observatory Hill« befindet.

Um 1830 entdeckten zwei britische Offiziere die idyllisch gelegene Bergsiedlung, als sie nach einem geeigneten Platz für ein Ferienquartier und ein Sanatorium für die Soldaten der britischen Armee suchten. Nun waren sie sicher, diesen gefunden zu haben. Ausschlaggebend war die frische, nie heiße oder stickige Bergluft hier auf über zweitausend Meter Höhe. Die East India Company zahlte für das Land eine üppige Pacht von dreitausend Rupien an den Raja von Sikkim, der bislang nicht mehr als zwanzig Rupien jährlich an diesem abgelegenen Landstrich verdient hatte. Die kleine Siedlung rund um das alte buddhistische Kloster Ghoom wuchs schnell. Immer mehr Engländer – und auch Inder – flüchteten so oft wie möglich aus der Hitze der Tiefebene in die Bergluft Darjeelings.

Mittlerweile war Darjeeling eine Stadt mit über 200 000 Einwohnern, eine Mischung aus gediegenen englischen Villen, Hotels und Sanatorien im viktorianischen Stil, asiatisch-bunten Basaren, buddhistischen, hinduistischen und christlichen Tempeln und Gotteshäusern, ein Gewirr aus verschiedenen Sprachen, Völkern und Religionen.

»Ich mag diese Leute der Hügel verdammt gerne. Ein lustiges, freundliches Volk, das dir meist lachenderweise zwei Reihen weißer Zähne zeigt«, schrieb Wilson begeistert an Enid, nachdem er sich ein Zimmer in der Minto Villa genommen hatte. Er begann die hiesige englische Lebensart zu genießen und gab seine Diät aus Purnea auf. Ab sofort standen Unmengen tropischer Früchte, bester Tee und gegrillter Fisch auf seinem Speiseplan. Der frühere Kettenraucher Wilson schrieb an Enid, daß er zwar noch rauche, aber nicht mehr inhaliere, und bis zu seinem Abmarsch wolle er das »Laster« ablegen. Ein Bier oder einen Whiskey zu trinken allerdings nicht. Auch nahm er jede Gelegenheit zu entspannten Treffen mit Landsleuten wahr, die sich hier in Hülle und Fülle boten. Eine ältere, alleinstehende Lady, die ebenfalls in der Minto Villa logierte, nahm sich des Darjeeling-Neulings an. »Sie ist 65 Jahre alt, aber so aktiv, als sei sie dreißig!« vertraute er Enid an. Die Lady lud ihn gleich an einem seiner ersten Abende in Darjeeling zu einem lange entbehrten Vergnügen ein, denn die Stadt besaß ein Kino, sogar eines für Tonfilme. Man sah »Phantom of Paris« und später »Love me tonight«. Doch trotz angenehmer Gesellschaft, guten Essens und verträglichen Klimas vergaß Wilson keinen Moment, warum er hier war – und andere auch nicht. Vier Tage nach seiner Ankunft stand ein tibetisch aussehender Polizeioffizier in tadelloser Khaki-Uniform vor seiner Zimmertür und bat, eintreten zu dürfen.

»Mr. Wilson? Maurice Wilson?«

»Ja, der bin ich.«

»Angenehm, mein Name ist Rai Bahadur Laden La, Polizei von Darjeeling.«

»Guten Tag, Mr. Laden La. Das ist unübersehbar, mit Verlaub.«

Laden La schmunzelte und zwirbelte seine Schnurrbartspitzen. Laden La war ein wichtiger Mann im diffizilen englisch-tibetischen Machtgefüge. Er war tibetischer Abstammung, Buddhist, in Sikkim geboren und bestens mit allen tibetischen Gepflogenheiten und den Verhältnissen im Potala vertraut, war andererseits ein Freund britischer Lebensweise, sprach fließend Englisch und hatte die früheren britischen Everest-Expeditionen während ihres Aufenthalts in Darjeeling nach Möglichkeit unterstützt. 1910 war er für die Sicherheit des vor chinesischen Truppen nach Indien geflüchteten Dalai Lamas verantwortlich und baute später mit britischer Unterstützung die erste tibetische Polizeieinheit in Lhasa auf. Laden La war mit anderen Worten beiderseits der Grenze ein bekannter und geschätzter Mann. Wilson war das bislang nicht bekannt.

»Was wünschen Sie von mir?« fragte er den Polizeioffizier.

»Ich würde als erstes gerne erfahren, was Sie nach Darjeeling verschlagen hat, mitten in der Regenzeit?«

Wilson nervte allein die Tatsache, daß, kaum war er in einer Stadt aufgetaucht, sofort die Polizei bei ihm vorstellig wurde und wenig freundliche Verhöre anstellte.

»Darf ich in Indien nicht reisen, wohin ich möchte?«

»Natürlich dürfen Sie das, Mr. Wilson. Aber lassen wir doch dieses dumme Versteckspiel. Ich weiß, warum Sie nach Indien gekommen sind. Ihr Flugzeug ist nun verkauft, die nepalesische Regierung gibt Ihnen keine Einreiseerlaubnis, und nun frage ich mich einfach, was Sie nun vorhaben? Schmieden Sie neue Pläne?«

Wilson zögerte und schaute an die Decke. Dann hatte er die Eingebung, daß es jetzt besser wäre, mit offenen Karten zu spielen.

»Das tue ich, Mr. Laden La. Ich gedenke, bald nach Gangtok zu reisen und beim Political Officer Mr. Williamson eine Genehmigung für eine Einreise nach Tibet zu beantragen.«

Laden La zog überrascht die Augenbrauen hoch.

»Das ist ja interessant. Dann möchte ich Sie hier und heute

schon wissen lassen, daß Sie sich die beschwerliche Reise sparen können: weder ist Mr. Williamson gewillt, für Sie in Lhasa vorstellig zu werden, noch wird die tibetische Regierung in Ihrem Fall anders entscheiden als die nepalesische. Ich bin hier, um Sie zu stoppen, das sage ich ganz deutlich. Außerdem befindet sich Mr. Williamson derzeit noch auf seiner obligatorischen Inspektionsreise in Tibet. Und ich weiß nicht, wann er wieder in Gangtok eintreffen wird.«

»Was soll ich sagen?« erwiderte Wilson gequält. »Vielen Dank für Ihre offenen Worte, alles weitere werden wir dann sehen, nicht? Jedenfalls werde ich meine Reise nach Gangtok nicht wegen Ihrer Rede hier absagen.«

»Wie Sie meinen, aber denken Sie an eines: Wir beobachten Sie, wir wissen, was Sie hier tun, in Darjeeling und auch in Sikkim. Guten Tag, Mr. Wilson, und noch einen schönen Aufenthalt hier in Darjeeling.« Laden La nickte knapp und verließ Wilsons Zimmer.

Die Reise nach Gangtok war während der ausgiebigen Regengüsse beschwerlich bis gefährlich, des öfteren unterspülte der Regen die Straße oder ein Erdrutsch blockierte die Weiterfahrt. An einem trockenen Tag konnte man die sikkimesische Hauptstadt in sechs, sieben Stunden bequem erreichen. Das kleine Fürstentum war damals britisches Protektorat, der Maharadja regierte das dünnbevölkerte Land so, wie es die konkurrierenden Großmächte China und England zuließen – unauffällig und wenig selbständig.

Die Residenz des Political Officer for Sikkim, Bhutan and Tibet lag fast in Sichtweite des Maharadja-Palastes in der über mehrere Hügel verstreuten Hauptstadt. Die aus Feldsteinen gemauerte Residenz lag idyllisch auf einem großen Areal, der weitläufige Garten bot einen reizvollen Kontrast zwischen englisch strengen Rasenflächen und verschwenderisch wuchernden und blühenden tropischen Blumen, Stauden und Bäumen. Wilson ging die Kiesauffahrt entlang gepflegter Rabatten. Die Sprossenfenster, Gauben und Erker des Anwesens erinnerten ihn an ein traditionelles englisches Cottage, wäre da nicht der barfüßige Lepcha-Diener gewesen, der den Kiesweg harkte und nun den fremden weißen Besucher anlächelte und sich tief verbeugte. Wilson verbeugte sich ebenfalls und wollte gerade nach dem Hausherrn fragen, als ein schnauzbärtiger Europäer um eine Hausecke bog und auf Wilson zuging. Frederick Williamson befand sich tatsächlich auf einer Reise nach Lhasa. Er hatte den Posten erst vor wenigen Monaten angetreten und mußte sich bei den britischen Handelsagenturen und vor allem bei der Regierung in Lhasa und dem Dalai Lama vorstellen. Doch der britische Vertreter in Gyantse, Captain Battye, war in Gangtok anwesend. Dieser hatte vom »Fall Wilson« und dessen Kommen natürlich gehört und war vorbereitet. Die Haltung der indischen Regierung, des Außenministeriums und des Political Officer war klar: keine Genehmigung für Wilson.

»Seien Sie willkommen, Mr. Wilson nehme ich an?« fragte der hochgewachsene Offizier freundlich.

»Ja, der bin ich, Maurice Wilson, Sir, aus Bradford ... mit wem habe ich die Ehre?«

»Captain Battye, Mr. Wilson, Keith Battye, ich vertrete derzeit den Political Officer Mr. Williamson, der sich auf diplomatischer Mission nach Lhasa befindet.«

Also stimmte es, was Laden La ihm vor wenigen Tagen in Darjeeling gesagt hatte, dachte Wilson. Lieber hätte er natürlich mit dem entscheidenden Mann hier am letzten englischen Vorposten gesprochen, deshalb fragte er Battye sofort:

»Aber Sie können im Namen des Political Officer sprechen und entscheiden?«

»Ja, Mr. Wilson, in der Regel ja. Aber lassen Sie uns doch

ins Haus gehen und dort weitersprechen. Wie Sie sich denken können, haben wir schon vor längerer Zeit von dem Engländer gehört, der nach Indien geflogen kam und den Everest besteigen will. Da ich skeptisch bin, was einige Presseveröffentlichungen betrifft, freue ich mich, Sie persönlich kennenzulernen und von Ihren Plänen zu erfahren, bitte folgen Sie mir.«

Battye war zuvorkommend und höflich, wie es Wilson von englischen Offiziellen schon lange nicht mehr gewöhnt war. War es Taktik, Vorgeplänkel oder echtes Interesse bei dem Offizier? Battye trug Reithosen, Gamaschen und ein Tweedjackett, mochte Anfang Vierzig sein und hatte den obligatorischen fein gestutzten Oberlippenbart britischer Offiziere. Battye bot Wilson einen Sessel an und fragte:

»Einen Tee vielleicht?«

Wilson bejahte erfreut, und Battye klatschte kurz in die Hände, worauf ein junger Lepcha in traditioneller Tracht erschien und nickend die Bestellung des Captains entgegennahm. Battye nahm Wilson gegenüber Platz. Sie saßen in bequemen Ohrensesseln am gemauerten Kamin, auf dessen Sims sich eine bunte Mischung britischen und asiatischen Nippes reihte.

Battye sah, wie sich Wilson interessiert umschaute.

»Gefällt es Ihnen?«

»Ja, irgendwie schon, es erinnert natürlich an zu Hause, an England ... ich liebe es einfach.«

»Ja, ja, wir wohl auch«, sinnierte Battye und stopfte sich langsam eine Pfeife. »Trotzdem sitzen wir nicht in Kent oder Sussex, sondern im fernen Gangtok, und das doch auch sicherlich nicht ganz unfreiwillig, oder?«

»Nein, sicher nicht ...« Wilson zögerte. »Wie lange sind Sie schon ...?«

»Oh, Sie meinen, wie lange ich schon hier in Asien stationiert bin? Eigentlich von Anfang an, mein Vater war Offizier der indischen Armee, ich wurde in Persien geboren, später folgte die Ausbildung in England ... aber kommen wir doch lieber zu Ihnen, Wilson, man hört und liest Bemerkenswertes über Sie, um es vorsichtig auszudrücken, was ist dran an den Geschichten?«

Battye war aufrichtig neugierig, das spürte Wilson, und er hatte nicht vor, dem Offizier, der dampfenden Tee einschenkte und ihn erwartungsvoll anschaute, etwas vorzumachen.

»Captain Battye«, Wilson lächelte ihn an und nahm die Porzellantasse in die Hand, »es stimmt fast alles, was Sie gelesen haben!« Und Wilson erzählte von seinem großen Ziel, seinen Vorbereitungen, den Anfeindungen, dem Flug und den vergangenen Wochen in Indien, und er hielt mit seiner Meinung zu den britischen Behörden in England und in Indien nicht hinter dem Berg.

»Sie sind weit gekommen, Wilson, das muß ich Ihnen lassen«, sagte Battye schließlich. »Sie haben Mut, sicherlich. Aber, Ihr Plan ist verrückt! Sie werden sterben! Lassen Sie es! Ich bin wahrscheinlich nicht der erste, der das zu Ihnen sagt ...«

»Nein, das sind Sie bestimmt nicht«, entgegnete Wilson lächelnd. »Trotzdem ich bin nach wie vor entschlossen, zum Everest zu gehen, und deshalb bin ich hier. Ich brauche eine Einreiseerlaubnis für Tibet!«

»Ja, ich ahnte so etwas«, sagte Battye und stöhnte leise. »Und ich kann Ihnen gleich sagen: Sie werden sie nicht bekommen! Und zwar nicht, weil ich es Ihnen persönlich verwehren möchte, nein, das wäre lächerlich, ich will Ihnen auch nicht drohen. Aber, sagen wir einfach: es gibt übergeordnete Gesichtspunkte. Sie wissen: die Politik.« Battye machte eine Pause und strich sich über seinen Schnurrbart. Als Wilson nichts einwendete, blickte der Captain ihn scharf an und fuhr fort.

»Wilson, Sie kennen Tibet nicht, vielleicht die berühmten Berichte der frühen Reisenden, die Magie, die Weite, die Berge, die Geheimnisse und so weiter …« – er machte eine weit ausladende Handbewegung – »… alles schön und gut, aber das ist nicht Tibet, sondern nur ein Teil. Die europäischen Abenteurer und Romantiker sehen immer nur die weißen Flecken auf der Landkarte und träumen von unentdeckten Geheimnissen auf dem Dach der Welt. Es ist komplizierter. Tibet ist vor allem Lhasa, und dort der Potala, und das ist der Dalai Lama, Staat und Religion in personifizierter Union. Und da sind wir wieder bei der Politik. Und Tibet liegt im Zentrum, und eingekreist ist es von Rußland, China und Indien beziehungsweise dem Königreich England. Es gibt Begehrlichkeiten in diesen Ländern, aus ganz unterschiedlichen Motiven und in unterschiedlichem Ausmaß, aber allen ist das weite, kalte Land dort drüben lieb und teuer. Einige Diplomaten in London nennen es das ›große Spiel‹, und die Teilnehmer am Spiel wissen das auch und der Dalai Lama in der Mitte des Spiels erst recht. Die Spielregeln sind kompliziert und wandeln sich, aber das Ziel ist klar und unumstößlich für alle: Es darf keinen Gewinner geben! Und das ist hier unsere Aufgabe, Wilson, wir sitzen hier wirklich am Ende der Welt, aber für die diplomatischen Beziehungen Englands zu China und Rußland gibt es vielleicht keinen wichtigeren Platz. Nichts, aber auch rein gar nichts werden wir zulassen, das Ärger oder Argwohn im Potala wecken könnte. Vor allem nicht im Moment, da Williamson in Lhasa weilt …Wir können also keinen Millimeter von der bisherigen Entscheidung abweichen: Keine Einreise nach Tibet und auch nicht wie nach Nepal!«

»Das heißt auch: kein Mount Everest«, sagte Wilson leise. Und Battye nickte stumm.

»Captain Battye, ich kann Ihre Motive nachvollziehen. Aber es waren bereits Engländer am Everest! Viermal zu Fuß, einmal in der Luft. Mein einziger Wunsch ist, daß für mich das gleiche Recht gelte wie für diese Expeditionen! Warum wird mir verwehrt, was man ihnen zugestand? Weil ich allein bin und sie hundert, zweihundert oder dreihundert Leute? Weil sie berühmte Bergsteiger waren, mit teurer Ausrüstung, viel Geld und Unterstützung des Everest-Komitees? Nein, Battye, das ist es, was ich nicht akzeptiere, ich will das gleiche Recht, sonst nichts. Meine Expedition ist sozusagen kleiner, das mag sein, aber ist sie deshalb weniger wert?«

Battye lachte kurz und schüttelte den Kopf.

»Wilson, Sie sind naiv! Natürlich macht genau das den Unterschied. Mir sind die Bergsteiger ziemlich egal, und ich persönlich würde am liebsten auch den großen Expeditionen die Einreise verweigern, es gab ja schon genug Ärger mit der tibetischen Regierung deswegen, wie Sie wissen, aber da ging es um nationales Prestige, um Reputation und Ruhm. Sie aber wollen aus rein persönlichen Gründen zum Everest! Deshalb sind Sie unwichtig, so einfach ist das.«

»Ich gehe nicht für mich dorthin ...«, murmelte Wilson leise, aber Battye überhörte es geflissentlich und sagte:

»Ich war Ihre letzte Chance, Wilson, und die ist nun verspielt. Es gibt nun keinen Weg mehr für Sie zum Everest. Ich hoffe, daß das endlich klar ist. Alle weiteren Versuche einzureisen wären kriminell und werden von uns wie von der tibetischen Regierung aufs schärfste geahndet. Ich würde es vorziehen, kein tibetisches Gefängnis von innen zu erleben, Wilson. Und ich will Sie ungern vor Gericht stellen ...«

Das Gespräch war beendet, das war Wilson klar, jedes weitere Insistieren wäre sinnlos. Wilson stand auf, bedankte sich für den Tee und das Gespräch und verabschiedete sich von dem Captain, der ihn bis zur Pforte der Residenz brachte. Wilson stieg auf sein Reitpony.

»Und vergessen Sie bitte eines nicht, Wilson«, rief ihm Battye noch hinterher. »Wir wissen immer, was Sie tun! Gute

Reise!« Er deutete einen militärischen Gruß an und ging zurück zur Residenz.

Wilson ritt bergab, es dämmerte bereits, und leichter Regen hatte eingesetzt. Er würde es wohl nicht in einer Etappe bis nach Darjeeling schaffen.

Sein Entscheidungsspielraum schrumpfte, und er mußte nun einen völlig anderen Weg einschlagen. Es blieb eigentlich nur noch eine Möglichkeit: die illegale Einreise nach Tibet und der Weg zu Fuß über die Hochebene bis nach Rongbuk. Es war riskant, gefährlich und eigentlich nicht die Art, wie Wilson zum Everest reisen wollte, versteckt und inkognito wie ein Verbrecher. »Ich bin im Recht!« dachte Wilson trotzig und klappte seinen Jackenkragen hoch. Der Regen fiel jetzt heftiger.

Das leise Prasseln der Tropfen auf der schräg gestellten Fensterscheibe weckte Maurice Wilson. Ein milder Wind trieb Regenwolken aus der Ebene an die Hügel Darjeelings, Nässe legte sich über die Stadt, ihre Felder und Teeplantagen. Es war früher Morgen, Wilson hatte noch genügend Zeit bis zu seiner Verabredung, trotzdem zögerte er kurz, ob er noch länger dem Regenspiel und grauen Wolkenbergen vom Bett aus zusehen sollte. Dann stand er schnell auf und trat ans Fenster. Er schaute nach Westen hinüber über das Tal der Tista in Richtung Kalimpong und der Grenze zum Königreich Sikkim. Doch die Stadt und den Fluß konnte er nur erahnen, denn Reihen grüner, nebelverhangener Hügel lagen dazwischen. Die Straße unterhalb seines Hotels glänzte vor Feuchtigkeit. Das gewundene schwarze Band zog sich über den nächsten Hügelrücken entlang verstreuter Villen im englischen Kolonialstil, bevor es talauswärts zwischen Buschwerk und Nebelfetzen verschwand. Autos oder Rikschas waren nicht zu sehen, aber in der Nähe hörte Wilson plötzlich eine kurze, leise Melodie. Dann sah er singende Nepali-Frauen.

Sie trugen riesige Flechtkörbe auf dem Rücken, der lederne Tragriemen lief über ihre Stirn. Ihre bunten Umhänge über Kopf und Schultern schützten sie nur wenig gegen die durchdringende Feuchtigkeit. Der Rhythmus ihrer Schritte hatte sich dem leisen Gesang angepaßt, vielleicht war es aber auch umgekehrt. Ein anmutiger Anblick, dachte Wilson, und dabei doch so gewöhnlich wie der Milchmann vor den Reihenhäusern in Shipley. Die Teepflückerinnen verschwanden hinter der nächsten Straßenbiegung, der Happy Valley Tea Garden lag noch zwei Kilometer entfernt. Zwölf Stunden Pflückarbeit lagen vor ihnen. Doch auch der ärmste Teepflücker hier um Darjeeling war stolz, mit dem seit Jahrzehnten überlieferten Wissen auf diesen fruchtbaren Hochlandhügeln den edelsten und begehrtesten Tee der Welt zu ernten. Die einmalige Kombination aus Sonne, Nässe und Höhenlage hatte Darjeeling zum weltweit besten Teeanbaugebiet gemacht.

Wilson blickte auf den kleinen Wandkalender über seinem Bett: 29. September 1933. Er war ungeduldig und reizbar, hatte seit Monaten nur Regen, grüne Hügel und Nebel gesehen. Aber er war hier wegen der Berge, wegen *des* Berges schlechthin. Der Monsun müßte eigentlich vorbei sein. Der graue Morgen war vielleicht ein letztes Rückzugsgefecht der Regenzeit. Mit etwas Glück würde die Sonne den Nebel auflösen und dann endlich die Sicht nach Norden freigeben: Auf den Himalaja, auf die Bergriesen der Hauptkette, die ihre Schneespitzen seit Monaten in undurchdringlichen Wolkenmassen verborgen hielten. Man konnte dann den mächtigen Kangchendzönga in aller Pracht über den noch dampfenden Dschungeln Sikkims sehen, das hatte man ihm erzählt. Und dann, an besonders klaren Morgen, wenn man zum Sonnenaufgang auf den Tiger Hill wanderte und nach Nordwesten blickte, konnte man weit hinter dem Kangchendzönga und den anderen Schneeriesen im fernen Tibet ein mächtiges, einsames Bollwerk aus Fels und Eis in den Himmel ragen sehen, den Mount Everest.

Drei Wochen waren seit seinem Gespräch mit Battye in Gangtok vergangen, und das Untätigsein machte ihn verrückt. Aber er mußte sich so unauffällig wie möglich verhalten, denn Laden Las Spitzel beobachteten ihn auf Schritt und Tritt. Trotzdem verfolgte er sehr bedächtig und vorsichtig sein Ziel. Wenn ihn jemand fragte, was er denn nun zu tun gedenke, antwortete er, daß er auf das Ende der Regenzeit warten wolle und dann einige Wanderungen in die Berge Sikkims unternehmen werde. Das Ziel, den Everest zu erreichen, habe er aufgegeben, sagte er allen. Er war mißtrauisch geworden, obwohl das sonst nicht seine Art war. Nur dem Besitzer seiner neuen Unterkunft vertraute er und hatte ihm von seinen Plänen erzählt, verschwieg aber, daß er illegal nach Tibet zu reisen gedachte. Die Zeit arbeitete für ihn, trotzdem kratzte die Passivität an seinen Nerven.

Zu seinen Vorsichtsmaßnahmen gehörte auch, daß er seine Unterkunft gewechselt hatte. Wilson stand nun in der Eingangshalle der Albert Lodge. Charles Patton aus Sussex, ein alleinstehender ehemaliger Captain der britischen Armee von ungefähr fünfzig Jahren, leitete das einfache Hotel seit vielen Jahren und hatte Wilson als »altem Kameraden« für den mehrmonatigen Aufenthalt einen guten Preis gemacht. Die beiden Männer sprachen nicht viel miteinander, was sicherlich an ihrem eigenbrötlerischen Naturell, aber auch an der Gleichförmigkeit vieler Tagesabläufe in den vergangenen Wochen lag. Andererseits entwickelten sie in ihrer Schweigsamkeit auch eine leise Sympathie füreinander. Vor allem mochte Wilson Patton, da der seine Everest-Pläne nicht als eine höchst umständliche und spektakulär inszenierte Form von Selbstmord betrachtete. Patton hielt den »Yorkshireman«

trotzdem für verrückt, war aber wie fast alle Briten ausgeprägten Exzentrikern gegenüber tolerant. Schade war nur, daß dieser Wilson fast kein Ale und keinen Gin anrührte und sich vornehmlich von Porridge, Butterbrot und Gemüse ernährte. Und natürlich von schwarzem Tee.

So auch an diesem Morgen, ein Teller Haferbrei und eine Kanne Tee standen schon bereit, als Wilson erschien.

»Guten Morgen, Maurice!«

»Guten Morgen.«

»Es ist Post für dich angekommen«, sagte Patton und griff in das Fach hinter sich.

»Von wem?« fragte Wilson und kam sofort zur Theke herüber.

»Ich weiß es nicht, aber ein Brief aus England ist dabei«, antwortete Patton.

Er reichte Wilson zwei Umschläge. Wilson las den ersten Absender: Biddulph Mansion, London. Seine Hand begann leicht zu zittern. Enid! Ein Brief von Enid! Seit sechs Wochen hatte er keine Nachricht mehr von ihr erhalten, obwohl er ihr fünf Briefe in dieser Zeit geschrieben hatte. Er hielt den Umschlag fest umklammert und führte ihn unwillkürlich ganz nah vor sein Gesicht, als ob er ihn riechen oder küssen wollte. Patton sah ihm zu und schmunzelte.

»Und der andere?« fragte er fordernd.

Wilson sah ihn etwas verdutzt an, atmete tief durch und blickte kurz auf den zweiten Brief. Als Absender stand dort »Deputy Commissioner, Darjeeling«.

»Mein Freund Laden La wünscht mich mal wieder zu sehen, nehme ich stark an«, sagte Wilson lächelte gequält und wedelte mit dem Umschlag vor Pattons Nase herum.

Schon zweimal hatte Laden La mit seinen Schergen Wilson unangekündigt in seinem neuen Hotelzimmer besucht, sich höflichst nach dessen Wohlbefinden und seinen Plänen erkundigt, um dabei in aller Ruhe auszuspionieren, ob Wilson etwa heimlich Vorbereitungen für eine Abreise Richtung Tibet oder Nepal träfe. Vergeblich! Wilson lachte leise bei dem Gedanken an die Beflissenheit des Tibeters in britischen Staatsdiensten. Nein, so einfach würde er es ihm nicht machen, und seine Reiseplanungen unter den Augen von Polizisten und Detektiven vorantreiben. Wilson steckte den Brief von Enid in die Innentasche seiner Jacke und riß entnervt den zweiten Umschlag auf.

»Wie ich schon vermutete«, sagte Wilson zu Patton, »er möchte mich sehen, morgen vormittag im Polizeigebäude.«

Patton nickte beiläufig und wußte nicht recht, was er sagen sollte, denn er hatte mit Laden La noch nie Probleme gehabt. Außerdem wußte er noch aus vergangenen Jahren, wie großzügig der Tibeter die britischen Everest-Expeditionen unterstützte, wenn sie sich in Darjeeling versammelt hatten und ihren Abmarsch vorbereiteten. Er organisierte Träger, Fahrzeuge, besorgte Unterkünfte und stellte Kontakte her – ebenso beflissen, wie er jetzt den »inoffiziellen« Everest-Mann Wilson hartnäckig beschattete. Patton dachte, was soll dieser Kommissar auch sonst machen.

»Geh hin, Wilson, der ist doch nur neugierig, tu ihm den Gefallen, und du hast wieder deine Ruhe.«

»Ja, für zwei Wochen«, scherzte Wilson immer noch verärgert, aber er wußte, daß er natürlich morgen früh im Polizeigebäude sitzen würde, frisch gekämmt, höflich und verbindlich. Nur keinen Anlaß für weitere Verdächtigungen liefern! Er faßte in seine Jackentasche, um nach seiner Uhr zu suchen, und fühlte dabei den Brief von Enid. Er hatte ihn vor Ärger für wenige Minuten vergessen, jetzt schlug sein Herz wieder schneller. Er würde ihn erst später öffnen und in Ruhe lesen.

Von einem Mitbewohner in der Villa Minto hatte Wilson gehört, daß es in Darjeeling einen sehr rührigen Einheimischen gab, der für die ausländischen Bergsteiger alles Notwendige organisieren konnte, der alle wichtigen Leute in Darjeeling kannte und natürlich die Bhutias und Sherpas, der gut Englisch sprach und, was Wilson besonders überzeugte, er war bereits am Everest gewesen und verehrte den Berg! Der Mann hieß Karma Paul, und Wilson hatte sich für heute mit ihm verabredet.

Maurice nahm keine Rikscha, obwohl Karma Paul am anderen Ende Darjeelings wohnte und er gut eine Stunde zu Fuß unterwegs sein würde. Aber der Morgen zeigte sich nun von seiner angenehmen Seite, der Regen hatte aufgehört, die Luft war frisch, nicht zu kalt und nicht zu warm, und Wilson verspürte große Lust, sich zu bewegen, auch wenn es nur ein längerer Spaziergang entlang der Hügel Darjeelings sein würde. Wilson schlenderte gemächlich in nördlicher Richtung.

Wenn man von den dichtbewachsenen Hügeln und steilen Berghängen im Hinterland absah, wirkte manche Szenerie – etwa die um das St. Johns College – wie die Kopie einer mittelenglischen Kleinstadtidylle. Im Laufe der Jahrzehnte hatten sich immer mehr Briten in Darjeeling angesiedelt, so daß trotz ihrer für indische Verhältnisse bescheidenen Größe die Stadt einen kosmopolitischen Charakter bekam. An der Schnittstelle zwischen Himalaja und bengalischer Tiefebene, zwischen Bergbewohnern, Halbnomaden und Ackerbauern prägte ein buntes Durcheinander die Straßenszenen. Hindus aus Nepal stellten die Mehrheit der Bewohner, obwohl sie erst im Laufe der letzten zweihundert Jahre verstärkt eingewandert waren. Neben den Europäern und indischen Bengalen sah man vereinzelt die meist sehr klein gewachsenen Lepchas, die Ureinwohner Sikkims, die in abgelegenen Dörfern im dichten Wald der mittleren Höhenlagen lebten und nur selten zum Handeln in die Städte Darjeeling oder Kalimpong herabkamen. Noch weiter im Norden Sikkims entlang der Vegetationsgrenze lebten die aus Tibet stammenden Bhutias, teils Halbnomaden und Jäger, teils Ackerbauern und Händler, die für ihre Yakherden Weidegründe beiderseits der Grenze nutzten. So vielfältig Hautfarben, Kleidermoden und Architekturstile in Darjeeling waren, das meist unüberhörbare Sprachengewirr war es ebenfalls: Nepali, Hindi, Englisch und unzählige Dialekte aus abgelegenen Himalaja-Tälern schwirrten durch die Luft. Von Vorteil war es allerdings, daß die meisten Menschen hier mit mindestens zwei dieser Sprachen bestens zurechtkamen oder sie problemlos etwa zur verbreiteten Mischform »Hinglisch« weiterentwickelten.

Die turbulenten Basare und alten Tempelanlagen in der verwinkelten Altstadt lagen nun unterhalb von Wilson am Fuß der Hügel, oberhalb von ihm standen Villen reicher Inder und Engländer, die Sanatorien und einige altmodische Hotels, die sich in gebührendem Abstand über die grünen Hügelflanken verteilten. Und zwischendrin einige Kirchturmspitzen, die auf Wilson wie unpassende Fremdkörper wirkten. Dort oben lag auch der Planters Club, die noble Vereinigung der englischen Teeplantagenbesitzer. Vor gerade mal sechs Monaten hatte dort Hugh Ruttledge gestanden, ehemaliger Bevollmächtigter des India Civil Service und dann Leiter der vierten britischen Everest-Expedition, um Träger, Köche, Mulitreiber und Dolmetscher für das mehrmonatige Großunternehmen anzuwerben. Mit dreihundert Maultieren und fast hundert Trägern verließen die vierzehn englischen Sahibs Anfang März Darjeeling, besser ausgestattet als jede der vorangegangenen Expeditionen. Doch trotz langer Akklimatisation, einem Team erfahrener Alpinisten, vorzüglicher technischer Ausstattung vom Feldtelefon bis zu Verpflegungskisten, die mit Räucherlachs und Malt Whiskey zum Gelingen beitragen sollten, scheiterte auch dieser Versuch einer Everest-Besteigung. Völlige Erschöpfung mehrerer Teilnehmer und der unnachgiebige Monsunschneefall zwang die Ruttledge-Expedition Anfang

Juni zum Abbruch der Zelte im Rongbuk-Tal. Vor acht Wochen stolperte der erste Trupp der Expedition wieder über die Grenze von Sikkim nach Darjeeling. Gerüchte über das Scheitern der Besteigung waren den Männern schon seit Tagen vorausgeeilt. Als nun die Vorhut endlich eintraf, standen Hunderte Menschen entlang der Straße nach Kalimpong, um die letzten Minuten und Meter dieses mit so hohen Erwartungen gestarteten Unternehmens selbst zu erleben, den erschöpften und ausgemergelten Sahibs nach ihrer vierten Niederlage – so nannten sie es selber – an der »Mutter Göttin der Erde« in die Augen zu schauen. Waren sie deprimiert? Niedergeschlagen? Nein, sie waren einfach nur unendlich müde.

Maurice Wilson war nicht dorthin geeilt, um sich die geschlagenen Helden anzuschauen. Dieses Spektakel war ihm irgendwie zuwider, obwohl er tief im Innern so etwas wie Schadenfreude oder Genugtuung verspürte, als sich die Neuigkeit schnell durch Darjeelings Hotels und Basare verbreitete: »Die Sahibs tragen keine Bärte!« Das war das sichere Erkennungszeichen, daß sie gescheitert waren. Lächelnd strich sich Wilson über sein noch glattrasiertes Kinn. Das Scheitern von Ruttledge, das vergebliche Anrennen mehrerer Großexpeditionen auf den Everest-Gipfel trotz militärisch-exakter Logistik, bester finanzieller Ausstattung und alpiner Erfahrung – sprach das nicht alles für ihn und sein einsames Vorhaben? Wo das angeblich so Bewährte fehlschlägt, muß man da nicht dem Neuen eine Chance geben, auch wenn es keine Garantien, keine Sicherheiten mehr gibt, sondern im Gegenteil hohe Risiken birgt? Natürlich sollte man das, auch wenn die Honoratioren von Alpine Club und Royal Geographical Society in ihrer arroganten Borniertheit das nicht erkennen konnten. Wilson schnaubte verächtlich. Niemand hat geglaubt, daß ich überhaupt bis hierher gelange, geschweige denn nach Tibet oder in die Nähe des

Everest, dachte er, aber ich *bin* hier, und die Grenze zum verbotenen Land ist nicht weit!

Nun stand er vor der Tür von Karma Pauls Haus. Auch Karma Paul war vor acht Wochen mit der Ruttledge-Expedition zurück nach Darjeeling gekommen, sicherlich weniger enttäuscht als seine Auftraggeber, denn seine Arbeit war erfolgreich beendet. Und solange die Briten den Gipfel nicht erreichten, würden sie wiederkommen und dann auch wieder die Dienste von Karma Paul in Anspruch nehmen und ihn gut bezahlen, den Dolmetscher aus Lhasa, der vier, fünf oder sechs Sprachen der Himalaja-Regionen fließend beherrschte, von Urdu bis Nepali, und der exzellente Beziehungen in Darjeeling und nach Tibet hatte. Karma Paul arbeitete eigentlich als Schulmeister in Darjeeling, entwickelte sich aber durch seine Fähigkeiten als Dolmetscher und Diplomat zu einem unverzichtbaren Organisator für ausländische Expeditionen. Wer von Darjeeling aus in den Himalaja reisen wollte, kam an Karma Paul nicht vorbei. Wenn er klug war.

Wilson klopfte zweimal an die Holztür. Wenige Augenblicke später öffnete sie ein kleiner, fast zierlich gebauter Mann von vielleicht vierzig Jahren mit mongolischen Gesichtszügen, unverkennbar ein Tibeter. Er schaute Wilson fragend an und sagte nichts.

»Mein Name ist Wilson, Maurice Wilson, ich ... äh ... wir hatten telefoniert, ich nehme an, Mr. Paul?«

Das Gesicht seines Gegenübers entspannte sich.

»Oh ja, Mr. Wilson, entschuldigen Sie, ich hatte eben für einen Moment ganz vergessen ... natürlich ... wir hatten uns für zehn Uhr verabredet ... ist es tatsächlich schon so spät? Ich saß gerade am Schreibtisch und war mit völlig anderen Dingen beschäftigt. Treten Sie bitte ein.«

Wilson folgte Karma Paul in einen Raum, den ein wuchtiger Schreibtisch aus Eichenholz dominierte, unverkennbar britischer Herkunft, bepackt mit zahlreichen Papierstapeln, Büchern und Fotografien. Über dem Schreibtisch hing eine Landkarte der Everest-Region. Karma Paul deutete auf die Sitzgruppe in der gegenüberliegenden Ecke unter dem einzigen Fenster des Raums. Dort stand ein flacher Tisch, umgeben von diversen farbenprächtigen Sitzpolstern und Kissen, viele mit Seidenstoffen bespannt. Karma Paul trug einen langen, mantelähnlichen Gehrock aus dunkelroter chinesischer Seide, gefüttert mit Wollfilz und den für Tibet so typischen überlangen Ärmelstulpen, dazu die ebenfalls mit Filz gefütterten Lederstiefel. Er stammte ursprünglich aus Lhasa, viele seiner Verwandten lebten noch in der tibetischen Hauptstadt. Seine Gesichtsfarbe war dunkel, die schwarzen Haare streng nach hinten gekämmt, und ein dünner Oberlippenbart gab ihm ein schelmisches Aussehen.

»Einen Tee, Mr. Wilson?« fragte Karma Paul.

»Ja, sehr gerne«, erwiderte Wilson, als er es sich auf einem der Seidenkissen bequem gemacht hatte. Karma Paul goß aus der bereitstehenden Kanne dampfenden Tee in zwei Porzellanschälchen und hielt dann seine Schale empor.

»Auf Ihr Wohl! So sagt man doch bei Ihnen, oder?«

»Ja, richtig, danke sehr. Auch auf Ihr Wohl, Mr. Paul«, sagte Wilson und erhob ebenfalls sein Schälchen.

Maurice holte tief Luft und wollte gerade beginnen, sein Anliegen vorzutragen, als Paul dezent die Hand hob und sagte:

»Entschuldigen Sie meine Unhöflichkeit, Sie sofort zu unterbrechen, Mr. Wilson, aber ich möchte Ihnen nur ersparen, mir viel zu erzählen, das ich schon weiß, über Sie und Ihr Vorhaben. Sie wissen vielleicht ...«, und dabei lachte Paul verschmitzt, »daß ich ... sagen wir mal, gut informiert bin über alles, was sich in Darjeeling abspielt. Vor allem, wenn es sich um Bergsteiger handelt!«

Wilson schwieg und wartete. Paul nahm eine englische

Pfeife vom Schreibtisch, stopfte sie schnell und geübt mit Daumen und Zeigefinger und sagte dann durch die ersten Schwaden süßlichen Tabakdufts:

»Ich fasse einmal zusammen, und bitte, korrigieren Sie mich, wenn ich falschliegen sollte: Sie sind vor vier Monaten in Indien angekommen, mit Ihrem eigenen Flugzeug in vier Wochen aus England hierher geflogen. Meine Hochachtung für diese Leistung übrigens ... Sie wollen zum Mount Everest, allein, bekommen aber keine Einreiseerlaubnis, weder für Tibet noch für Nepal ... richtig soweit?«

Wilson nickte. Paul sog langsam und genüßlich an seiner Pfeife.

»Und nun meinen Sie, daß ich Ihnen Papiere für eine legale Einreise besorgen kann, oder?«

Wilson richtete sich auf seinem Seidenkissen auf, nahm noch einen Schluck Tee und schaute Karma Paul direkt an.

»Mr. Paul, auch ich weiß etwas über Sie. Es ist nicht viel, aber für mich sehr wertvoll: Ich denke, Sie sind dem Berg ebenso verfallen wie ich, und Sie haben Bruce, Norton und Ruttledge für ihre Expeditionen Dinge ermöglicht, die aussichtslos oder unmöglich schienen, oder? Sie sind erfinderisch, diplomatisch und kennen den Weg von Darjeeling zum Everest wie kein Zweiter. Sie kennen die Dzongpens (Distriktgouverneure) von Kampa und Tinki sowie den Ober-Lama von Rongbuk. Ich denke, Sie könnten auch eine Einreise ermöglichen ...«

»Ihre Kenntnisse ehren mich«, erwiderte Paul höflich und nickte leicht mit dem Kopf. »Aber Sie überschätzen meinen Einfluß doch gewaltig. Hier geht es um eine politische Entscheidung, und zwar eine, die *nicht* auf der untersten Ebene verhandelt wird ... Natürlich muß der Dalai Lama jedes Erlaubnisschreiben für Tibet unterzeichnen, aber solange es sich um Langnasen handelt, wird er nichts ohne Rücksprache mit dem Political Officer in Gangtok unternehmen. Das

Interesse an guten gegenseitigen Beziehungen ist zwischen dem Potala und Britisch-Indien derzeit sehr ausgeprägt ... Und Sie wissen selbst am besten, wie Ihre Landsleute in der hiesigen Verwaltung zu Ihrem Abenteuer stehen. Ich denke, ich kann Ihnen keine Einreiseerlaubnis aus Lhasa beschaffen.«

»Aber Sie haben doch Ihre Familie in Lhasa, Mr. Paul, und Sie sind doch Tibeter, können Sie nicht unabhängig von den Engländern ...?«

»Mr. Wilson, ich natürlich! Ich kann jederzeit und so oft ich möchte die tibetische Grenze überqueren, aber nicht mit Ihnen! Und eine Genehmigung für Sie erhalten wir vom Potala nur nach Rücksprache mit der englischen Gesandtschaft, glauben Sie mir. Wenn Sie es nicht glauben wollen, bitte, meine Familie kann im Potala eine Eingabe machen, das kostet Sie rund fünfhundert Rupien und mehrere Wochen Wartezeit, und es wird dabei nichts herauskommen. Wollen Sie das?«

»Ja!«

Karma Paul stöhnte. Wilson zögerte einen Moment und fragte dann sehr leise:

»Und wenn es tatsächlich so ist, wie Sie sagen: Würden Sie mich trotzdem zum Everest begleiten? Eine kleine Mannschaft ist doch viel flexibler und schneller. Sie haben doch die Probleme der Großexpeditionen dort oben erlebt. Diesen Berg kann man nicht im Geiste der britischen Armee und Kolonialverwaltung besteigen! Und das wissen Sie als Tibeter, für Sie ist der Gipfel der Sitz der Götter, denen man Respekt entgegenbringen muß, sonst wird man scheitern. Ich weiß von diesen Dingen ... lassen Sie uns gemeinsam gehen.«

Karma Paul hatte Wilson aufmerksam zugehört und blickte nun schweigend aus dem Fenster. Er schien zu träumen, sein Blick ging ins Leere, als ob er seine vielen Erlebnisse oben am

Everest Revue passieren ließ. Dann paffte er ein Tabakwölkchen aus und fixierte Wilson.

»Sie haben recht, aber das sage ich nur Ihnen. Die Engländer haben zwar gelernt, unseren Glauben und unser Leben zu respektieren, aber sie verstehen gar nichts – bis auf ganz wenige Ausnahmen. Ein Sahib bleibt ein Sahib und ein Sherpa ein Sherpa, das lassen sie einen spüren, der eine mehr, der andere weniger, obwohl sie uns in der Regel korrekt und höflich behandeln. Aber, Wilson, sie bezahlen mich gut für meine Arbeit, und, Sie werden lachen, es macht mir Spaß. Deshalb habe ich überhaupt nichts dagegen, wenn hier in den nächsten Jahren weitere englische Expeditionen kommen werden, große, kleine, mit vielen Trägern oder wenigen, egal. Aber, Sie verstehen, es ist für mich einfach von Vorteil, wenn der Gipfel noch eine Zeitlang unerstiegen bleibt, so die Götter es wollen.« Karma Paul lachte.

»Und was Sie betrifft, Wilson, ich bewundere Ihren Mut und Ihre Entschlossenheit. Aber ich weiß, daß viele Ihr Vorhaben verhindern wollen. Sie sind sehr allein, wissen Sie das? Und dummerweise sind die, die Ihre Reise sehr kritisch betrachten, diejenigen, mit denen ich in Zukunft noch zusammenarbeiten will und muß. Kurz gesagt, wenn ich Ihnen helfe, wenn ich Sie sogar bei einem illegalen Grenzübertritt nach Tibet begleiten würde, dann – wie sagen Sie doch gleich in Europa – säge ich den Ast ab, auf dem ich sitze. Verstehen Sie mich?«

Wilson nickte und spürte, daß das Karma Pauls letztes Wort in dieser Angelegenheit war.

»Ich verstehe Sie, da ich früher ähnlich dachte. Aber ich habe in den vergangenen Jahren gelernt, daß solch ein Opportunismus nie zum Ziel geführt hat. Nur das Vertrauen auf die eigene, innere Stimme kann die Richtschnur sein, auch wenn es dabei manchmal unbequem wird und Ärger geben kann. Tut mir leid, ich habe Sie vielleicht falsch eingeschätzt.«

»Mr. Wilson, das ist kein Opportunismus, das ist einfach Vernunft. Und die sollte nach tibetischem Verständnis die Leidenschaften korrigieren. Der Wille allein bringt Sie nicht auf den Gipfel ... Es geht ums Gleichgewicht ... Noch einen Tee, Mr. Wilson?«

»Nein, danke, Mr. Paul, ich denke, ich werde mich auf den Weg machen«, sagte Wilson und stand auf. Karma Paul erhob sich ebenfalls von seinem Sitzkissen und schaute auf die Everest-Karte über seinem Schreibtisch.

»Ich mache Ihnen einen Vorschlag: Sie können in diesem Jahr sowieso nicht mehr zum Everest aufbrechen, frühestens im kommenden März. Und dieses halbe Jahr kann lang werden in Darjeeling. Sie wollen in die Berge, also sollten Sie im Training bleiben. Sagen wir also mal, Sie würden mich für eine längere Exkursion in die sikkimesischen Berge engagieren, vielleicht im November oder Dezember, da ist die Sicht gut, es fällt kaum Regen, und die Temperaturen sind noch angenehm. Ich würde Ihnen dann etwas erzählen, von großen und kleinen Expeditionen, von Klöstern am Ende der Welt, vom höchsten Gipfel und warum ihn niemand ersteigen konnte – bisher ...« Karma Paul lächelte. »Was halten Sie davon? Machen Sie mir ein Angebot!«

Wilson zögerte nicht.

»Das klingt sehr interessant, Mr. Paul. Sie werden bald von mir hören. Und vergessen Sie bitte trotzdem nicht den Brief an Ihre Familie und an den Dalai Lama, das Geld werde ich Ihnen in den nächsten Tagen zukommen lassen. Vielen Dank!«

Karma Paul schüttelte Wilson die Hand und führte ihn zum Ausgang.

»Und denken Sie auch noch einmal bitte über *mein* erstes Angebot nach!« rief ihm Wilson noch gutgelaunt zu. Karma Paul nickte freundlich, winkte ihm wortlos zu und verschwand im Haus.

Die Dunkelheit kam schnell hier am Rande der Tropen, und gegen acht Uhr abends lag Wilson bei Kerzenlicht auf seinem Bett in Albert Lodge und nahm den Brief von Enid aus seiner Jackentasche. Vor vier Monaten hatte er sich von ihr auf dem kleinen Flugfeld in Stag Lane verabschiedet, umringt von Reportern und neugierigen Zuschauern. Es war viel geschehen in dieser Zeit, täglich hatte er sich mit neuen Situationen auseinanderzusetzen, begegnete er fremden Menschen, erreichte er bislang unbekannte Orte. Bradford war weit weg, London auch. Aber Enid war immer gegenwärtig. Er dachte an sie beim Aufwachen und beim abendlichen Drink, und er sehnte sich nach ihrem Lachen, ihrem Blick, dem Duft ihrer Haare. In einem Moment verfluchte er sich, daß er geflogen war, die Liebe seines Lebens für Monate oder gar Jahre zurückgelassen hatte, und dann wieder wußte er, daß er hier sein mußte und daß Enid auf ihn warten würde. Er seufzte hörbar; der Platz neben ihm war schon zu lange leer.

Wilson entfaltete die zwei beidseitig beschriebenen Bogen und las. Ungeduldig überflog er die Sätze, sog sie auf, die Worte, die vertrauten Formen und Schwünge der Buchstaben, als ob er darin das schon so lange vermißte Gesicht Enids entdecken könnte, ihr Lachen, ihren Augenaufschlag.

Nun las er den Brief zum zweiten Mal, langsamer, Satz für Satz und das, was zwischen den Zeilen stand. Aber er mußte ihn ein drittes Mal lesen, um alles zu begreifen. Schwer atmend legte er nun den Brief zur Seite. Er fühlte sich, als ob er nie wieder würde aufstehen können. Enid schrieb von den hartnäckigen Londoner Reportern, den arroganten Honoratioren des Alpine Club und den heimlichen Bewunderern von Wilson, immer noch berichteten die englischen Zeitungen über ihn und sein »verrücktes Vorhaben«. Aber Enid schrieb auch über den Abschied und die Zeit danach, über Leonard und ihre gemeinsame Freundschaft, über glückliche Stunden im Regent's Park, eine Fahrt auf der Themse oder die Diskussionen auf dem Fluggelände in Stag Lane. Aber es war alles nur Geplänkel, Ouvertüre bis zu dem Satz, der ihm das Herz zerschnitt: »Du wirst dich umbringen, laß es sein!« Hatte sie den Glauben an ihn verloren? Enid, die ihn immer *wirklich* verstanden hatte, die ihn vorbehaltlos unterstützte, ihm half und aufbaute? Er begriff es nicht, er verstand es nicht. Monate und Tausende Kilometer lagen zwischen ihnen. Was war passiert mit Enid? Oder mit ihm? Maurice fühlte sich völlig kraftlos und starrte in die ruhig glimmende Kerzenflamme. Nein, das konnte nicht das Ende sein, weder für sein Vorhaben noch für Enid und ihn. Er wollte das I Ging befragen, jetzt sofort. Die chinesischen Münzen hatte er schon vor Jahren in Neuseeland von einem Kaufmann aus Hongkong geschenkt bekommen. Der Mann hatte ihn auch in den Gebrauch des Orakels eingeführt. Seit damals trug er die Münzen in einem kleinen Lederbeutel immer bei sich, benutzte sie aber selten, nur wenn er vor einer äußerst wichtigen Entscheidung stand. Er war nicht im klassischen Sinne abergläubisch und glaubte nicht an Horoskope, war jedoch überzeugt, daß es auf alle Fragen bereits eine Antwort gab, die es zu entdecken oder zu erkennen galt. Und dabei half das I Ging. Wilson mußte sich nun endgültig entscheiden, ob er an seinem Plan festhalten wollte oder nicht.

Er konzentrierte sich kurz auf seine Frage, atmete langsam aus; um leer zu werden für die Antwort, die zu finden war. Er warf die drei gelochten Bronzemünzen auf seinen Holztisch, notierte sich die Symbole der obenliegenden Seiten und wiederholte die Prozedur sechsmal. Langsam entstand ein Hexagramm aus Yin- und Yang-Linien: oben Dschen, das Erregende, der Donner, unten Kan, das Abgründige, das Wasser: das ergab zusammen das Bild »Hie, die Befreiung«. Wilson suchte in seinem zerlesenen I-Ging-Büchlein nach der Deutung des Zeichens und las:

»Das Urteil: Wenn nichts mehr da ist, wohin man zu gehen

hätte, ist das Wiederkommen von Heil. Wenn es noch etwas gibt, wohin man gehen muß, dann ist Raschheit von Heil.«

Wilson trat ans Fenster und schaute ziellos in die Nacht. In der Ferne pfiff die von Siliguri sich heraufquälende Dampflokomotive einsam durch die Dunkelheit. Ja, er hatte sich schon entschieden, ohne es sich bislang selbst eingestanden zu haben. Es war Zeit zu handeln, es war Zeit zu gehen.

Die Regenzeit war vorüber, die Luft klarte auf, alles atmete freier, und die Berge des Himalaja schälten sich wieder aus den nebligen Vorhängen der Monsunwolken. Wilson blickte auf die weißen Grate und Spitzen über den grünen Dschungelhügeln und wäre am liebsten sofort losgelaufen. Die Ausrüstung war verstaut, Vorräte gekauft. Morgen würde er mit Karma Paul und zwei Trägern zu einer einwöchigen Exkursion ins sikkimesisch-nepalesische Grenzgebiet aufbrechen. Um niemanden unnötig zu beunruhigen, hatte sich Wilson den Spaß erlaubt und von sich aus bei Laden La vorgesprochen, um seine Reise anzukündigen. Das hätte er natürlich nicht tun müssen, aber jetzt war der Polizeiapparat in Darjeeling erst recht in Aufregung und beunruhigt, ob man dem Engländer denn trauen konnte oder ob das wieder eine seiner bekannten Finten war. Um kein Risiko einzugehen, entschied Laden La, daß man wohl in einigem Abstand einen Beobachter mit auf die Reise schicken mußte.

Die letzten Wochen der Regenzeit hatte Wilson damit verbracht, etwas Tibetisch zu lernen. »Ich möchte wenigstens versuchen, mich mit dem Lama in Rongbuk etwas zu unterhalten. Aber diese Sprache ist schwieriger als Französisch und Deutsch zusammen«, schrieb er an Enid.

Die kleine Gruppe startete in den frühen Morgenstunden des 7. November. Zwei Wegstunden hinter Darjeeling verließen sie die nach Osten führende Hauptstraße Richtung Gangtok und folgten dem Flußlauf des Großen Rangit nach

Norden. Mit dem Wetter hatten sie kein Glück, viele Wolken verdeckten immer wieder die Sicht auf den Himalaja, und nächtliche Regenfälle verwandelten die Pfade durch den Bergwald in schlammig-rutschige Pisten. Einerseits genoß Wilson es, endlich wieder unterwegs zu sein, seine Ausdauer zu trainieren und nicht mehr untätig in Hotelzimmern zu hocken. Andererseits haderte er mit dem wechselhaften Wetter und der zurückhaltend-nüchternen Art von Karma Paul, der umgekehrt mit Wilsons Impulsivität seine Schwierigkeiten hatte.

Vor wenigen Tagen hatte Karma Pauls Familie die endgültige Absage aus Lhasa geschickt. Damit war auch die allerletzte Hoffnung auf eine legale Einreise nach Tibet dahin. Er mußte sich jetzt also ganz auf sich selbst verlassen, wie schon so oft zuvor. Karma Paul würde ihn nun nicht begleiten können, das war mit der Absage aus Lhasa ebenfalls entschieden. Aber die gespannte Atmosphäre zwischen den beiden Männern in den Bergen Sikkims machte diese Entscheidung für ihn erträglich. Wilson bestand darauf, sein Gepäck selbst zu tragen, nur so konnte er genügend Ausdauer für die Strapazen des Anmarschweges durch Tibet trainieren. Sie gewannen an Höhe, der dichte Dschungel wich einem lichteren Bergwald mit vielen terrassierten Hängen und verstreuten Dörfern. Im Norden blinkte immer wieder der Schneegipfel des Kangchendzönga über die Hügel, aber der weit entfernte Everest versteckte sich noch hinter den Bergen des westlichen Grenzkamms. Im dichter besiedelten Westsikkim fand die Reisegruppe jeden Abend für ihr Nachtlager einen Dak Bungalow, eine einfache, offene Steinunterkunft mit mehreren Zimmern für Menschen und Lasttiere. Eine ungewöhnliche Begegnung scheint Wilson dort nachhaltiger beeindruckt zu haben als die Wanderung selbst.

Eines Abend hatte sich Wilsons Gruppe in einem Dak Bungalow eingerichtet, so gut es in den kahlen und zugigen

Räumen eben möglich war. Das Feuer brannte, der Koch bereitete das Abendessen, und die Ponys erholten sich von den Anstrengungen des Tages. Da hielt plötzlich eine zweite Reisegruppe vor dem Bungalow. Eine weiße Dame tritt ein und fixiert Wilson. Ohne lange Vorreden oder höfliche Floskeln besteht sie darauf, daß Wilson den Bungalow verlassen solle, da sie ihn gemietet hätte. Der sowohl von der seltenen Anwesenheit einer Englisch sprechenden Frau in den Bergen Sikkims sowie von der sehr direkten Anrede überraschte Wilson erhebt sich und bietet ihr einen Tee an. Vergeblich. Deshalb erklärt er jetzt der allein reisenden Frau – eine Amerikanerin von Ende Dreißig, wie sich später herausstellt – nicht minder deutlich, daß sie anscheinend von den Reisebräuchen in diesem Teil der Welt keine Ahnung hätte, denn hier gelte schlicht die Regel, wer zuerst kommt, mahlt zuerst. Einen Dak Bungalow könne sie nicht im voraus mieten. Aber natürlich sei seine Gruppe, wie jede andere auch, in solch einer Situation bereit, zusammenzurücken und ihr und ihrer Begleitung angemessenen Platz zu machen. Woraufhin die Amerikanerin wutschnaubend samt ihren Trägern in der Dämmerung verschwindet.

Die Etappe des nächsten Tages führte über steile und rutschige Serpentinen, Wilsons Gruppe erreicht am späten Nachmittag erschöpft und dreckig den nächsten Dak Bungalow. Kaum brennt das Feuer, erreicht einer der Träger aus der Begleitung der Amerikanerin das Lager und berichtet, daß die Lady völlig erschöpft eine Wegstunde weiter unten auf einem Hügelrücken sitze. Ob Wilson helfen könne? Mit einem Pony und einigen Laternen macht er sich widerwillig auf den Weg und trifft bald darauf die gestrandete Wanderin. Diese fällt ihrem »Retter« dankbar und lächelnd um den Hals, entschuldigt sich tausendmal für ihre gestrigen Ausfälle, die natürlich auf die ungewohnten Anstrengungen und das Klima zurückzuführen sind, und läßt sich nur zu gerne auf dem Pony zum Bungalow transportieren. Bei einigen Drinks und Luky Strikes am Lagerfeuer plaudern die beiden dann noch eine lange Nacht über Kalifornien, den Everest und wie verrückt man sein muß, hier als Weißer allein durch die sikkimesischen Berge zu reisen. Auch ein gefühlvoller Brief der Dame, den Wilson am frühen Morgen findet, läßt ihn seinen Aufbruch nicht hinauszögern, und bereits mit Sonnenaufgang verläßt seine Gruppe den Bungalow und die schlafende Amerikanerin Richtung Singlila. Der Rest der Reise verläuft unspektakulär und vielleicht auch enttäuschend, denn vom Grenzkamm zu Nepal ist an diesem Tag einfach kein Fernblick zu gewinnen, immer wieder ziehen tiefe Wolkenbänke vorbei und verhüllen den fernen Everest. Wenige Tage darauf erreichen sie wieder Darjeeling, und trotz schmerzender Knie ist Wilson mit seiner Kraft und Ausdauer zufrieden. Er beschließt, nun wieder zu fasten, das heißt für ihn, nur etwas Obst, Haferflocken und Tee zu sich zu nehmen. Auch Laden La ist äußerst zufrieden mit Wilsons Rückkehr, denn der mitgeschickte Aufpasser hatte bereits am zweiten Tag die Spur verloren und damit dem Polizeichef von Darjeeling schlaflose Nächte bereitet. Er hatte natürlich während Wilsons Abwesenheit rein interessehalber dessen Zimmer in Albert Lodge inspiziert, konnte aber keine Hinweise auf einen bevorstehenden Aufbruch entdecken.

Karma Paul und Wilson wußten, daß sich ihre Wege nun trennen würden. Der alerte Dolmetscher wollte Wilson gerne helfen und wäre auch selbst wieder zum Everest gefahren, aber das Risiko war für einen Mann in seiner exponierten Stellung zu groß.

»Ich werde mich nun von Ihnen fernhalten und weiß ab sofort gar nichts mehr von Ihren Plänen, das wird besser für uns beide sein, Mr. Wilson. Aber ich wünsche Ihnen Glück, aufrichtig und von ganzem Herzen. Ich gebe Ihnen noch einen Tip, der Ihnen weiterhelfen wird, denn Sie brauchen noch Helfer. Kennen Sie die Sherpa-Siedlung Toong Soong Busti? Sie liegt etwas außerhalb von Darjeeling, ist aber gut zu Fuß zu erreichen. Dort finden Sie Sherpas aus Solu Khumbu und Bhutias, gute und vertrauenswürdige Leute, einige kennen auch die Wege über das Hochland bis zum Everest. Dort finden Sie jemanden, der Sie begleiten wird. Viele waren bei der Ruttledge-Expedition dabei, sie sind nun wieder arbeitslos. Ich kenne sie alle. Fragen Sie nach Tewang Bhutia, und sagen Sie ihm, daß ich Sie schickte. Er arbeitet für mich zeitweise als Bote oder Diener, ein absolut loyaler Mann.«

Und nach einer kurzen Weile fügte er noch schnell hinzu. »Und achten Sie auf Laden La, die Polizei …«

»Ja, ja«, unterbrach ihn Wilson ungehalten, »ich weiß, man beobachtet mich weiterhin, das ist unübersehbar.«

Karma Paul drückte Wilson die Hand, und sie verabschiedeten sich.

»Ich hoffe, wir sehen uns nach meiner Rückkehr noch einmal wieder, ich muß Ihnen doch von der Aussicht der Götter dort oben berichten, oder?«

Karma Paul lächelte nur und ging. Wilson blickte auf den Zettel, den der Tibeter ihm in die Hand gedrückt hatte: Tewang Bhutia, Toong Soong Busti.

Am Morgen des 15. Januar 1934 erschütterte ein schweres Erdbeben das indisch-nepalesische Grenzgebiet. Die seismisch sensible Zone zwischen indischer und zentralasiatischer Platte gehört zu den erdbebenträchtigsten der Welt. Das Beben von 1934 gilt als eines der gewaltigsten seit der regelmäßigen Erfassung und Aufzeichnung von Erdbeben. Über 11 000 Menschen wurden getötet, die Verletzten nie vollständig erfaßt. Unzählige Häuser, Brücken, Straßen und Eisenbahnlinien wurden zerstört. Das Epizentrum lag nahe

Bihar in Indien, im 136 Kilometer entfernten Katmandu starben über dreitausend Menschen durch das Erdbeben, und auch noch in Darjeeling bebte die Erde, Häuser stürzten ein, Felsbrocken kollerten die steilen Berghänge hinab, und Erdspalten rissen auf. Wilson erlebte das kurze Beben während einer Wanderung in den Hügeln Sikkims und erschauderte über die unkontrollierte Gewalt und Kraft der Erde. Er hatte nie zuvor etwas Ähnliches erlebt. So werden Berge geboren, dachte er. Die Buddhisten in Nepal und Indien sahen in dem Beben ein schlechtes Vorzeichen für das kommende Jahr.

Ein Wintermorgen, viele Wochen später

Wilson rückte sich wieder in eine aufrechtere Lage, was ihm in dem engen Daunenschlafsack etwas schwerfiel. Kurz war er eingenickt, aber in der halb sitzenden Position, in der er sich vor dem mannshohen Felsen eingerichtet hatte, konnte der Schlaf nur von kurzer Dauer gewesen sein. Seine Korkmatte zum Schutz gegen die Bodenkälte war ebenfalls etwas verrutscht, und mit einer umständlichen Armbewegung aus dem bis oben geschlossenen Schlafsack heraus zog er sie wieder unter sich. Die Augen noch geschlossen, atmete er tief ein, die Luft stach vor Kälte und Trockenheit, eine klare Winternacht hoch über den Hügeln Darjeelings. In dieser mondlosen Nacht senkte sich das prächtige Trapez des Orion langsam zum westlichen Horizont und die Milchstraße überspannte das gesamte Himmelshalbrund. Weit unten funkelten die wenigen elektrischen Straßenlaternen Darjeelings herauf, die Stadt selbst lag dunkel und still da, Wald, Hügel und Häuser verschwammen im Nachtdunkel zu einer schwarzen Fläche. Die fernen Berge der ersten und zweiten Himalaja-Kette hoben sich wegen ihrer lichten Vegetation durch ein helleres Grau von den Darjeeling-Hügeln ab, noch weiter oben verlief eine scharfe Trennlinie entlang aller Bergflanken, die die Schneegrenze markierte. Schemenhaft weißliche, scharfe Zacken und Zipfel zeichneten sich sogar im tiefsten Nachtdunkel vor dem Horizont ab, ließen aber keine Details erkennen.

Die Gegend um den Tiger Hill auf knapp dreitausend Meter war ein beliebter Aussichtspunkt für die Touristen in Darjeeling, aber an schönen Wochenenden strömten auch viele indische Familien mit Körben und Decken zum ausgiebigen Picknick auf diesen leicht erreichbaren Gipfel. Doch in dieser Jahreszeit und noch dazu nachts war sich Wilson sicher, der einzige Zeuge des langsam beginnenden Morgens hier oben zu sein.

Lange hatte er warten müssen, die Wintermonate in Darjeeling verstrichen mit Lesen, Wandern und Pläneschmieden, denn die Tour über die tiefgefrorene tibetische Hochebene zum Everest war vor Mitte März nicht nur waghalsig bis unmöglich, sondern er hatte nach anfänglichem Widerstand einsehen müssen, daß es überhaupt nur eine kleine *Chance* für eine Besteigung geben konnte, wenn man die Rhythmen des Wetters respektierte und sich ihnen anpaßte. Das hieß also, der Weg zum Everest mußte nach der Winterkälte Ende März und vor dem Einsetzen des Monsunregens Ende Mai stattfinden. Das hatte er von Tewang gelernt, dem Bhutia, den Karma Paul ihm im vergangenen Jahr empfohlen hatte. Tewang hatte sich nicht nur als aufgeschlossener und hilfsbereiter Begleiter erwiesen, auch in puncto Verschwiegenheit hatte Maurice den Eindruck, sich auf den Tibeter verlassen zu können, keine Selbstverständlichkeit für die oft redseligen Bhutias. Tewang hatte verstanden, daß es sich hier um keine offizielle Mission einer weiteren englischen »Langnase« handelte, sondern um einen verbotenen Grenzübertritt nach Tibet, eine geheime Reise, die auch ihn selbst in Konflikt mit der

Polizei in Sikkim oder Tibet bringen konnte. Aber er hatte sich nach kurzer Bedenkzeit trotzdem für die Expedition entschieden, ob aus Abenteuerlust, ökonomischer Notwendigkeit oder großer Sehnsucht nach dem Berg, das war Wilson nicht ganz klar geworden. Eine tiefe Verbundenheit vieler Sherpas und Bhutias mit dem Everest war ihm in den vergangenen Monaten immer wieder aufgefallen. Mit Respekt und heiliger Hochachtung sprachen sie vom Berg der Berge, und sich ihm zu nähern bedeutete mehr, als in kurzer Zeit einen guten Trägerlohn zu verdienen. Das hatten die Engländer nie verstanden.

Tewang entwickelte Respekt für Wilsons Pläne, gemeinsam sannen sie über die beste Route durch Sikkim nach Tibet, denn eine illegale Einreise bedeutete, alle tibetischen Grenzkontrollen so weit wie möglich zu umgehen. Tewang begann insgeheim Reiseausrüstung und Proviant zu kaufen, in kleinen Mengen und bei verschiedenen Händlern. Nur keinen Argwohn erwecken. Daß es sich um eine illegale Einreise handelte, mußte Tewang für sich behalten, auch gegenüber seinen Kollegen. Er verschwieg diese Tatsache ebenso wie Wilsons Namen. »Nenn mich, bis wir in Tibet sind, ›Runnerbusy‹«, sagte Wilson zu ihm, und Tewang tat es. Mittlerweile hatte er zwei seiner Kollegen für eine Teilnahme an der ungewöhnlichen Expedition gewinnen können, Tsering und Rinzing, beide ebenfalls Bhutias wie Tewang. Einen jungen Sherpa aus Solu Khumbu, der auf der Ruttledge-Expedition von sich reden gemacht hatte und der bekannt war für seine Leidenschaft für den Everest, versuchte Tewang ebenfalls zu finden. Doch der neunzehnjährige Tenzing Norgay – der 1953 mit Edmund Hillary als erster Mensch auf dem Everest-Gipfel stehen wird – war in diesem Winter zu seinen Eltern nach Namche Bazar gewandert und wurde erst im Herbst zurückerwartet.

Ein Lastenpony hatte Tewang mittlerweile ebenso beschafft

wie eine passende Verkleidung für Wilson: Der würde sich unter einer dunkelroten Robe samt Fellmütze verbergen und als reisender Lama samt seiner Diener auf Pilgerschaft unterwegs sein. Wilson schmunzelte bei dem Gedanken, Laden La ahnte nichts, da war er sich sicher. Mehrmals waren Tewang und er in den vergangenen Wochen in die Berge Sikkims aufgebrochen, um sich zu trainieren und die besten Wegstrecken abseits der Hauptverbindungen zu erkunden. So überrascht und überrumpelt seine Bewacher beim ersten Ausflug auch gewesen waren, mittlerweile hatten sie sich an Wilsons Kurzreisen gewöhnt, und solange er keine Vorbereitungen für eine auffallend längere Tour unternahm, blieb man ruhig bei der Polizei. Wenn er nun in drei Wochen eines frühen Morgens Darjeeling endgültig verließ, würde es mindestens eine Woche dauern, bis sein Verschwinden Argwohn erwecken würde. Und Charles Patton hatte Miete für drei Monate im voraus bekommen. Es würde funktionieren.

Auch Enid weihte er in seine Pläne ein und gab ihr Verhaltensmaßregeln für die Presse an die Hand:

»Du mußt bitte drei Wochen nach meinem letzten Brief an Dich warten, dann kannst Du dem *Daily Express* mitteilen, daß Mr. Wilson in Darjeeling vermißt wird. Aber auf keinen Fall früher! Sonst finde ich mich noch in einem Gefängnis in Nepal oder Sikkim wieder. Und sage bitte nichts davon, daß ich als verkleideter Priester auf dem Weg nach Rongbuk bin, sonst schickt die verdammte Regierung noch eine Expedition hinterher, um mich zu finden.«

Der östliche Himmel schimmerte mittlerweile im ersten Licht des beginnenden Morgens, von Minute zu Minute verwandelte sich das sanfte Farbenspiel, zarte Aquarelltöne verdichteten sich zu kräftigen Farben von Orange bis Rot, das Schwarz der weichenden Nacht machte einem satten Blau Platz, das zum Horizont hin jedoch immer heller wurde. Das erste gebrochene Sonnenlicht überstrahlte das letzte Geflimmer heller Sterne, nur noch Rigel im Orion funkelte blaß. Wilson schaute sich um, die wild verwachsenen Rhododendren in Gipfelnähe und die dazwischenliegenden Felsen lösten sich langsam aus dem Einheitsgrau der Nacht. Wenige Vogelrufe begrüßten den Morgen, sonst war alles ruhig, auch der Wind schwieg, die kühle Luft stand und schien zu warten, ebenso wie Wilson, der sich jetzt aus seinem Schlafsack herausschälte, um den höchsten Punkt des Hügels zu erklimmen und nach Westen zu spähen. Ja, es war der richtige Morgen, dachte er, die Fernsicht war brillant, kein Nebel, keine Monsunwolken oder Dunst trübten die Atmosphäre. Rechts, im Nordwesten, über den grünen Dschungelhügeln Sikkims, ragte eine Bergkette hinter der nächsten auf. Die ungeheure Wucht der schiebenden Erdkräfte hatte eine Faltung nach der anderen aufgetürmt, jede höher und steiler als die vorangegangene, und der Prozeß war noch lange nicht zu Ende. Kurz durchzuckte Wilson der Gedanke, daß sogar die höchsten Schichten dieser Giganten aus ehemaligen Meeressedimenten bestanden, versteinert in Jahrmillionen. Ihn schauderte, wurde hier alles untere zuoberst gewendet? Im Zenit all dieser himmelwärts strebenden Bergflanken und Grate türmte sich der fünffache Gipfelaufbau des Kangchendzönga in die Höhe, das obere Drittel überzogen mit Gletschereis und Monsunschnee, der jetzt in einem harmlosen Rosé erstrahlte. Mit 8598 Meter war der »Kantsch«, die »fünf Schätze des ewigen Schnees«, der dritthöchste Berg der Erde, unzugänglich, gefährlich, unerstiegen. Auch dort waren bereits einige Bergsteiger und Sherpas ums Leben gekommen, beim Versuch den Gipfel zu erreichen. Nicht so viele wie am Everest. Wilson kniff die Augen zusammen, suchte langsam die Horizontlinie links vom Kangchendzönga ab und erkannte nun in weiter Entfernung das schwarz-weiße Dreieck eines mehrgipfligen Massivs, das mindestens genauso hoch sein mußte wie der Kantsch. Jetzt leuchtete die oberste Spitze des fernen Dreiecks orangefarben auf im ersten Sonnenlicht, während alle anderen Himalaja-Gipfel noch im schattigen Grau verharrten. Nun war er sich sicher: Das war der Everest, einsam, abgelöst, schwebend zwischen Himmel und Erde. Das war Chomolungma. Wie aus einer anderen Sphäre, einer Traumwelt herabgestiegen, so erschien er nun Wilson, monatelang hatte er an ihn gedacht, in Gedanken bestiegen, umflogen, erkundet und betrachtet. Er glaubte ihn zu kennen, seine Geologie, seine Form, sein Klima, seine Geschichte. Doch was für ein Irrtum, was für eine Anmaßung! Jede Zuversicht, jedes Wissen schien ihm nun zwischen den Händen zu zerrinnen im Angesicht des Berges. Es war ein Mysterium, man konnte sich ihm nur in Demut nähern.

Wie konnte man diesem Berg nur den Namen eines *Menschen* geben? Everest? Chomolungma, »Mutter Göttin der Erde«, nannten ihn die Bauern, Mönche und Nomaden in seinem Schatten, oder wenn die Sherpa-Kinder im Solu Khumbu nach dem ihre kleine Welt beherrschenden Bergriesen am Ende aller Täler fragten, dann sagten ihre Mütter: »Das ist der Berg, der so hoch ist, daß kein Vogel darüberfliegen kann!«

Chomolungma wartete auf ihn!

Sikkim, März 1934
Neuland

Der letzte Abend in Darjeeling brach an. Wilson schaute auf seine ganze Habe, die ausgebreitet vor ihm im Zimmer lag. Nur ein Tragepony würde sie begleiten, mehr Tiere wollte er nicht mitnehmen, denn sonst würde ihr Tempo zu langsam. Und sie mußten die Grenze zu Tibet so schnell wie möglich erreichen, denn sobald sein Verschwinden bemerkt würde, konnte er sicher sein, daß die Polizei versuchen würde sie zu stoppen. Leichtes Gepäck war notwendig, andererseits genügend Ausrüstung, um die nächsten Wochen in der Höhe und Kälte Tibets zu überstehen. Er konnte es sich nicht leisten, krank zu werden, noch durfte ihn die Polizei schnappen. Möglichkeiten zum Kauf frischer Lebensmittel entlang der Strecke gab es vorerst genug. Seine Bhutias kannten die Route, sie wußten, wo sie welche Dinge besorgen könnten. Er selbst mußte sich im Hintergrund halten, in Sikkim und in Tibet. Ein einzelner Europäer auf Reisen im verbotenen Land – das sprach sich in Windeseile herum, und er wollte nicht noch die Aufmerksamkeit der tibetischen Beamten auf sich ziehen. Also betrachtete er noch einmal in Ruhe seine Verkleidung, die ihm Tewang vor zwei Tagen gebracht hatte: eine komplette Ausstattung für einen tibetischen Lama auf Reisen: eine dunkelrote Robe, einen Wollumhang in gleicher Farbe, tibetische Lederstiefel – die sehr gewöhnungsbedürftig beim Laufen waren –, eine pelzgefütterte Kappe und einen Schirm. Auf weitere Ritualgegenstände oder heilige Schriften verzichtete er. Seine Bergbekleidung aus England verstaute er im Rucksack ebenso wie die Kamera, eine Sonnenbrille, einen Höhenmesser und Landkarten. Auch Eispickel und Seil lagen seit Monaten bereit. Der Pickel war umwickelt mit dem Union Jack, seiner »Freundschaftsflagge«. Die englische Fahne auf den Everest zu tragen war eher Wilsons besonderem Humor zu verdanken als nationalistischen Gefühlen! In den Schützengräben Flanderns hatte er sich für England zum halben Krüppel schießen lassen und dafür nicht einmal eine angemessene Entschädigung erhalten. Nein, seine Begeisterung, Land und Krone zu dienen, war längst erloschen. Statt dessen freute er sich schon förmlich auf das Toben in den Chefetagen des honorigen Alpine Club und der Royal Geographical Society, die die Everest-Besteigung zur »vornehmsten nationalen Aufgabe« erklärt hatten, wenn ausgerechnet er, Maurice Wilson, der Outsider, den sie wie einen Aussätzigen behandelt hatten, *seinen* Union Jack in den Gipfelschnee des Everest rammen würde.

Sein grün eingebundenes Tagebuch verstaute er in einer geräumigen Innentasche der Lama-Robe. Er wollte nach Möglichkeit jeden Tag seine Erlebnisse notieren. Schließlich war alles verpackt. Den Rucksack nähte er in einen vorbereiteten groben Getreidesack ein, der dann auf dem Tragepony festgebunden wurde – eine schlichte und wirkungsvolle Tarnung, wie er meinte. Einige wenige Habseligkeiten, die während der Expedition verzichtbar waren, ließ er zurück, darunter einige Fotos von seinen Wanderungen in Sikkim und Briefe von Enid. Es fiel ihm schwer, sie in der Schublade zurückzulassen, denn sie waren noch seine Verbindung in die Vergangenheit, die nun mit seinem Abmarsch abbrach. In den nächsten Monaten würde es keine Möglichkeit mehr geben, in die Heimat zu schreiben. Deshalb setzte er sich noch einmal auf sein Bett und schrieb seinen letzten Brief nach England – an Enid:

»Der Mensch schlägt vor, Gott verfügt. Ich denke, in meinem Fall hat er beides getan. Ich habe das sichere Gefühl zu wissen, daß ich zurückkehren werde. Und wenn sich die Dinge doch tatsächlich anders entwickeln sollten, na, dann werde ich letztlich trotzdem etwas sehr Besonderes erlebt haben. Und wenn ich mein Leben noch einmal zu leben hätte, ich wünschte mir, nichts wäre darin anders.«

Und von nun an wußte niemand, wo er war, wohin er ging. Sogar Charles Patton hatte er nicht eingeweiht, uneingeschränkt konnte er ihm nicht vertrauen. Wilson hatte ihm die Zimmermiete für einige Wochen im voraus bezahlt und erklärt, er gehe – wie schon einige Male zuvor – in Begleitung dreier Bhutias auf eine längere Wanderung in die Berge des südlichen Sikkims. Spätestens in einem Monat sei er zurück. Aber dann würde er bereits unter der Nordwand des Mount Everest stehen.

Wilson schaute auf seine Armbanduhr, kurz vor Mitternacht. Mühsam schulterte er den schweren Getreidesack, nahm die klobigen Stiefel in die Hand und gelangte erstaunlich lautlos auf die Straße. In einer dunklen Toreinfahrt wenige Minuten entfernt wartete bereits Tewang mit dem Pony. Wortlos begrüßten sie sich, verstauten das Gepäck auf dem hölzernen Lastsattel und liefen durch verlassene Nebenstraßen Richtung Stadtgrenze. Tewang ging voran, um Wilson vor unliebsamen Begegnungen zu warnen, aber alles verlief reibungslos, der Vollmond beleuchtete den Weg, und so hatten sie bald den Stadtrand von Darjeeling erreicht. Hinter einer Straßenbiegung kam ihnen plötzlich ein Polizist entgegen. Wilson zuckte und wollte sich instinktiv hinter einem Baumstamm verstecken, aber sofort war ihm klar, daß es dafür zu spät war, er hätte sich erst recht verdächtig gemacht. Um überhaupt irgend etwas zu tun, spannte er seinen

Schirm auf, wobei das mitten in der Nacht und bei trockenem Wetter auch merkwürdig anmutete. Aber sie passierten mit einem freundlichen Gruß unbehelligt den Polizisten und beeilten sich voranzukommen. Wilson wußte, daß er vor allem aufgrund seiner Größe als tibetischer Lama verdächtig wirken mußte, und so versuchte er unter leisem Fluchen mit gebeugten Knien zu laufen. Tsering und Rinzing hatten Darjeeling bereits einige Stunden zuvor verlassen, eine vierköpfige Gruppe zu nächtlicher Stunde wäre zu auffällig gewesen. Mit Tagesanbruch erreichten sie den verabredeten Treffpunkt an der Straße nach Kalimpong. Wilson und Tewang suchten zuerst vergeblich nach den beiden Bhutias, doch schließlich fanden sie sie schlafend hinter einem Gebüsch. Die vier kochten Tee, Rinzing bereitete ein Omelett, und Wilson besprach mit ihnen seine weiteren Pläne, die er den Trägern bisher nur sehr oberflächlich mitgeteilt hatte. Seine kleine Karawane sollte direkt dem Lauf der Tista nach Norden folgen, bis zur tibetischen Grenze, das waren noch etwa 150 Wegkilometer. Dort würden sie auf etwa 5500 Meter Höhe den nur von tibetischen Hirten und Jägern benutzten Kongra La überschreiten und weiter Richtung Kampa Dzong marschieren. Dieser Pfad war steiler, aber wesentlich kürzer als der sonst von den britischen Everest-Expeditionen benutzte Weg durch das Chumbi-Tal. Nur eine Handvoll Europäer hatte überhaupt vor Wilson die abgelegenen Gipfel und Pässe Nordsikkims erklommen, darunter der berühmte Captain John Noel, Filmer und Fotograf der Everest-Expeditionen von 1922 und 1924, der bereits 1913 illegal von Sikkim auf tibetisches Gebiet vorgedrungen war – verkleidet als Tibeter. Mit seinen einheimischen Trägern bestieg er den schwierigen Choten Nyi-ma La nördlich des Kangchendzönga und schrieb:

»Während ich den Horizont betrachtete, enthüllten die schnell vorbeiziehenden Wolken plötzlich ein sehr hohes Gebirgsmassiv in großer Entfernung. In der Mitte erhob sich ein Gipfel wie eine überragende Kirchturmspitze. Nach meiner Kompaßnadel konnte es nur der Mount Everest sein.«

Achtzig Kilometer Luftlinie war Noel zu diesem Zeitpunkt noch von seinem Traumziel entfernt, und ihm damit näher als jeder Weiße zuvor. Seine illegale Exkursion trug später entscheidend zur Vorbereitung der ersten offiziellen Everest-Expedition bei.

Wilson wollte auf der Strecke bis zur tibetischen Grenze nur nachts laufen und am Tage schlafen. Sie würden, wo es die bergige Landschaft und der Dschungel zuließen, kleine Pfade nahe der Hauptstraße nutzen. Sie sollten in der Nähe der kleineren Ortschaften kampieren, sagte er, damit die Bhutias Lebensmittel einkaufen könnten, er selbst würde aber im Zelt bleiben. Falls die Einheimischen Fragen stellten, sollten sie ihnen sagen: Er sei ein alter Lama, taub und stumm, der zurück in seine Heimat wolle und besser nicht gestört werde. Das sollte als Abschreckung ausreichen, meinte Wilson.

Seine Entscheidung, nur nachts zu reisen, wurde schon bald auf die Probe gestellt. Um sieben Uhr abends brach der kleine Trupp wieder auf, vier Stunden später standen sie plötzlich einer Polizeipatrouille gegenüber. Es war bereits dunkel, und Wilson, der als letzter ging, warf sich kurzentschlossen in einen Graben neben dem Weg, der unglücklicherweise dicht mit Brennesseln bewachsen war. Es kostete ihn einiges an buddhistischem Gleichmut, um nicht loszuschreien, sondern ruhig zu bleiben, bis die Polizisten ihre Unterhaltung mit Tsering, Tewang und Rinzing beendet hatten und gemächlich weiterzogen. Trotzdem blieb er bei seiner Entscheidung, nur in der Dunkelheit zu marschieren.

In der Morgendämmerung näherten sie sich dem tiefsten Punkt ihrer Etappe Richtung Kalimpong, der Brücke über

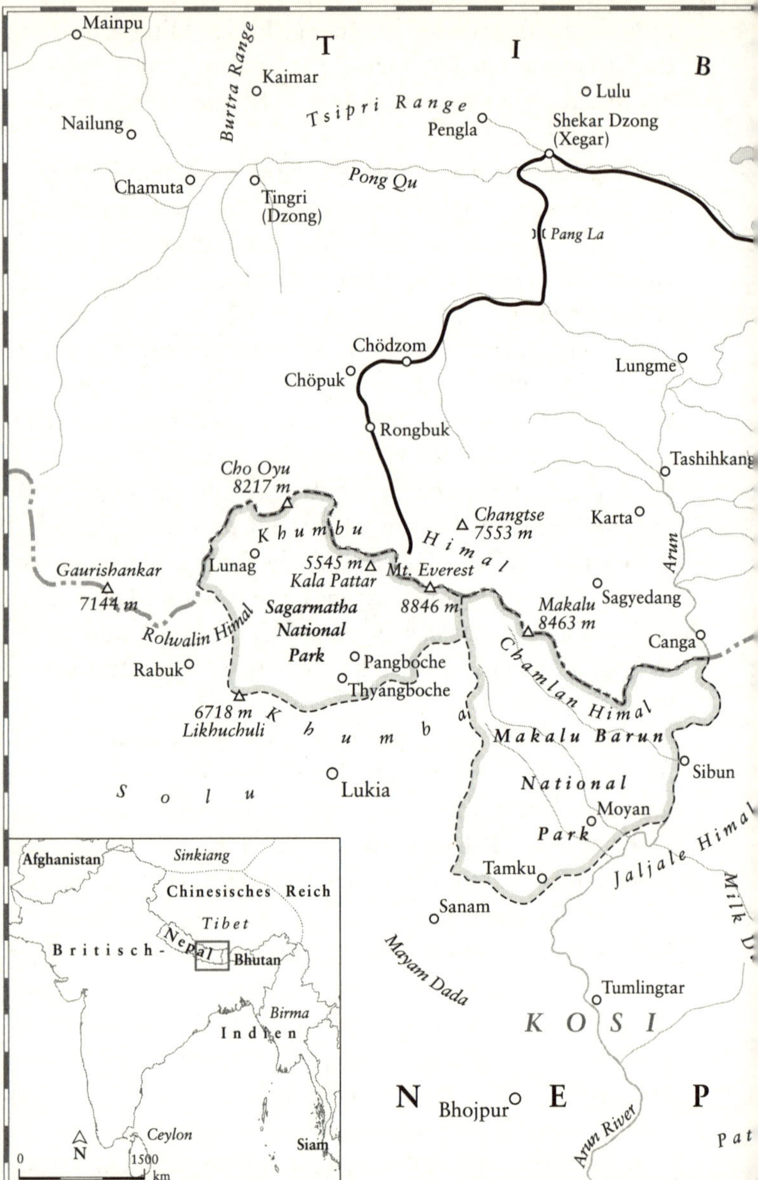

MALIK-Verlag, Meier-Hüsing-WO die Schneelöwen tanzen, S.126/127, Stand 21.01.2003

Tako
N
0
30
km
Route
E
T
Mabja
Chuphar
Dinggye
Shatam
Dobzha
Hsilin
Gangnang
ahsierh
Gyangkar
Tsomo Tretung Co
Kampa Dzong
(Gamba)
Cheding
Chumi
Tinki La
Tinki Dzong
Niehen
Sebu La
5000 m
Rongxar
Changmu
Kongra La
5100 m
Chomo Chumo
6841 m
6888 m
Khanchenchao
Pauhunri
7125 m
Lachen Chu
Sembé
Goma
Janak Himal
mbak Himal
Nepal Peak
7168 m
Siniolchu
6891 m
Lama Anden
5855 m
Lachen
Kumbhakarna
7710 m
8598 m
Kanchanjanga
MECHI
SIKKIM
(Schutzgebiet)
Khanla Pass
5054 m
Lingdong
Mangan
Yadong
Singalia Range
Yuksom
Tashiding
BRITISCH-
INDIEN
Tapejung
Jelep La
4374 m
Gangtok
Tista
BHUTAN
Phalout
3602 m
Rangpo
A
L
ada
Darjiling
Kalimpong

die Tista auf gerade mal zweihundert Meter Höhe über dem Meeresspiegel. Kurz zuvor winkte Tewang Wilson an einer Wegbiegung zu sich und ging neben ihm einige Schritte durch den Wald. Dann standen sie auf einer Felsnase und blickten in die nebelverhangene Schlucht der Tista hinab. Zwischen moosbewachsenen, senkrechten Felswänden erkannte er in der rauschenden Tiefe den grünlichen Fluß. Nur ein kurzes Stück stromaufwärts mündet der dunkle Rangit in die Tista, Sikkims zweiter großer Fluß, der an den Gletschern unterhalb des Kangchendzönga entspringt.

»Die Wälder sind wunderschön hier. Große Schoreen und riesige Terminalien mit zauberhaften Schlinggewächsen, die ihre Stämme umranken und von den Ästen herabhängen. Überall sieht man den schönen Pothos, die ansehnlichste aller Kletterpflanzen. Der sonderbare Padanus oder Schraubenbaum entfaltet seine langen und malerischen Wedel, während zwischendurch die scharlachfarbenen Blüten des Clerodendron als feurige Flecke aus dem Dunkelgrün des Tropenwaldes leuchten.«

So beschrieb Charles Kenneth Howard-Bury, Leiter der englischen Everest-Expedition 1921, die Landschaft an der Tista-Brücke.

Eine weitgeschwungene Betonkonstruktion überspannte hier seit kurzem den Fluß, es war bereits die dritte Brücke an dieser Stelle, die letzte hatte ein verheerendes Hochwasser Jahre zuvor weggespült. Nebel stiegen auf, die Hitze war feucht. Die Tista durchfließt das ganze sikkimesische Königreich, und ihre Quellflüsse entspringen weit oberhalb an den Schneefeldern der tibetischen Grenze. Die nächsten Tage würden Wilson und seine kleine Karawane immer dem Flußlauf folgen, entlang der einzigen Handelsstraße, die Tibet mit dem südlichen Sikkim und der Darjeeling-Region ver-

Maurice Wilson, der Flieger, im Frühjahr 1933 an Bord seines offenen Doppeldeckers »Ever Wrest«.

Abschied von Enid Evans: Am 21. Mai 1933 verläßt Maurice Wilson England und fliegt nach Indien.

Die Tista durchfließt Sikkim in Nord-Süd-Richtung, ihre Quellflüsse entspringen den Gletschern an der tibetischen Grenze.

Das oberste Rongbuk-Tal mit dem Hauptkloster auf exakt 5000 Meter Höhe, heute das höchstgelegene Kloster der Welt.

Der Oberlama von Rongbuk, Ngawang Tenzing Norbu, Gründer des Klosters und spirituelle Autorität.

Das Lager III auf der Seitenmoräne des Östlichen Rongbuk-Gletschers. Im Hintergrund das Profil des oberen Nordgrates.

Sturm, Frost und Hitze formen auf dem östlichen Rongbuk-Gletscher riesige Phantasiegebilde aus Gletschereis.

Im Eislabyrinth des Rongbuk-Gletschers ist eine Gruppe Träger auf dem Weg ins Lager III.

Everest Nordseite. Der breite Sattel rechts ist der Nordcol, der Chang La, darunter die vierhundert Meter hohe Eiswand, die in den östlichen Rongbuk-Gletscher übergeht.

Der Eiskamin, der »chimney«, in der Eiswand unter dem Chang La, hier auf einer Aufnahme aus dem Jahr 1924. Wilson wird die senkrechte Wand 1934 ähnlich vorgefunden haben.

band. Der Rangit markierte hier seit langem die Grenze zwischen Indien und dem Königreich Sikkim. Nach den Legenden der Lepchas feiern hier die weibliche Tista und der männliche Rangit Hochzeit und verbinden so alle weit voneinander entfernt liegenden Täler Sikkims miteinander, um dann gemeinsam in der indischen Ebene in den mächtigen Brahmaputra zu münden. Wenn ein Lepcha-Paar heiratet, singen sie gemeinsam mit ihren Gästen ein Lied, das an die Hochzeit der beiden Flüsse erinnert, und wünschen damit einander einen ebenso harmonischen Verlauf des gemeinsamen Lebens:

Nun will ich offen sprechen,
du seiest wie das Wasser der Tista.
Und ich wie der Fluß Rangit.
So wie diese beiden wollen wir vereint sein.

Wahrlich, ich war wie die Flut der Tista,
seit meiner Geburt,
bis zum heutigen Tage
war ich ein unbeflecktes Kind meiner Mutter.

Ich bin ein Lepcha-Mann.
Hoch droben von den Gletschern bin ich herabgestiegen.
Welche Freude erfüllt mich,
daß du mich erkanntest.

Wir sind beide vom gleichen Stamme,
wir kommen von der gleichen Quelle.
Der Schöpfer
gab uns seinen Segen.

Nun da wir beide vereint sind,
gemeinsam wollen wir eilen,
um im tiefen Meere
nach Türkisen und Perlen zu suchen.

Über die Straße zwischen Darjeeling und Kalimpong lief ein Großteil des Handelsverkehrs zwischen Osttibet und Bengalen, und so wartete Wilson bis zur Dunkelheit, bevor sie weiterzogen. Tagsüber wanderten hier Maultierkarawanen aus dem Chumbi-Tal Richtung Süden, beladen mit Ballen aus Yakwolle und Salzschollen, in der Gegenrichtung zogen die Händler aus Indien mit Reis, Korn, Holz oder Kupferblechen. Die feuchte Hitze ließ nach Sonnenuntergang nur unmerklich nach. Aber die größte Plage der sikkimesischen Urwälder blieb ihnen jetzt in der Vormonsunzeit fast erspart: Blutegel. Während der Regenzeit des vergangenen Jahres hatte Wilson auf seinen Wanderungen immer wieder beobachtet, wie die kleinen Blutsauger nach einem Tagesritt zu Dutzenden an den Fesseln der Maultiere und Ponys hafteten. Die Treiber taten ihr Bestes, um den Tieren Qualen zu ersparen. Sie trugen Stöcke, an denen kleine, mit feuchtem Salz gefüllte Säckchen befestigt waren. Wenn sie damit einen saugenden Blutegel an ihrem Bein oder an einem der Tiere berührten, ließen diese sich sofort zu Boden fallen. Trotzdem fanden während der Märsche im Monsunregen täglich genügend dieser Tierchen ihren Weg, sogar durch die Ösen der Schnürschuhe schlüpften sie, um sich in der Haut zu verbeißen.

Es war dunkel geworden, Rinzing hatte noch einen Tee gekocht und löschte das kleine Lagerfeuer. Sie mußten aufbrechen. Glühwürmchen tanzten jetzt zu Tausenden über der Tista-Schlucht, und die ungewöhnlichsten Tierlaute aus dem mondbeschienenen Urwalddickicht ließen keinen der Männer daran denken, daß sie in wenigen Tagen durch Eis und Schnee marschieren würden. Aber der Weg war eindeutig. Von nun an ging es steil bergan, und Wilson schwitzte unter seiner Lama-Robe auch während der Nacht. Sie passierten ohne Zwischenfälle die Stadt Kalimpong und kurz danach die wenig bewachte Grenze zwischen Indien und Sikkim.

Langsam wich der feuchte Urwald lichtem Mischwald aus Eichen, Ahorn und Kastanien, dazwischen lagen immer häufiger terrassierte Reis-, Weizen- und Maisfelder, die noch an den steilsten Hängen kunstvoll übereinandergestaffelt angelegt waren. Der Winter war vorbei und der regenreiche Monsun noch fern, es war die Zeit der Feldbestellung und Aussaat.

Sie näherten sich Gangtok, der kleinen Hauptstadt Sikkims und dem Sitz des Maharadjas. Vierhundert Jahre hatte die aus Tibet stammende Adelsfamilie der Namgyal in Sikkim geherrscht, nun war das Land britisches Protektorat, der Maharadja ein Herrscher unter englischer Gnade. Wilson wollte Gangtok weit umgehen, denn gerade hier hatte die britische Kolonialadministration besonders großen Einfluß. Über Saumpfade entlang der Bergkette westlich Gangtoks passierten sie die Hauptstadt in sicherer Entfernung. Am Abend blickte Wilson von ihrem Lager weit oberhalb der kleinen Stadt auf die erleuchteten Häuser. Eines davon war Sitz des Political Officer for Sikkim, Bhutan and Tibet, eine in der Hierarchie der indischen Kolonialverwaltung nicht gerade hochangesehene, aber doch sehr begehrte Position. Es gab genügend britische Offiziere in Asien mit einer unstillbaren Sehnsucht nach dem »verbotenen Land«, und nirgendwo sonst konnte man dieser Leidenschaft besser frönen als hier in der Residenz von Gangtok. Seit seinem Besuch dort waren einige Monate vergangen, der britische Statthalter Frederick Williamson und seine Frau Margaret waren aus Lhasa zurückgekehrt und lebten wieder in der Residenz. »Uns treiben vielleicht ähnliche Sehnsüchte«, dachte Wilson bei sich, doch gerade deshalb erwiesen sich der Political Officer und die ihm unterstellten Beamten als hartnäckige Gegner. Der unerlaubte Grenzübertritt eines Ausländers (und noch dazu eines Engländers) nach Tibet war so ungefähr das Unangenehmste, was dem Officer hier passieren konnte. Zumindest brachte es das äußerst komplizierte diplomatische Gefüge zwischen Tibet, China und dem britischen Königreich aus dem Gleichgewicht. Und dieses zu bewahren war ja gerade die vordringlichste Aufgabe des Political Officer.

Wilson glaubte, das große Anwesen unter den vielen flakkernden Lichtpunkten ausmachen zu können. Die Sikkimesen ließen nachts in ihren Häusern immer ein Licht brennen, sei es das Herdfeuer oder eine Kerze, so hielten sie böse Geister fern. Ob Frederick Williamson sich den lokalen Sitten schon so weit angepaßt hatte, wußte Wilson nicht, jedenfalls brannte in der Residenz noch Licht. Noch wußte Williamson nichts von Wilsons heimlicher Abreise, aber viel Vorsprung hatte er nicht mehr, das war ihm klar.

Sie verließen die nach Osten abknickende Hauptstraße, die Sikkim mit dem tibetischen Chumbi-Tal verbindet und weiter nach Gyantse und Lhasa führt. In der Nähe der Wegkreuzung trafen sie in der Abenddämmerung auf eine Gruppe Arbeiter, die neben der Straße gerade ihr Nachtlager bereiteten. Sie verlegten ein Elektrokabel neben der Straße, das über den Jelep La bis nach Lhasa führen sollte. »Die verbotene Stadt gibt langsam ihre selbstgewählte Isolation auf«, dachte sich Wilson, auch ein Ergebnis der hartnäckigen englischen Diplomatie auf dem Dach der Welt.

Der Pfad nach Norden wurde eng und steil, manchmal konnten sich nur zwei Mulis zwischen Berghang und Abgrund aneinander vorbeischieben, und Wilson erschien der steile Anstieg wie eine »Wendeltreppe in die Berge«. Von tief unten hörten sie immer noch das Rauschen der Tista, die jetzt mit der beginnenden Schneeschmelze zum reißenden Fluß geworden war. Der lehmige Weg führte durch kleine Weiler inmitten der Terrassenfelder, zwischen den Häusern liefen Ziegen, Hühner, Wasserbüffel und kleine, schwarze Schweine. Auf den frisch bestellten Feldern hatten die Bauern kunstvolle

Vogelscheuchen aus Bambusstöcken und Adlerfedern aufgestellt. Die Gegend war fruchtbar, und die Bhutias hatten keine Schwierigkeiten, genügend Vorräte zu kaufen.

Wilson bleibt bei seiner Entscheidung, nur nachts zu marschieren. Er treibt die kleine Karawane zur Eile an und will möglichst lange Strecken zurücklegen. Trotz des schwierigen Geländes und der Dunkelheit schaffen sie meist zwanzig Kilometer und mehr pro Nacht – und sind entsprechend erschöpft. Die nächtlichen Märsche werden zunehmend zur Routine: Tsering und Rinzing bauen in der Abenddämmerung das Lager ab, beladen das Pony und gehen voraus, um die Wegverhältnisse zu erkunden und einen geeigneten Lagerplatz zu suchen. Tewang und Wilson folgen etwa eine Stunde später. Sie steigen immer höher, die Nächte werden kühler und das Laufen einfacher. Bambuswälder, Rhododendren und Wacholderbüsche bestimmen jetzt die Vegetation außerhalb der Dörfer. Die drei Sherpas wechseln sich tagsüber mit Schlafen und Wachehalten ab, damit alle ungebetenen Besucher rechtzeitig abgewimmelt werden können. Auch wenn die vier Reisenden außerhalb der wenigen Dörfer kampieren und nachts marschieren, spricht es sich bald im Tista-Tal herum, daß eine Gruppe mit einem Lama unterwegs nach Norden sei. Die Bhutias müssen immer wieder alle Überredungskünste aufbringen, um Neugierige, die um eine Audienz beim Lama bitten, abzuwimmeln. »Der taube und stumme Heilige« schwitzt tagsüber aufgrund der Hitze im Zelt unter seiner Verkleidung und schreibt in sein Tagebuch: »Fühle mich wie ein Hummer im Kochtopf, hoffe, bald in Tibet zu sein ...«

Einmal läßt sich ein hartnäckiger Tibeter nicht abhalten, den Lama zu sehen, um einen Segen zu erhalten, und schlüpft unbemerkt ins Zelt, nachdem Wilsons Begleiter ins Dorfgasthaus gegangen sind. Der überraschte »Lama« klappt noch schnell die Ohrenschützer seiner Fellmütze herunter und müht sich, den stummen und tauben Priester zu mimen. In seiner Verlegenheit gibt er dem Mann schließlich ein Stück altes Vollkornbrot, und zu seiner Überraschung verläßt der Besucher freudig und dankend das Zelt. »Gasthausbesuche für die Sherpas werden gestrichen«, notiert Wilson anschließend zwar gallig in sein Notizbuch, seine Verkleidung trägt er aber weiterhin mit Humor:

»Als Lama muß ich aussehen wie eine Mischung des Prince of Wales bei einer Highland-Versammlung und einem Kaufhaus-Weihnachtsmann.«

Nahe des Dorfes Chungtang wird es Wilson so unerträglich im Zelt, daß er sich tagsüber draußen aufhält. Er versteckt sich hinter dem Pony und beobachtet das kleine Dorf. Chungtang liegt auf der Grenze zwischen Tiefland und Gebirgsregion auf 1600 Meter Höhe. Knapp unterhalb der Waldgrenze ist das Klima noch so mild und der Boden so fruchtbar, daß die rund hundert Bewohner keine Mühe haben, jedes Jahr ausreichende Ernten einzufahren. Das an zwei Bergbächen gelegene Dorf markiert auch eine Besiedlungsgrenze. Oberhalb trifft man immer häufiger auf die tibetischen Bhutias, die von Jagd, Handel oder Viehzucht leben und ihre Yaks im Sommer bis auf die Hochweiden in fünftausend Meter Höhe treiben. Sie passieren oft die Grenzpässe nach Tibet und reisen nur in das tiefer gelegene Sikkim, um dort Handelsgüter zu verkaufen. Die Ureinwohner Sikkims, die gedrungenen Lepchas, bevorzugen indes tiefer gelegene Waldregionen und betreiben Ackerbau.

Die beiden hier mündenden Gebirgsbäche haben im Lauf der Zeit eine breite, flache Terrasse aufgespült, auf der das Dorf und die Felder liegen. Mittendrin steht ein großer Felsen, und Tsering erzählt Wilson die Geschichte: Unter dem Felsen sollen sich zwei mit heiligen Schriften und Muschelhörnern angefüllte Höhlen befinden. Sie seien zugemauert worden, weil zu viele Pilger hierherkamen. Tatsächlich stehen am Fuß des Felsens zwei mannshohe gemauerte Pfeiler. Auf der anderen Seite des Felsens entspringt eine nie versiegende Quelle, beschützt von Schlangen, die in einer darüberliegenden Höhle wohnen.

Und über allem thront der Kangchendzönga, der riesige fünfgipflige Berg an der Westgrenze Sikkims. Wilson blinzelt hinauf, die weißen Gletscherflanken leuchten so grell im Sonnenlicht, daß er mit bloßen Augen nicht hinsehen kann. Die Lepchas, Sikkims Ureinwohner, verehren den Kantsch ebenso wie die Tibeter als heiligen Berg. Der fünffach gezackte Schneegipfel überragt bei weitem alles in seiner Umgebung, von überall in dem kleinen Fürstentum ist das Bergmassiv zu sehen. Die »fünf Schätze des ewigen Schnees« nennen ihn die Tibeter. Der Gott des Reichtums hat sich seinen Gipfel zum Wohnsitz erkoren, auf den fünf Spitzen verwahrt er Gold, Silber, Edelsteine, Korn und heilige Bücher. Ein Lama in Darjeeling hatte Wilson aus einem alten Text über den Kantsch vorgelesen:

»Er ist wie ein König, der auf seinem Thron sitzt. Die vier Nebengipfel sind wie Säulen, die einen Wolkenbaldachin stützen. Aus den Tälern erscheinen die fünf vom ewigen Schnee bedeckten Gipfel wie eine Krone oder wie die Zacken eines Diadems. Sieben kristallklare Seen liegen am Rande des Berges. Sie gleichen einer Reihe wassergefüllter Opfergefäße. Die weißen Klippen zur Linken wie zur Rechten sehen aus wie Löwen, die zum Himmel emporzuspringen versuchen. Die Nester der Lämmergeier sind ihr Halsschmuck. Das Land, das zu Füßen des Berges liegt, gleicht einer juwelengefüllten Schale.«

Wilson atmete tief durch und schaute in den Himmel. Die Morgendämmerung brach an, der fast volle Mond war bereits hinter der Kantsch-Kette versunken, ein erstes mattes

Licht vom westlichen Horizont beschien die obersten Flanken des Berges. Das Farbspiel veränderte sich von Minute zu Minute, Eisfelder und Gletscherbrüche schimmerten, glitzerten, als ob tatsächlich zu dieser kurzen Stunde vor Tagesanbruch das dort versteckte Gold und die Edelsteine der Götter zu erkennen seien.

Zwei Nachtmärsche später erreichten sie die letzte Dauersiedlung in Nordsikkim, Thangu. In der Nacht zuvor hatten sie endgültig die Waldregion unter sich gelassen, es war ein anstrengender Marsch über einen sehr steilen Weg gewesen, mit dem sie 1200 Höhenmeter überwanden. Die Nächte wurden kühler, auf den felsigen Almwiesen standen nur noch hier und da einzelne windgebeugte Fichten und Tannen, letzte Schneereste des Winters lagen in geschützten Mulden. Schlüsselblumen und Primeln blühten bereits auf den Almen, die Sonne schien kräftig und von den senkrechten Felswänden stürzten mächtige Wasserfälle zu Tal. Wilson war begeistert von der Schönheit der Hochgebirgslandschaft und versuchte sich so oft wie möglich außerhalb des Zeltes aufzuhalten.

»Wie schön wäre es, wenn dies auch meine Freunde sehen könnten«, notiert er in sein Tagebuch.

Wilson fühlte sich fit und stark, die Höhe belastete ihn bislang nicht, und so beschloß er, wieder eine seiner Fastenkuren zu beginnen. In den nächsten Tagen nahm er nur etwas Vollkornbrot, Milch und Wasser zu sich und meditierte jeden Morgen.

Immer häufiger begegneten der kleinen Gruppe nun Yakkarawanen oder Träger aus Tibet, die ihre Lasten in riesigen Körben trugen, die nur mit einem Stirngurt gehalten wurde. Die Träger stützten sich auf T-förmige, kräftige Holzstöcke, die nicht nur beim Auf- und Abstieg Halt gaben, sondern beim Rasten auch als Sitz dienten. Oberhalb von Thangu stießen sie nur noch auf kleine Hütten, errichtet aus losen Steinbrocken: die Sommeralmen der Yakzüchter. Doch zu dieser frühen Jahreszeit waren sie noch verlassen. Das Lager oberhalb der Baumgrenze zu verstecken war unmöglich. Wilson wurde unruhig, so kurz vor der Grenze zum verbotenen Land. Waren doch schon berittene Polizisten auf der Suche nach ihm und womöglich nur eine Tagesreise hinter ihnen? War vielleicht sogar eine Belohnung für ihre Verhaftung ausgesetzt? Welchem Dorfbewohner, welchem tibetischen Händler oder Jäger konnte er jetzt noch trauen? Wilson trieb seine kleine Gruppe zur Eile an, trotz der jetzt spürbar dünner werdenden Luft. Ihre Vorräte reichten noch für vier Tage, das müßte bis zur nächsten tibetischen Siedlung reichen, vorausgesetzt das Wetter blieb freundlich. Auf ihrer letzten Etappe in Sikkim wollte Wilson bei Tageslicht zum Grenzpaß hinauflaufen. Sie erreichten die Fünftausend-Meter-Marke, der Schnee lag hier Ende März noch einen halben Meter hoch, ein eisiger Wind fegte trotz der hochstehenden Sonne über die nackten Hänge. Rundum türmten sich die vergletscherten Gipfel des Himalaja-Hauptkamms auf, zwischen 6000 und 7500 Meter hoch. Wilson keuchte, alle hundert Meter mußte er verschnaufen und auch die Bhutias spürten die Anstrengungen der vergangenen Tage. Immer wieder drehte er sich während seiner Verschnaufpausen um und suchte die weiten Schneehänge nach möglichen Verfolgern ab. Niemand war zu sehen. Nach einem fünfstündigen Marsch standen Maurice Wilson und die Bhutias Tsering, Rinzing und Tewang völlig erschöpft, aber glücklich auf dem Paß Kongra La, der Grenze zu Tibet. Vor zehn Tagen hatten sie Darjeeling verlassen, das dreitausend Meter tiefer im Dunst des Tieflanddschungels lag.

Hatte schon jemand ihre Abreise bemerkt? Sie wußten es nicht, aber sie wußten, daß es kein Zurück mehr gab. Die tibetische Hochebene lag vor ihnen, sie würden den Everest erreichen!

»Es wird gesagt, daß die ersten Tibeter aus der Verbindung eines Affen als Verkörperung von Avalokiteshvara mit der Menschenfresserin der Felsen entstanden. Die Menschenfresserin gebar in der Höhle von Zodang Gongpori oberhalb Tsetangs sechs Kinder, die die sechs Typen fühlender Wesen verkörperten. Später vermehrten sie sich zu vierhundert Wesen, die sich in vier große Stämme aufteilten. Langsam verwandelten sich die Affen in Menschen und entfalteten sowohl ihr väterliches Mitgefühl und ihre mütterliche Härte.«
Schöpfungsmythos aus Zentraltibet

Tibet, April 1934
Eile

Unvermittelt lag die Hochebene Tibets vor den vier Männern. Nach den dampfenden Schluchten und engen Tälern Sikkims fand hier ihr Blick im ersten Moment keinen Halt mehr, endlos reihten sich bis zum Horizont rundgeschliffene Hügelkuppen, schroffe erodierte Klippen und steinige Ebenen aneinander. Der Himmel schien noch um einige Nuancen tiefer ins Schwarzblaue verwandelt, der Wind frischte kräftig auf, und die frostige Kälte der Höhenwüste kroch den Wanderern in die Knochen. Der Sturm trieb freundlichweiße Wolken aus Nordwest vor sich her, ihr Schattenspiel auf den Felshängen lies die Ödnis von schmutzig-braun bis orange changieren. Kein Dunst, kein Staub trübte die dünne Luft Tibets, alle Landschaftskonturen wirkten schärfer und härter als im Tiefland, die Farben satter. Entferntes rückte in die Nähe, ein schneebedeckter Sechstausender am Horizont schien am Morgen ebenso nah zu sein wie fünf Stunden Fußmarsch später. Die Dimensionen sprengten die Vorstellungskraft eines Europäers. Direkt über der Paßhöhe trieb ein Schwarm Dohlen sein elegantes Spiel mit den Windwirbeln. Wilson atmete tief durch, nahm seine Pelzkappe ab, und ein Schauer lief ihm über den Rücken. Dieses Land lag tatsächlich näher am Himmel, dachte er. Keine Verkleidung, kein nächtliches Versteckspiel mehr – befreites Atmen, freier Blick. Wilson spürte, daß er sich immer hiernach gesehnt hatte und hoffte, bald Chomolungma zu erblicken. Wieder durchzuckte ihn der Gedanke: »Was war in Darjeeling los? Hatte mittlerweile jemand sein Verschwinden bemerkt?« Am liebsten hätte er dem Political Officer ein Telegramm geschickt: »Habe ich es euch nicht immer gesagt!« Wilson lachte laut in den tibetischen Wind und ging ein Stück bergab. Tsering rief den uralten tibetischen Gruß »Die Götter werden siegen!«. Tewang und Rinzing stimmten ein, hoben ein paar faustgroße Steine vom Boden auf und legten sie auf eine der zahlreichen Steinpyramiden am Paßabbruch. Sie waren Zeichen vieler früherer Reisender, die den Göttern der umliegenden Berge ihre Referenz erwiesen und um eine günstige Weiterreise gebetet hatten.

Gemächlich führte der Pfad auf tibetischer Seite hinab bis auf etwa viertausend Meter. Diese durchschnittliche Reisehöhe verließen sie in den nächsten Tagen nur an Paßübergängen, die meist weit über fünftausend Meter lagen. 150 Kilometer Wegstrecke bis nach Rongbuk waren zu bewältigen, wenige Ortschaften lagen an der Strecke. Um sich optimal an die Höhe zu gewöhnen und bei Kräften zu bleiben, wollte Wilson auch weiter zu Fuß gehen, Reittiere zu kaufen lehnte er ab. Ihr einziges Pony trug weiterhin die gesamte Ausrüstung und die Lebensmittel. Über die weite Ebene zu wandern hatte er sich wesentlich leichter vorgestellt als entlang der steilen, schlüpfrigen Bergpfade Sikkims zu steigen. Dreißig Kilometer Wegstrecke wollte Wilson täglich bewältigen und unterschätzte, was Kälte und Wind in Tibet bedeuten. Ihr erstes Ziel war Kampa Dzong, eine Ortschaft, zwanzig Kilometer in nördlicher Richtung gelegen. Am Fuß des Paßhanges schlugen sie ihr Lager auf. Essen und Tee mußten zubereitet werden, und dafür benötigten sie Brennstoff. Auf den baumlosen Ebenen Tibets ist getrockneter Yakdung das übliche Brennmaterial und in den Dörfern oder Lagern der Nomaden keine Mangelware. Aber sie begleitete nur ein Pony! Und Wildyakherden waren weit und breit nicht zu sehen. Doch der umsichtige Rinzing, mittlerweile zum Koch der Gruppe avanciert, hatte vorgesorgt und die Hinterlassenschaften ihres Lasttiers in den vergangenen Tagen aufgehoben sowie zusätzlich getrockneten Yakdung gesammelt. Trotzdem dauerte es eine Stunde, bis das Teewasser kochte. In der Nacht fiel die Temperatur auf minus dreißig Grad, Wilson fror bitterlich, obwohl er samt seiner Bekleidung in den Schlafsack gekrochen war. Anfang April war der Frühling in Tibet noch weit!

Am Morgen schien nach der grimmig kalten Nacht die Sonne. Es war windstill, und Menschen und Tier wärmten sich schnell wieder auf. Weiter ging es nach Norden. Ab Mittag frischte üblicherweise der Wind auf, meist aus Nordwesten, und in den ersten Tagen blies er den Wanderern direkt ins Gesicht. Und er trieb Sand vor sich her aus den unendlichen Kältesteppen im Norden. Immer wieder mußten die vier Tücher vor Mund und Nase binden. Wilson setzte zusätzlich seine Gletscherbrille auf, denn der Wind peitschte ihnen den feinen Sand mit solcher Wucht entgegen, daß er wie Nadelstiche auf jeder freien Hautpartie schmerzte und noch durch die kleinste Öffnung unter die Kleidung kroch. Das an Sikkims Klima gewöhnte Pony litt sichtlich unter Wind und Kälte. Es riß sogar einmal aus, und die vier Männer benötigten Stunden, um ihr Lasttier wieder einzufangen. Ein Sandsturm war nicht nur lästig, er kostete auch enorme Kraft, insbesondere in dieser Höhe, und erschwerte zusätzlich die Orientierung in einer an unverwechselbaren Landmarken eher armen Landschaft. Kurzum, schon als die Gruppe am ersten Abend in Tibet ihr Lager aufschlug und alle völlig erschöpft einschliefen, war Wilson klar, daß er das vorgegebene Tempo nicht durchhalten konnte, wollte er nicht die Gesundheit und das Leben aller Teilnehmer gefährden. Der Reisende ebenso wie der Nomade und der Bauer müssen sich mit den extremen Bedingungen Tibets arrangieren, der Versuch, hier der Natur etwas aufzwingen zu wollen, mußte scheitern. Auch Wilson paßte sich an, wenn auch unter Schmerzen, seine Haut verbrannte in der harten Sonnenstrahlung, trotz Hut und Brille, er schlief schlecht, schreckte dann in panischer Atemnot aus leichtem Schlummer hoch, und tagsüber plagten ihn rasende Kopfschmerzen, da er sich zu viel in der ungewohnten Höhe zumutete.

Der Ort Kampa Dzong lag am Fuß einer schräg aufgestellten Felsklippe, die etwa 150 Meter über der Ebene aufragte und auf der die trutzige Burg thronte. Eine massive Mauer mit runden Wehrtürmen führte von der Ebene empor zur Burg, dem Sitz des Dzongpen, eines hohen Beamten, der direkt der Regierung in Lhasa unterstellt war. Grund genug für Wilson, sich von der Burg und der Ortschaft fernzuhalten, denn würde ein Weißer mit offizieller Erlaubnis in der Region unterwegs sein, hätte der Dzongpen längst Instruktionen aus Lhasa erhalten. Würde er also einen unbekannten Reisenden auf seinem Gebiet entdecken, müßte er das sofort der Zentralregierung melden, und versuchen, den ungebetenen Gast wieder außer Landes zu schaffen – schon aus purem Eigeninteresse –, denn unfähigen Beamten drohten im alten Tibet drakonische Strafen.

Tsering und Rinzing hatten sich mit dem Pony nach Kampa Dzong aufgemacht, um ihren Lebensmittelvorrat aufzustokken, mit Eiern, Butter und frischem Fleisch. Maurice Wilson saß gut zwei Kilometer entfernt zusammen mit Tewang und wartete. Sicherheitshalber hatte er wieder die Lama-Robe übergezogen. Kampa Dzong lag sehr günstig an den steilen Hängen einer Kalksteinschlucht, die den Ort vor brutalen Winden gut abschirmte. Hier blühten in der warmen Sonne bereits Schwertlilien und Schlüsselblumen, und manchmal glaubte Wilson, den Gesang einer Amsel wahrzunehmen. Gutgelaunt kehrten Tsering und Rinzing zurück mit Eiern und frischem Yakfleisch, das dem sonst üblichen getrockneten bei weitem vorzuziehen war.

Sie wandten sich nun direkt nach Westen, entlang des Yaru-Flusses Richtung Tinki Dzong, der nächsten Ortschaft, etwa eine Tagesreise entfernt. Auf dem Weg dorthin sahen sie in den Niederungen entlang des Yaru immer wieder größere Herden grasender Kiangs oder Tibet-Gazellen. Wilson wunderte sich, daß trotz der karg anmutenden Wildnis so viele Tiere hier genügend Nahrung finden konnten. »Sie sind genügsam«, erklärte Rinzing und zeigte Wilson kleine harte Grasbüschel, die zwischen den runden Granitsteinen überall hervorstakten. »In drei Monaten sind sie grün, dann ist hier alles grün, auch wenn Sahib Wilson das nicht glauben will, grün für kurze Zeit!« erklärte Rinzing stolz. Wilson hatte tatsächlich die unscheinbaren trockenen Büschel bisher nicht wahrgenommen, geschweige denn sie als geeignete Nahrung für große Säugetiere erkannt. Rinzing dagegen wunderte sich darüber, daß Wilson nicht versessen darauf war, eines der Tiere zu erlegen, um ihre Fleischvorräte zu vergrößern, so wie er das von den anderen Engländern kannte, mit denen er bisher hier durchgezogen war. Er war Buddhist, er konnte und durfte kein Tier töten, aber warum nicht Wilson, warum hatte er kein Gewehr dabei? Wilson versuchte Rinzing zu erklären, daß er die Jagd verabscheute und große Sympathien mit der buddhistischen Sicht hegte, aber bei Rinzing schien das eher wie eine verunglückte Ausrede für sein fehlendes Jagdgewehr anzukommen. Ein Engländer konnte doch kein Buddhist sein! Rinzing lachte, und Wilson schwieg und blickte den äsenden Kiangs hinterher.

Bald durchwatete die Gruppe problemlos den breiten Yaru, der zur Zeit wenig Wasser führte und behäbig zwischen weiten Kiesbänken mäanderte. Sie würden in den kommenden Tagen grob dem Flußlauf folgen, doch der Pfad führte nicht entlang jeder Flußbiegung, sondern leitete in direkter Richtung oft über flache Hügelketten nach Westen. Das Wetter blieb trocken und sonnig, aber ab dem frühen Nachmittag begann regelmäßig der Wind zu blasen und steigerte sich nicht selten bis zum Sonnenuntergang zum quälenden Sturm, dem man nur mit dem schnellen Aufbau des Zeltes hinter einem schützenden Felsen entgehen konnte. Oft genug mußten sie auf der weiten Ebene über Kilometer ohne jeglichen Windschutz dem Sturm entgegenmarschieren, die Tücher fest vor den Gesichtern verknotet. Sandkörner knirschten nicht nur zwischen den Zähnen, sie rieselten vom Kopf oder verstopften die Nasenlöcher, schlimmer noch, sogar ihr Gerstenmehl, das tsampa, schien mit Sand vermischt. Zum Glück war an frischem Wasser kein Mangel. Regelmäßig querten sie Bachläufe, die Richtung Yaru flossen, oder entdeckten kleine Quellen am Wegesrand. Der wüstenähnlichen Landschaft, der unerbittlichen Kälte und dem ewigen Wind zum Trotz ermöglichte das reichlich vorhandene Süßwasser hier das Überleben. Näherte man sich einem tibetischen Dorf, erkannte man schon von weitem die unregelmäßigen grünlichen Flecken der Gersten- und Kartoffelfelder, die in der weiten braunen Ödnis leuchteten. Jedes kleine Stück fruchtbarer Krume war durch halbmeterhohe Steinwälle geschützt gegen den Sturm, lange Bewässerungsgräben leiteten das Flußwasser auf die Felder. Jetzt, im April, begann die Aussaat der Gerste, des einzigen Getreides, das dem tibetischen Klima widerstand. Mit buntgefärbten Wolltroddeln geschmückte Yaks zogen die Pflüge über die Felder. Nur in den tiefer gelegenen Tälern zeigte sich jetzt schon das erste blasse Grün. An besonders windgeschützten und sonnenverwöhnten Lagen wuchsen hinter Steinmauern schlanke Pappeln, die bald ihre Blätter entfalten sollten. Die Dorfgemeinschaft nutzte das wertvolle Holz nicht als Brennmaterial, sondern zum Hausbau. Nur mit vertrockneten Sträuchern und Yakdung heizten sie die Herdstellen der Häuser.

Langsam wunderte sich Wilson nicht mehr über die reiche Tierwelt in der kargen Landschaft, sondern es machte ihm wachsende Freude, immer neue Anzeichen und Spuren des vielfältigen Lebens wahrzunehmen, die einem Fremden auf den ersten Blick entgingen. Hier eine Hasenfährte im Sand, dort der Höhleneingang irgendeines Nagers, ein lautloser Greifvogel im Segelflug oder eine leichte Wellenbewegung auf der Sandbank am Fluß, wenn eine Herde Gazellen vorüberzog. Rinzing verfolgte seine Bemühungen mit Interesse und gab gerne Auskunft über den tibetischen Namen des jeweiligen Tieres.

Einem Tier konnte der Bhutia allerdings nicht die geringste Sympathie entgegenbringen, der Sandmücke. Dort, wo der Yaru gemächlich über breite Ebenen dahinfloß, bildeten sich schnell Tümpel und morastige Sümpfe. Jetzt, im April, waren sie meist in der Nacht noch gefroren, und nur vereinzelt waren die penetranten Mücken bereits geschlüpft. Rinzing kannte die Gegend gut und erzählte, daß in zwei Monaten Schwärme der Blutsauger über den Wasserflächen summen würden, so daß die Luft schwarz von ihnen würde.

Kurz vor Tinki Dzong überquerten sie bis zu acht Meter

hohe Wanderdünen und verließen dann den Weg, um nicht überraschend irgendwelchen tibetischen Beamten in die Arme zu laufen. Wilson umging Tinki zusammen mit Tewang in einem weiten Halbkreis in südlicher Richtung und traf mit den anderen hinter der Stadt wieder zusammen, am Aufstieg zum 5200 Meter hohen Tinki-La. Tsering und Rinzing kamen kurz vor Sonnenuntergang in das Lager und hatten neben frischen Eiern einen großen Krug Chang mitgebracht, das tibetische Gerstenbier. Es war eine willkommene Abwechslung zum chinesischen Ziegeltee, an dem Wilson auch in der tibetischen Variante mit leicht ranziger Yakbutter und Salz keinen Geschmack finden konnte. Wilson mußte nach tibetischer Sitte »als Gast« erst mal zwei gefüllte kleine Zinkbecher leeren, bevor einer der Bhutias »als Gastgeber« sich ebenfalls einen Becher Chang einschenkte. Das trübe Getränk schmeckte säuerlich, hatte einen geringen Alkoholgehalt, verfehlte aber bei Wilson nach längerer Bierabstinenz und in der großen Höhe nicht seine Wirkung, so daß er die erste Nacht auf der tibetischen Hochebene friedlich durchschlief.

Der nächste Morgen war sonnig und windstill, ein gemächlicher Anstieg führte in zwei Stunden auf den breiten Paß, der einen weiten Blick nach Süden und Westen bot. Zwischen den Steinpyramiden wehten lange Reihen bunter Gebetsfahnen, und weiße Katak-Schals knatterten im Wind, der die guten Wünsche und Gebete für alle lebenden Wesen in die Welt mitnahm. Wilson blickte zur Himalaja-Kette und suchte nach der Gipfelpyramide des Everest. Im Osten erblickte er das eisige Massiv des Chomolhari, direkt unter sich das breite Yaru-Tal und dahinter eine von Süd nach Nord verlaufende Kette spitzer Granitgipfel, die den Blick auf die irgendwo jenseits liegende Chomolungma versperrten. Aber nicht mehr lange, dachte Wilson beim zügigen Abstieg ins Flußtal. Denn schon am nächsten Tag umgingen sie im Norden das Ende der besagten Granitmauer, folgten dem Yaru noch wenige Kilometer südwärts, bis er mit dem Bhong Chu zusammenfloß. Als Arun hatten die Wasser beider Flüsse dort gemeinsam die tiefste und unzugänglichste Schlucht durch den Himalaja ausgewaschen und flossen schließlich nach Nepal und in die indische Ebene zum Ganges. Nirgendwo sonst auf der Welt gibt es solche extremen Höhenunterschiede auf kürzester Distanz wie in der Arun-Schlucht. 1921 ritt hier die erste englische Everest-Expedition entlang, es war für die Europäer eine Terra incognita. Der später verschollene George Leigh Mallory machte sich eines frühen Morgens mit seinem Freund Bullock aus lauter Neugier und Ungeduld auf den Weg, um den oberen Teil der Arun-Schlucht zu erkunden. Sie ritten, so weit es ging, entlang des Flußufers Richtung Süden. Als das Gelände steiler und unwegsamer wurde, erklommen sie zu Fuß einen Felsbuckel oberhalb der Schlucht und sahen sich um. Es war Monsunzeit, dunkle Wolkenberge rollten von Nepal durch die Schlucht empor und versperrten ihnen die Sicht. Doch dann, plötzlich, berichtet Mallory …

»… geschah ein Wunder. Schwarz wandelte sich zu Grau, und Schneefelder begannen durch die Trübe zu schimmern. Riesige Bruchstücke eines Eisgebirges fanden sich allmählich zusammen. Traumhaft ungeheuerlich, wie in überweltlichen Geburtswehen, entwand Gestaltung sich den Nebeln. Aus den Tiefen stieg ein unglaublicher dreieckiger Klotz mit siebziggradiger Schneide, die von nirgends kam und sich ins Nichts verlor. Links davon hing ein schwarzgezahnter Kamm frei in der Himmelsluft. Langsam baute sich der Berg aus Wänden, Gletschern, Graten auf, die nacheinander ihre Umrisse klärten und wieder verschmolzen. Und endlich weit oben, viel höher als man ahnte, in höchster Himmelsferne, das weiße Haupt des Everest …«

Dreizehn Jahre war das her. Wie oft hatte Maurice Wilson diese Passage gelesen. Mancher meinte, daß Mallory erst durch dieses tiefe Erlebnis zum Everest-Besessenen geworden sei. Tatsache ist, daß niemand sein Schicksal so bedingungslos wie er mit diesem Berg verknüpfte. Und schließlich kam er nicht zurück. 1924, bei seinem dritten Versuch, blieb er verschollen, und er nahm jede Gewißheit über seinen möglichen Sieg, seine Niederlage und seinen Tod mit in die unzugängliche Gipfelregion. »Vielleicht werde ich ihn treffen«, sagte Wilson leise zu sich. Hatten nicht alle gelacht, als er damals in London behauptete, Mallorys Spuren folgen zu wollen? Er, der Kaufmannssohn aus dem grauen Bradford, der bis dahin keinen Berg außer dem Scafell Pike im Lake District kannte, wollte dem legendären, großartigen und tragischen Helden Mallory folgen? Welche Vermessenheit! So hallte es noch in seinen Ohren.

»Welche Arroganz!« flüsterte er jetzt, stand doch *er*, Maurice Wilson, jetzt hier, an den Klippen des Arun, auf den Spuren von Mallory, Norton, Bruce und all den anderen, im Angesicht der Chomolungma, die, unverhüllt von Monsunwolken, ihre schwarze, felsige Spitze über alles andere erhob. Allein war er gekommen, ohne zweihundert Yaks, ohne dreihundert Träger und ohne viertausend Pfund in der Kasse. »Ich bin selbst geflogen und selbst gelaufen, und nun stehe ich hier«, triumphierte er.

Rinzing war es, der ihn aus seinen Tagträumen riß und auf die Uhrzeit verwies. Es war fast Mittag, und sie wollten heute so weit wie möglich in Richtung Shekar Dzong vorstoßen, der nächsten und letzten größeren Ortschaft vor dem Everest. Der Weg führte den Bhong Chu entlang, vierzig Kilometer nach Nordwesten. An einer breiten Furt wateten sie durch den etwa einen Meter tiefen Fluß, beeilten sich, eine Ebene aus tückischem Treibsand schnell zu überqueren und erreichten bald den Pfad nördlich des Flusses, der durch das fruchtbare und dichtbesiedelte Tal führte. Sie kamen gut voran, der tibetische Vorfrühling zeigte sich in diesen Tagen von seiner besten Seite: sonnig, trocken, wenig Wind und nur leichter Frost in der Nacht. Am Abend des kommenden Tages erreichten sie Shekar Dzong. Und obwohl Wilson sich nach drei Wochen, in denen er nur mit seinen drei Sherpas in sehr beschränktem Englisch gesprochen hatte, sehr nach Abwechslung und anderer Gesellschaft sehnte, wartete er außerhalb der Stadt. Alles andere wäre so kurz vor dem Ziel mehr als dumm gewesen. Der Ort Shekar – »der weiße Kristall« – lag am Fuße eines imposanten, spitzen Kalkberges. Auf halber Höhe stand ein berühmtes Kloster aus dem vierzehnten Jahrhundert, darüber thronte der Dzong, die Burg, wie aus natürlichem Fels gehauen. Schließlich gab es ganz oben auf der Bergspitze eine berühmte Weihestätte, an der täglich Wacholder als Opfergabe verbrannt wurde. Eine kunstvoll geschwungene, steile Mauer, mit Wachtürmen besetzt, wand sich vom Bergfuß dreihundert Meter hinauf bis fast zum Gipfel. Die schlanke Pyramide beherrschte die gesamte Umgebung. Der »Mont St. Michel Tibets« hatte einer der Engländer spontan gesagt, die als erste Weiße im Schatten des Burgbergs kampierten. Der Dzong war über Jahrhunderte Sitz der »Herren des Südens«, der lokalen Regenten dieses Landstrichs und Shekar der Hauptort des Lhatö lho, des »Landes im Süden«. Von Shigatse über Shekar nach Tingri verliefen die wichtigen Handelsrouten, dort zogen die Yakkarawanen und bebauten die Bauern fruchtbare Flußniederungen. Südlich von hier ging es in die »versteckten Täler«, in abgelegene, windumtoste, einsame Plätze im Schatten höchster Berge. Es waren Gegenden, deren Schluchten und Höhlen Mystiker und Heilige seit Jahrhunderten anzogen und die nicht zum Leben gemacht schienen. Dorthin würden sie jetzt gehen.

Wilson schaute sehnsüchtig hinauf, von der Bergspitze

mußte man einen phantastischen Blick auf den Everest, die benachbarten Gipfel und auch auf die letzte Etappe ihres Weges haben, aber er konnte den Aufstieg an Kloster und Burg vorbei keinesfalls riskieren. Für die drei Sherpas hingegen war es ein besonders heiliger Platz, und sie besuchten die Bergspitze, verbrannten Wacholder und andere Kräuter und beteten für eine gute Weiterreise. »Das kann nicht schaden«, sagte sich Wilson, »und wird auch mir guttun, auch wenn ich nicht dabeisein kann.«

Wilson drängte am nächsten Morgen trotz eines bewölkten Himmels und ungemütlicher Temperaturen zum raschen Aufbruch. Er wurde ungeduldig und wollte endlich das Kloster Rongbuk erreichen. Doch zuvor mußte das Quartett das Tal des Bhong Chu verlassen und den Pang La überschreiten. Er war das breite Tor zum Rongbuk-Tal und bot eine unvergleichliche Sicht auf die mittlerweile nahe gerückte Kette des Himalaja-Hauptkamms mit seinen Achttausendern.

So schrieb schon Edward F. Norton, Leiter der englischen Everest-Expedition 1924, auf dem Pang La:

»Vom Pang La erfaßt man mit einem Blick vier der höchsten Berge der Welt. Erklettert man einen Hügel neben dem Paß, so gesellen sich noch zwei Riesengipfel hinzu, die die äußersten Flankenpfeiler bilden. Wir sehen Cho Oyu, Everest, Makalu, Kantschendschunga, Gosainthan. Sie stehen so weit auseinander, daß keiner vom Nachbarn erdrückt wird. Jeder beherrscht eine Gruppe geringerer Berge, die sich als gezackte Mauer von einem Ende des Gesichtskreises zum anderen erstrecken. Oberhalb von 6200 Meter ist alles Eis und Schnee ... indessen sah ich eine Seeschwalbe nordwärts fliegen. Die Frühlingsboten Tibets haben einen Glauben, der Berge versetzt.«

Wilson saß über eine Stunde auf dem sonnenbeschienenen Paß, angelehnt an eine Steinpyramide, und genoß das Bild. Fünfzig Kilometer Luftlinie vor ihm lag der Everest-Gipfel, fast schwarz das obere Drittel, was für die Zeit des Vormonsuns typisch war. Auch Tewang freute sich, zeigte immer wieder auf den Gipfel und sagte: »Wie ich es Sahib Wilson in Darjeeling sagte: Es ist die beste Zeit für eine Bergbesteigung, kein Winter mehr und noch kein Schneefall im Monsun!«

Zuerst mußten sie jetzt aber von 5200 Meter hinabsteigen ins Tal des Dzakar Chu, der den drei mächtigen Armen des Rongbuk-Gletschers entspringt, dann nach Osten abknickt und in den Arun mündet, bevor dieser über die nepalesische Grenze stürzt.

Einen Tag später erreichte die kleine Gruppe erschöpft, aber sehr enthusiastisch die letzte Siedlung, Chödzom. Das kleine tibetische Dorf lag auf 4700 Meter Höhe. Baumlose, windgepeitschte Hänge und schneebedeckte Hügel in jeder Himmelsrichtung. Gerstenfelder waren hier nicht mehr zu sehen, zu dünn die Luft, zu kalt und lang der Winter sogar für das tibetische Getreide. Yak- und Schafzüchter und Karawanentreiber arbeiteten hier noch am Rande der Zivilisation, lieferten Nahrung und Brennstoff in die noch höher gelegenen Klöster oder Trockenfleisch nach Tingri oder Shekar. Rinzing, Tewang und Tsering gingen einkaufen, getrocknetes Yakfleisch würde in den nächsten Wochen neben Tsampa und Trockenfrüchten ihre wichtigste Nahrung sein. Wilson versteckte sich nicht mehr, der nächste tibetische Beamte war weit. Er schlenderte mit den drei Begleitern durchs Dorf und war natürlich sofort begehrtes Objekt der hartnäckigen tibetischen Neugierde, was ihn aber nicht störte, denn er wollte einfach wieder einmal unter Menschen sein. Es freute ihn, den Alltagsabläufen zuzuschauen oder sich nur begaffen zu lassen, auch wenn er mit niemandem in Chödzong auch nur ein Wort wechseln konnte.

Die Tibeter waren freundlich und besaßen eine fast kindliche Neugier an allem Neuen und Unbekannten, die aber nie verletzend war. Wollte man irgendwann seine Ruhe vor weiteren interessierten Blicken haben und machte dies mit wenigen deutlichen Worten und Gesten klar, stellte sich umgehend Erfolg ein – allerdings nicht für lange Zeit. Eine halbe Stunde später lugten schon wieder die gleichen oder eben andere neugierige Kinderaugen aus Türen und Toren. Auch wenn keine sprachliche Verständigung möglich war, diese Leute waren Händler: Einen schön gewachsenen Bergkristall hielt jemand Wilson unter die Nase, ein anderer eine Halskette mit buntbemalten Glasperlen. Die Preise waren mehr als günstig, doch Wilson wollte so wenig Gepäck wie möglich mitnehmen. »Später, später«, sagte er immer wieder laut, ohne verstanden zu werden, »wenn ich wiederkomme, kaufe ich etwas«, und leise zu sich, »und bald komme ich wieder, ja, dann werde ich sicher etwas kaufen, das beste und schönste Schmuckstück vom Everest für die Frau, die ich liebe – falls sie sich noch an mich erinnert.«

Wilson war durch das Dorf gewandert, setzte sich oberhalb der Häuser an den Hang und schaute hinunter. Die etwa ein Dutzend Gehöfte standen dicht gedrängt beieinander, als ob sie sich gegenseitig vor Kälte und Wind schützen wollten. Jedes der zweistöckigen Gebäude besaß einen windgeschützten Innenhof, in dem Handelsware, Ziegel oder wertvolles Holz gelagert wurden. Oft dösten Hunde vor dem Eingang, die aussahen wie eine wilde Promenadenmischung aus dem East End. An den Außenwänden der weißgetünchten Häuser klebten handtellergroße Fladen Yakdung zum Trocknen, auf der Mauer um die Flachdächer lag gesammeltes Reisig oder ebenfalls gestapelte Dungfladen. Die Eingangstüren schmückte meist eine weiße Svastika, das uralte Glückssymbol für Buddhisten und Hindus.

Bunte Gebetsfahnen auf Stöcken ragten an allen vier Hausecken empor und lieferten farbige Tupfer im braunen Einerlei. Die Gebete trägt der Wind fort, und so kommen sie allen Menschen zugute, hieß es. Darauf vertraute auch Maurice Wilson, als er am 13. April in der einbrechenden Dunkelheit langsam ins Lager zurückging.

Die letzten Yaks nagten noch an den spärlichen Halmen rund um die Häuser, bevor sie für die Nacht im Innenhof verschwanden. Ihre Halsglocken läuteten ständig, manchmal abrupt, wenn die gutmütigen Zottelwesen ihre Köpfe schüttelten. Der Yak liefert alles: Milch, Butter, Fleisch, Fell, Wolle, Leder, Knochen. Nur er schläft unbeschadet in Stürmen auf fünftausend Meter Höhe bei strengem Frost und findet sein Futter unter Eis und Schnee.

Etwa zu dieser Zeit wurde der Polizeikommissar in Darjeeling, Bahadur Laden La, mißtrauisch. Der großzügige Unterstützer von Everest-Expeditionen suchte unter den Bhutias zuverlässige Träger für eine große Expedition von Günter Oskar Dyhrenfurth ins Karakorum. Vergeblich forschte er nach den erfahrenen Tibetern Tewang, Rinzing und Tsering. Über einen Informanten erfuhr er schließlich, daß sie seit einigen Wochen aus Darjeeling verschwunden seien, angeblich unterwegs mit einem verkleideten Sahib Richtung Nordsikkim. Zuvor seien sie mehrmals im Haus des Übersetzers Karma Paul gesehen worden. Laden La wurde heiß und kalt: Nur Maurice Wilson konnte der unbekannte Sahib sein, und Karma Paul hatte ihm geholfen, seine Tibet-Tour vorzubereiten! Natürlich würde ihm nichts nachzuweisen sein. Es war sinnlos, den pfiffigen Dolmetscher jetzt zu verhören, das hatte noch Zeit. Erst mußte er einem anderen Herrn einen Besuch abstatten. Eine Stunde später stand Laden La am Rezeptionstresen der Albert Lodge und fixierte Charles Patton: »Wo ist Wilson?« fragte er knapp und konnte seine Wut über Wilsons heimliche Abreise kaum zügeln.

»Erst mal guten Morgen, Mr. Laden La«, erwiderte Patton betont ruhig, machte eine lange Pause, während er einen Stapel Briefe in die Hand nahm und anscheinend gelangweilt begann, sie zu sortieren, »Wilson reiste vor drei Wochen ab, er wollte ins Terai, so sagte er mir, und spätestens in vier Wochen wieder hiersein, Miete habe ich im voraus bekommen. Also, ich denke, Sie können sicher sein, er kommt wieder! Wollen Sie dann vielleicht noch mal vorbeischauen?« fügte er lächelnd hinzu. Der untersetzte Laden La schwitzte in seiner frisch gebügelten Khaki-Uniform und mußte sich sichtlich zusammennehmen, um nicht loszubrüllen:

»Wilson ist nicht im Terai! Er ist in Tibet! Heimlich, ohne Genehmigung! Und ich denke, Sie wissen das!!«

»Ach!« entfuhr es Patton spontan, und er wunderte sich, wie gut er schauspielern konnte, denn er hatte längst vermutet, daß Wilson in Wirklichkeit nach Norden abgereist war. »Nein, ich hatte keine Ahnung, aber woher wissen Sie es denn?«

»Das tut jetzt nichts zur Sache, Mr. Patton. Ich muß wissen, was Wilson vorhat. Was hat er auf die Reise mitgenommen?«

»Ich bitte Sie, Mr. Laden La. Ich kontrolliere doch nicht das Gepäck meiner Gäste, bevor sie abfahren ... ich denke, das Übliche: Zelt, Schlafsack, Verpflegung, Kochutensilien ...«

»... Karten über Tibet, Daunenbekleidung vielleicht oder eine Lama-Robe?« unterbrach ihn Laden La ärgerlich.

»Lama-Robe? Nein, das wäre mir aufgefallen, Herr Inspektor.«

»Geben Sie mir den Schlüssel zu seinem Zimmer!« befahl Laden La dem verdutzten Patton.

»Ich denke nicht, daß das in Ordnung ...«, wollte der Hotelmanager einwenden.

»Ich denke auch nicht, daß das in Ordnung ist!« schrie Laden La jetzt fast, »wenn Maurice Wilson seit Monaten den

Behörden auf der Nase rumtanzt, sie belügt und mit seinen verrückten Everest-Plänen behelligt, obwohl man ihm deutlich gesagt hat, daß er keine Einreiseerlaubnis bekommt, weder für Tibet noch für Nepal! Er verstößt gegen den Frontier Act, das ist keine Bagatelle, das wissen Sie! Wenn die Tibeter einen illegal eingereisten Engländer aufgreifen, noch dazu als Lama verkleidet! Das bedeutet diplomatische Querelen und Probleme auf Jahre mit Tibet! Und dafür möchte ich nicht mit verantwortlich sein!« Laden Las Gesicht war rot angelaufen, er stand jetzt wenige Zentimeter vor Patton, zwirbelte hektisch an seinen Schnurrbartspitzen und sagte dann scharf: »Sie etwa?«

Patton sagte nichts, brummelte vor sich hin, zuckte mit den Achseln und gab Laden La den Schlüssel. Verdammte Politik, dachte er, Engländer und Tibeter, alle waren sie in seinen Augen überempfindlich und benahmen sich wie Mimosen. Egal, Wilson, würde wissen, was er tat. Laden La war schon die Treppe hochgestürmt, einen tibetischen Gehilfen im Schlepptau. Ungeduldig öffnete er Wilsons Zimmer, es war fast leer und aufgeräumt. Eine lederne Reisetasche neben dem Bett stülpte er schnell um: Hemden, Hosen, Strümpfe, nichts weiter. Der Schrank war leer, der Nachttisch auch ... nein, da lag ein dicker Umschlag. Laden La griff ihn sich und zog den ersten Brief hervor, dann den zweiten und einen dritten: Absender Enid Evans, London. Laden La setzte sich aufs das Bett und begann zu lesen. Zehn Minuten später wußte er nicht nur, daß diese verheiratete Frau die große, unglückliche Liebe Maurice Wilsons war, er wußte auch, daß sich der Vermißte ganz sicher auf dem Weg zum Everest befand.

Laden La saß wenige Minuten später in seinem Büro und tippte einen offiziellen Bericht an den Political Officer for Sikkim, Bhutan and Tibet, Frederick Williamson, in Gangtok, überschrieben »Geheim und vertraulich«. Der Ärger in der britischen Residenz von Sikkim über den Inhalt des Polizeireports war merklich. Der letzte Fall eines illegal nach Tibet eingereisten Weißen vor einigen Jahren hatte zu langwierigen diplomatischen Zwistigkeiten zwischen Indien, England und der Regierung in Lhasa geführt, dabei war der damals ertappte Amerikaner sogar noch Buddhist! Williamson wußte, daß es für seine Reputation wenig vorteilhaft wäre, diese Geschichte unnötig publik zu machen. Wenn Wilson wirklich bereits vor drei Wochen Richtung Tibet aufgebrochen war, war es sinnlos zu versuchen, ihn vor der Grenze noch zu stellen. Dann konnten die Engländer nur hoffen, daß er genauso unbemerkt durch Tibet reiste wie durch Sikkim – und heil wieder herauskam. Trotzdem mußte Williamson seine Vorgesetzten im Foreign Office der indischen Regierung über den Stand der Dinge informieren, empfahl aber gleichzeitig in seinem Schreiben vom 9. Mai 1934: »Vorerst nichts unternehmen, bis wir mehr wissen!« Das Foreign Office stimmte zu.

Laden La ermittelte inzwischen in Darjeeling weiter. Dabei bestätigte sich sein Verdacht: Wilson war mit den drei Tibetern und einem Lastpony heimlich in Richtung Everest unterwegs, abgereist vor etwa drei Wochen. Trotzdem wollte er nichts unversucht lassen, den Mann, den er seit Monaten beobachten ließ und der ihn nun einfach ausgetrickst hatte, zu stoppen. Er benötigte aber dafür die Rückendeckung seines Vorgesetzten. Er schrieb eine Liste mit den möglichen Rastplätzen der Gruppe und zählte die Verstöße auf, für die Wilson sofort verhaftet und eingesperrt werden konnte. Aber es nutzte nichts, der Political Officer wollte nicht noch mehr Staub aufwirbeln, was neugierige Polizeibeamte im nördlichen Sikkim sicher getan hätten, sondern setzte auf die Zeit – und auf Wilson, dem Williamson nun wider Willen die Daumen drücken mußte für eine gesunde und vor allem unbemerkte Rückkehr. Wie absurd, ärgerte sich der ehrgeizige

Kolonialbeamte in Gangtok, und Laden La ärgerte sich in Darjeeling ebenfalls über Wilsons amateurhafte, aber erfolgreiche Tricks.

Drei Wochen dauerte es, bis Williamsons Bericht über die Schreibtische der zuständigen Beamten im Foreign Office von Britisch-Indien gegangen war und eine Kopie London erreichte. Weitere drei Wochen dauerte es, bis die Schlappe der Behörden bis zur Presse durchsickerte. Am 17. Juli kabelte der *Times*-Korrespondent aus Kalkutta nach London:

»Unbestätigten Berichten aus Darjeeling zufolge soll Captain Maurice Wilson, 38, einen unerlaubten Soloversuch zur Ersteigung des Mount Everest begonnen haben … Es wird weiter berichtet, daß Wilson seit Monaten unauffällig in Darjeeling lebte und insgeheim Träger für sein Unternehmen rekrutierte. Mit diesen soll er Richtung Tibet aufgebrochen sein, er selbst verkleidet als Lama. Sie sollen die Route der Ruttledge-Expedition gewählt haben. Von Wilson gibt es seitdem keine Nachrichten mehr …«

Frederick Williamson stöhnte vernehmlich und übte sich bereits in möglichen Erklärungs- und Entschuldigungsfloskeln der äußerst aufgebrachten tibetischen Regierung gegenüber, als ihn nur wenige Tage später eine weitere überraschende Nachricht in Sachen Maurice Wilson erreichte: Die drei Träger waren nach Darjeeling zurückgekehrt, allerdings ohne ihren Sahib …

»Am Anfang waren die Menschen unsterblich wie die Götter. Doch dann wurden sie böse, sie hielten sich nicht an die Gebote der Himmelsgötter. Zur Strafe verloren sie die Unsterblichkeit, nur die Könige der Menschen blieben unsterblich. Denn die Könige sind Söhne des Himmels, sie steigen auf die Erde herab, um die Menschen zu lenken. Wenn ihre Zeit zu Ende ist, kehren sie in den Himmel zurück. So sind alle Könige Söhne der Götter, sie stehen über den anderen Menschen. Doch alle anderen Menschen müssen sterben.«
Tibetischer Mythos über die Unsterblichkeit

Kloster Rongbuk, April/Mai 1934
Überlebt

Am Morgen des 14. April verließen sie Chödzom, die letzte Siedlung im Tal des Dzakar Chu. Wilson hatte gut geschlafen, er fühlte sich kräftig und war bei bester Laune. Abends würden sie beim Kloster Rongbuk kampieren – im Schatten des Everest! Auch Tsering, Rinzing und Tewang schienen gut aufgelegt, sie sangen, lachten und überlegten, was sie sich nach ihrer Rückkehr in Darjeeling von ihrem Lohn kaufen würden. Und sogar ihr Lastpony, das so lange unter dem tibetischen Klima gelitten hatte, schien sich an Nachtfröste und stechende Mittagssonne gewöhnt zu haben und trottete brav und unermüdlich neben der Gruppe her. »Alle sind sehr optimistisch, das tut gut.« Und Wilson notierte weiter: »Die Welt wird in weniger als fünf Wochen auf mich blicken.«

Hier oben waren nicht einmal mehr Grasflecken vorhanden, nur Geröllhalden und Steine bedeckten den Boden des breiten Tals, durch den der schnell fließende Dzakar Chu sich seinen Weg suchte. Kahle, sanft emporsteigende Berge flankierten das Tal, ihre Spitzen waren noch von den letzten Resten des Winterschnees bedeckt, der hier im Windschatten des Everest nur spärlich fiel. Das Tal verlief jetzt in südlicher Richtung, der steinige Pfad schlängelte sich stetig höher durch die unendliche Schuttwüste. »Es sieht aus wie auf dem Mond«, notierte Wilson, und würde nicht ab und zu eine Dohle hoch über ihnen ihre Kreise ziehen, das Tal hätte völlig verlassen gewirkt. Aber das war es nicht – im Gegenteil. Unvermittelt standen sie an einer Manimauer, die sich fast über die gesamte Breite des Tals zog. In viele der rundlichen Steine hatten Pilger oder Mönche das älteste und bedeutendste und in Tibet allgegenwärtige Mantra eingraviert: Om Mani padme hum – Oh, du Juwel der Lotusblüte. Leise murmelten die drei Bhutias das Mantra des Bodhisattva Avalokiteshvara, hoben drei kleine Steine auf und legten sie zu den Abertausenden, die Pilger, Mönche, Händler und Wanderer in vielen Jahren hier zu dieser Manimauer aufgetürmt hatten. Auch Wilson legte einen rundgewaschenen Granitbrocken auf die steinerne Grenze. Hinter dieser Mauer begann das Reich der Berge und Klöster, eine heilige Region, in der kein Tier getötet oder geschlachtet und kein Stein aus den Bergen gebrochen werden durfte und in der die Gegenwart der Götter und Geister spürbar war. Wilson lief ein leichter Schauer über den Rücken, er war entschlossen, die Heiligkeit des Platzes zu respektieren.

Ob Blauschafe, Murmeltiere oder Dohlen, die Tiere im

obersten Rongbuk-Tal waren erstaunlich zahm, sie kannten den Mensch nicht als Feind. Schon die jagdbegeisterten Engländer hatten das zu ihrem Erstaunen und Leidwesen während der Expedition 1921 festgestellt, denn natürlich hatten sie sich gegenüber dem Lama von Rongbuk verpflichtet, die Regeln einzuhalten und verzichteten schweren Herzens auf frisches Wild und Geflügel auf ihrem Speiseplan. Das getrocknete Schaf- oder Yakfleisch, das sich die Träger kochten, rührten die Europäer nicht an. Trotzdem gab es in jeder der Everest-Expeditionen Ignoranten, denen jeglicher Respekt für die Traditionen ihrer Gastgeber abzugehen schien. Auf der Everest-Expedition 1924 beispielsweise löste Bentley Beetham das »Fleischproblem« der Engländer so:

»In heiligen Tälern, wo das Töten verboten war, suchte ich die Vögel nachts mit einer Viehseuche oder Gehirnblutung heim. Am nächsten Morgen meldete der chinesische Koch ernst und würdig, daß die Tiere gestorben seien.«

Unter anderem dieser Vorfall führte dazu, daß die Briten neun Jahre lang keine Erlaubnis mehr aus Lhasa für eine neue Everest-Expedition bekamen. Erst im Jahr 1933 durften sie wieder eine Besteigung des Mount Everest versuchen, die allerdings erfolglos verlief. Jetzt, im Frühjahr 1934, war sich Wilson absolut sicher, würde er hier oben keinem Landsmann begegnen.

Sie zogen weiter nach Süden, der Wind in den oberen Talregionen wurde spürbar kälter, und nirgends auf dem Weg bot sich ein Schutz gegen den kräftezehrenden Sturm. Tewang wies auf die westliche Talseite, aber Wilson konnte zunächst nichts Besonderes erkennen. »Altes Kloster«, sagte Tewang, »sehr altes Kloster!«

Wilson kniff die Augen zusammen und sah dann am Fuß der Hänge zwischen lockerem Geröll und Sand einige Klippen aus rötlichem Gestein emporragen – zwanzig, dreißig Meter vielleicht, und sie umschlossen gewaltige Felsgrotten.

Kunstvoll aufgeschichtete Trockenmauern, die organisch aus dem natürlichen Fels herausgewachsen schienen, verbanden Höhlenwände und Klippen. Die Ruinen von Chöpuk. Dort lehrte vor 350 Jahren der Lama Sangwa Dorje seine Schüler die Tantra-Lehren der Nyingmapa. Aus allen Regionen Tibets kamen damals Pilger und Mönche hierher, um den berühmten Lama zu hören, der schon zu Lebzeiten die Erleuchtung erlangt haben soll und zum Meditieren auf die höchsten und schroffsten Bergspitzen fliegen konnte – so hieß es. Auf jeden Fall wurden nach seinem Tod Augen, Herz und Zunge nicht verbrannt, sondern als Reliquien in eine Stupa eingemauert. Die fünfte Reinkarnation des Lama Sangwa Dorje leitete jetzt das Kloster Rongbuk, und morgen würde Wilson ihn vielleicht sehen.

Nach Südwesten zweigte jetzt ein Tal ab, das direkt zum Cho Oyu führte, dem westlichen Nachbarn des Everest und ebenfalls über achttausend Meter hoch. Am Talende konnte man bereits die weißen Eistürme der unteren Gletscherbrüche im Sonnenlicht blitzen sehen, darüber erhob sich die gewaltige Nordwand des zweigipfligen Massivs. Nach Westen fiel der Grat ab zum Nangpa La, einem vergletscherten, über fünftausend Meter hoch gelegenen Paß, über den seit Jahrhunderten die Menschen aus Tibet und der Region Solu Khumbu reisten. Einst wanderten die Sherpas aus Osttibet über diesen Paß in das unbewohnte Gebiet südlich des Everest, um es zu besiedeln. Heute ziehen die Yakkarawanen der Händler oder Mönche über den Nangpa La.

Es ging weiter südwärts. Der eisige Wind schmerzte auf Stirn und Wangen, unendlich zog sich die Gerölleinöde dahin, ein Weg, der nirgendwohin zu führen schien. Die einzige optische und akustische Abwechslung in dieser Steinwüste bot der rauschende Dzakar Chu. Kurz darauf schlängelte sich der Pfad hoch über dem Fluß an einer Felswand entlang, sie mußten sich um eine scharfe Felsnase hangeln, der Talgrund weitete sich, und sie standen unvermittelt am Anfang des oberen Rongbuk-Tals. Eben und gleichförmig zog es viele Kilometer nach Süden, die Schutthänge links und rechts stiegen sanft, aber stetig an, oben begrenzt von scharfen braunrötlichen Pfeilern und Klippen, die senkrecht aus dem Geröll herauswuchsen, dazwischen immer wieder runde schneebedeckte Gipfelkegel. Am Ende des direkt nach Süden führenden Tals stand oder vielmehr prangte eine riesige Masse aus Fels und Eis, direkt im Zentrum dieser Arena, wie ein wuchtiger Talabschluß – der Mount Everest, Chomolungma, die Göttin Mutter der Erde, der »Berg, über den kein Vogel fliegen kann«, der Sitz von Jomo Miyo Lang Sangma. Wilsons Herz pochte schneller, nicht nur wegen der Anstrengung in der dünnen Luft. 3500 Meter erhebt sich die Nordwand aus dem Firn des Rongbuk-Gletscher, querverlaufende Gesteinsbänder und zwei senkrechte, tiefe Couloirs gliedern die breite Wand, deren Begrenzungsgrate wie zwei leicht gespreizte Flügel wirken, die den Kessel zwischen Östlichem und Westlichem Rongbuk-Gletscher umfassen. Der Vormonsun hatte fast gänzlich den Schnee vom Berg geweht, aber die Spitze präsentierte sich mit ihrer charakteristischen Schneefahne, die wie weißer Rauch nach Osten zog und den enormen Sturm erahnen ließ, der fast immer den Gipfel umtoste. Es war früher Nachmittag, der Himmel wolkenlos und tiefblau, die Sonne stand noch hoch im Südwesten, und das senkrecht fallende Licht ließ die schwarzen Grate, Bänder und Rippen unnatürlich flach und konturlos erscheinen. Der Everest war sicher keine elegante Berggestalt. Spötter hatten schon bemerkt, ginge es nicht um seine außergewöhnliche Höhe, er wäre schon längst vergessen. Doch Wilson schüttelte leicht den Kopf und mußte an Mallorys Eindrücke denken, als dieser zum ersten Mal hier stand:

»Der Everest am Talschluß gibt sich weniger als Gipfelbau, denn als ungeheure Bergmasse. Das Auge stößt nur auf einfache Linien, und es ist, als begnüge der Erde gewaltigster Berg sich mit der ruhigsten königlichen Gebärde. Rundum stehen andere Riesen, aber keines ihrer kühnen, schlanken Häupter reicht dem Großen auch nur bis an die Schulter. Sie liegen unbeachtet im Schatten des Herrschers.«

Wilson löste seinen Blick vom Everest und betrachtete die Umgebung. Zwischen ihm und dem Berg ragte die Stupa-Pyramide des Klosters Rongbuk empor. Nur zweihundert Meter von ihm entfernt lag auf einer Schutterrasse links des Weges der ummauerte Klosterkomplex auf fünftausend Meter Höhe. »Das höchstgelegene Kloster der Welt«, dachte Wilson, »und am Ende der Welt, sicherlich am einsamsten Ende.« Etwa zwei Dutzend Gebäude standen innerhalb der Mauern, flache einstöckige Wohnquartiere der Mönche und Nonnen. In der Mitte der Anlage befanden sich die Versammlungshalle, die Küche und die Räume des Abtes. Vor dem großen Eingangstor ragte eine große, weißgetünchte Stupa in die Höhe, die mit bunten Gebetsfahnen geschmückt war. Von der Stupa leiteten in einer Reihe aufgestellte drehbare Zylinder zum Klostereingang, auf hölzerne Achsen montierte Gebetsmühlen, auf denen wieder das ewige Om Mani padme hum, in Kupfer getrieben, zu lesen war. Jede quietschende Umdrehung verbreitete das heilbringende Mantra vielfach und sicherte dem Gläubigen etwas mehr gutes Karma. Direkt unterhalb der Stupa lag eine kleines, ummauertes Areal, auf dessen steinigem Grund sich das erste und weit und breit einzige zarte Grün dieses Jahres zeigte. Wilson und seine drei Begleiter steuerten auf die kleine Wiese zu, schlugen das Zelt auf und ließen das Pony grasen. Unmittelbar hinter der Wiese sprudelte ein Quellbach aus dem Schotterhang, junge Mädchen schleppten Wasser in großen Kupferkannen ins Kloster, eine Handvoll mächtiger Yaks graste im dürren Bewuchs rund um die Quelle.

Natürlich war ihre Ankunft nicht unbemerkt geblieben, schon lungerten neugierige junge Mönche an der Mauer und beobachteten ihr Treiben. Tewang begrüßte sie und sagte zu Wilson, daß er im Kloster ihre Ankunft melden wollte und erklären, wer sie seien und was sie vorhätten. Später dann würde Sahib Wilson sicherlich noch Gelegenheit für einen Besuch beim Lama haben. Wilson war es sehr recht so, im Moment stand ihm wenig der Sinn nach Konversation mit dem Abt des Klosters, zu sehr hatte ihn der Weg angestrengt, die Höhe machte ihm immer noch zu schaffen. Aber vor allem war er noch immer so erfüllt und gefangen vom langersehnten Everest.

Rinzing kochte Tee, Tewang war noch im Kloster unterwegs, und Tsering würde erst morgen oder übermorgen wieder zu ihnen stoßen. Er hatte sich hinter Shekar von ihnen getrennt, um in der Nähe Lebensmittel zu kaufen. Wilson setzte sich in den Windschatten der Mauer und sah den Dohlen über sich bei ihren Flugkunststücken zu. Die Sonne sank hinter die Gipfelkette der westlichen Talseite, die großen Rippen und Schluchten der Nordwand traten jetzt räumlicher, greifbarer hervor, das schwarze, flächige Felsbollwerk löste sich auf in ein kunstvolles Gebäude aus scharfen Graten, abschüssigen Bändern, schuttbedeckten Terrassen und schlanken Pfeilern. Gelbe Gesteinsschichten lagen fast waagerecht über bräunlichen, Schneeadern durchzogen die Jahrmillionen alten Sedimente längst vergangener Organismen, die sich einst Schicht um Schicht am Grund eines urzeitlichen Meeres abgelagert hatten. Noch immer hoben die Kräfte der Erde den Himalaja in die Höhe, jährlich um einige Millimeter.

Am Gipfelgrat der Chomolungma hoben sich die Felszacken des sogenannten Second Step deutlich vor dem Himmel ab, Ort des großen Mysteriums von Mallory und Irvine. Dort wurden die beiden als zwei schwarze Punkte zwischen

Wolkenschleiern und Fels das letzte Mal gesichtet, bevor sie für immer verschollen wären. Verschwanden sie im Himmel oder in der Tiefe? Wirkte der große Berg am Mittag noch wie ein Vogel mit leicht erhobenen Schwingen, glich er jetzt mehr einer Kathedrale, die nie vollendet wurde, die gleichzeitig verfiel und erbaut wurde.

Wilson fühlte einen tiefen Frieden, wie er ihn seit Jahren nicht mehr erlebt hatte. Hier fand er seinen Seelenfrieden wieder, der ihm in den Feuersbrünsten und Gasattacken auf den Todesfeldern von Ypres geraubt worden war. Fünfzehn Jahre der Suche, der Qualen, kamen zu ihrem Ende. Er hatte hierherkommen sollen ... »Enid, hörst du mich? Ich bin in deiner Nähe ...«

15. April
Wir sind in Rongbuk! Ein beeindruckendes Kloster, interessant, aber auch sehr schmutzig. Mönche, Nonnen und auch Kinder leben hier. Wir wurden freundlich empfangen und kampieren draußen vor dem Kloster, morgen besuche ich den Abt.

Sieht sie nicht phantastisch aus? Nein, nicht du! Du natürlich auch, ich meine diesen rötlich schimmernden Riesenberg da! Wie eine Göttin, eine Königin. Habe heute wieder eine einmalige Sicht auf die Wände, Grate und den Gipfel. Wenn ich auf diese unwirkliche Schönheit schaue, fühle ich mich als ein Teil von ihr. Es ist richtig, daß ich hier bin, ich mußte herkommen! Ich beginne wieder mit meiner Diät. ... es ist merkwürdig, aber ich habe das sichere Gefühl, daß es für mich gut laufen wird. Morgen ist der 16. April, ich könnte zu meinem Geburtstag oben stehen, ein angemessenes Geschenk, findest Du nicht? Wenn das Wetter auch noch weiter hält, bin ich wirklich unter einem glücklichen Stern geboren. Ach, natürlich, ich mache dies alles doch vor allem für Dich, Du bist der goldene Faden von Beginn an ...«

Zatul Ngawang Tenzing Norbu war ein hoher Lama der Nyingmapa-Tradition, der sogenannten Altgläubigen, die ihre Ursprünge auf den großen Heiligen Padmasambhava zurückführen, der vor 1300 Jahren den Buddhismus von Indien nach Tibet brachte. Die Nyingmapa waren bekannt für ihre besonderen spirituellen Exerzitien und magischen Fähigkeiten. Viele der großen Mystiker und Yogis Tibets gehörten den Nyingmapa an. Das Tal von Rongbuk und seine heiligen Plätze waren lange Zeit die bedeutendsten Pilgerziele im südlichen Tibet, berühmt und legendenumwoben:

Padmasambhava soll einst auf mysteriöse Weise über die höchsten Himalaja-Gipfel in die Gegend von Rongbuk gekommen sein und ließ sich dort für eine Weile zur Meditation nieder. Er kämpfte mit den Dämonen, und trotz schlimmster Stürme und vergifteter Luft warf er sie schließlich nieder. Ein Lama der alten, die Dämonen verehrenden Bon-Religion forderte Padmasambhava zu einem Wettstreit heraus, wer von beiden mächtiger sei, der Lehrer des Buddhismus oder der Lama des Bon. Sie entschieden sich für einen Wettlauf zum Gipfel der Chomolungma. Noch in der Nacht machte sich der Bon-Priester auf den Weg, er ritt auf seiner magischen Trommel. Als ein Schüler Padmasambhavas dies entdeckte, weckte er aufgeregt seinen Meister, um ihm zu sagen, daß sie schnell ebenfalls aufbrechen mußten. Aber Padmasambhava entgegnete: »Hab keine Angst! Wir gehen, wenn die Sonne aufgegangen ist.« Und er drehte sich wieder um. Beim ersten Sonnenlicht saß er auf seinem Stuhl und wurde auf einem Lichtstrahl direkt auf den Berggipfel befördert. Dort saß er eine Zeitlang. Dann stieg Padmasambhava ab und ließ seinen Stuhl zurück. Der Bon-Lama gab sich geschlagen, und die Geister behielten seine Trommel.

Wenn man heute also eine Steinlawine den Berg herabstürzen hört, sagt man: Die Geister schlagen die Trommel.

Wie so viele tibetische Lamas strahlte Ngawang Tenzing Norbu eine humorvolle Wärme aus, die so gar nicht zur formalen Würde seines Amtes und der unterwürfigen Behandlung durch die einfachen Mönche passen wollte. Der Abt von Rongbuk besaß großen Einfluß. Alle Klöster der näheren Umgebung und auch die Rongbuk-Ableger Tengboche und Pangboche auf der Südseite des Everest entschieden keine wichtige Angelegenheit, ohne vorher Ngawang Tenzin Norbu um seinen Rat zu fragen. Er war ein Mann von 68 Jahren, untersetzt und wohlbeleibt, mit einem oft verschmitzten Lächeln. Er trug eine Brille, ein damals in Tibet ebenso seltenes Utensil wie das Glas in den Fensterrahmen seiner Privaträume. Dort erwartete der Abt des Klosters Rongbuk den ungewöhnlichen Gast aus einem fernen Land.

Wilson hatte seinen Rucksack durchwühlt und eine eigenwillige Kombination aus dem nicht allzu großen Kleidungsfundus zusammengestellt, von der er meinte, sie sei für eine Audienz beim Lama am angemessensten. Zu seinem Flieger-Shirt trug er eine grüne, dichtgewebte Wollhose und weiße Tennisschuhe. »Jeder müßte denken, ich gehe zum Picknick«, notierte er. Zusammen mit Tewang, Rinzing und dem mittlerweile wieder eingetroffenen Tsering schritt er durch das Eingangstor des Klosters, über den ersten Innenhof vorbei an einem gemauerten Ofen für Wacholderopfer in den zweiten Innenhof und dann über eine sehr steile Holztreppe zu den privaten Räumen des Abtes. Mehrere ältere Mönche und ein Übersetzer erwarteten sie dort. Lama Ngawang Tenzing Norbu saß etwas erhöht im Schneidersitz an der Stirnseite des Raumes, die rote Robe über die Schulter geschlagen, auf dem Kopf den typischen spitzzipfeligen Lama-Hut. Sie verneigten sich tief beim Eintreten, wobei Wilson das Benehmen seiner drei Träger aus den Augenwinkeln genau beobachtete, denn er wußte nicht, wie man sich in Gegenwart eines hohen Lamas angemessen verhielt, ohne jemanden zu beleidigen. Begrüßungsformeln murmelnd, die Handflächen vor der Brust aneinandergelegt, gingen sie, sich immer wieder tief verbeugend, zum Sitz des Abtes, der sie dann mit einem kurzen Spruch und der segnenden Bewegung mit dem Dorje wieder entließ. Nun war Wilson an der Reihe, und er wurde mit einer Handbewegung aufgefordert, nach vorne zu treten. Erst jetzt durchzuckte es ihn: Er hatte kein Geschenk mitgebracht. Das war natürlich ein Fauxpas, denn normalerweise bringt jeder Teilnehmer einer Audienz ein Präsent für den Abt oder das Kloster mit. Noch im Verbeugen und Niedersetzen nestelte er schnell aus seiner Hosentasche einen Fünf-Rupien-Schein und hielt ihn lächelnd dem Lama entgegen. Der nickte freundlich, lächelte ebenfalls und steckte den Schein dem Übersetzer zu, einem jungen Mönch zu seiner Rechten. Dann erhielt auch Maurice Wilson den Segen des Abtes.

»Wie heißt du?«

»Maurice Wilson.«

»Und woher kommst du?«

»Aus dem Land, das als England auch in Tibet bekannt ist.«

»Ja, ich kenne den Namen. Vor vielen Jahren und auch im vergangenen Frühjahr waren wiederholt Männer aus England hier im Tal. Sie kamen mit vielen Yaks, Trägern und Zelten über den Pang La. Sie blieben viele Wochen im Frühling und wollten den Berg Chomolungma besteigen.«

»Ja, ich weiß von diesen Expeditionen. Sie waren sehr berühmte Männer in England, ich habe darüber viel gelesen, aber kenne keinen dieser Männer persönlich.«

»Sie waren berühmt in deinem Land, sagst du, warum?«

»Weil sie die Chomolungma, den Berg, den die Engländer Mount Everest nennen, besteigen wollten.«

Ngawang Tenzing Norbu lachte.

»Wegen dieser unnützen Tätigkeit sind sie so bekannt in

eurem Land? Das ist bemerkenswert.« Er lachte wieder, und einige der umsitzenden Mönche fielen mit ein.

Wilson zögerte etwas.

»Auch ich ... komme ... wegen dieser unnützen Sache, auch ich will die Chomolungma besteigen.«

»Damals waren es hundert, zweihundert Männer mit vielen Yaks, ihr seid nur zu viert!«

»Ja, ich weiß. Aber ich denke, daß die Größe der Gruppe gerade ihr Problem war. Unter anderem deshalb sind sie gescheitert.«

Der Abt zog die Augenbrauen hoch, sagte nichts und schien nachzudenken.

»Vielleicht hast du recht. Aber was macht dich so sicher?«

»Ich ... ich ... Es ist schwierig zu erklären ... Ich hatte eine Vision, eine Eingebung, daß ich hierherkommen sollte ...«

»Eine Vision über eine solch unnütze Sache, das ist erstaunlich. Visionen sind wichtige Hilfsmittel des Geistes, Maurice Wilson, aber man muß lernen, ihre Bedeutungen zu unterscheiden.«

»Ja, das ist richtig. Ich glaube, daß ich das auch tat. Du mußt wissen, ich bin in gewisser Weise auch ein Mann der Religion, kein Priester oder so etwas, aber ich habe ... Gott erlebt ... und auch deshalb bin ich hier.«

»Oh!«

»Es ist etwas wie eine Pilgerfahrt ... und ich will den Menschen in England zeigen, was wahrer Glaube bewirken kann ...« Wilson hielt inne und fuhr dann fort: »Ich muß dazu vielleicht etwas erzählen: Ich war vor einigen Jahren so krank, daß ich fast gestorben wäre. Niemand konnte mir helfen. Und da hatte ich meine erste Vision und verstand, daß ich eine Aufgabe von Gott erhalten hatte, und ich wurde wieder gesund. Das hat mein Leben verändert.«

»Ich verstehe!« Ngawang nickte. »Bist du Buddhist?«

»Nein, nicht direkt … ich … wir haben in England eine andere Religion, das Christentum. Fast alle Engländer sind Christen, ich war auch ein Christ, aber … es ist schwer zu erklären … Ich lernte andere Religionen kennen, ich reiste durch viele Länder …«

»Hast du nun eine Religion oder nicht?«

»Ja, aber keine, glaube ich, der ich einen Namen geben könnte. Ich denke, es gibt in allen Religionen gute und schlechte Dinge. Zum Beispiel habe ich vor vielen Jahren Buddhisten aus Indien kennengelernt und mit ihnen viel gesprochen. Daraufhin wurde ich zum Vegetarier und beschloß, niemals andere Lebewesen zu töten, das war etwas Gutes.«

»Sicherlich«, stimmte der Lama lächelnd hinzu, »und was ist das Schlechte im Buddhismus?«

Wilson schluckte und ärgerte sich über sein etwas zu großes Mitteilungsbedürfnis, aber dieser Mann war ein Gesprächspartner, wie er ihn seit Monaten nicht gehabt hatte.

»Ich denke, zum Beispiel … ich würde sagen … euer Glaube an die vielen Geister und Dämonen, die überall hausen sollen, das macht den Menschen angst, das ist wenig hilfreich.«

Ein Raunen ging durch die Reihen der Mönche, nachdem der Übersetzer geendet hatte. War er zu weit gegangen? Auch seine drei Bhutias schienen etwas bedrückt dreinzuschauen. Es entstand eine unangenehme Stille. Ngawang Tenzing Norbu sagte schließlich:

»Du bist ein ehrlicher Engländer. Das ist gut. Es waren nicht alle ehrlich, die hierherkamen.«

Wilson nickte stumm und erinnerte sich an den Bericht der ersten englischen Expedition zum Everest im Jahr 1921. Ihr Leiter, der in den Ländern Asiens erfahrene General Charles Bruce, hatte versucht, dem Ober-Lama das Anliegen der Bergsteiger mit einer kleinen Lüge schmackhaft zu machen:

»Die tibetischen Lamas, zumal die besseren, sind gewiß keine Materialisten. Ich hatte den glücklichen Einfall zu sagen, daß wir unsere Reise und den Versuch, auf den Gipfel zu gelangen, als eine Wallfahrt betrachteten. Ich fürchte, daß ich meinen Gefährten ein ganz besonders feierliches Gelübde unterschob. Diese frommen Lügen wurden wohlgefällig aufgenommen …«

»Ich glaube dir, daß du ein Pilger bist, vielleicht ein ungewöhnlicher, aber ein ehrlicher Pilger. Du bekommst meinen Segen für dein Unternehmen. Schone die Tiere und alle Lebewesen und belasse die Steine im Erdreich! Und komme bitte wieder, nachdem du auf dem Berg warst, damit wir uns weiter unterhalten können, dann vielleicht in Ruhe beim Essen, jetzt warten noch andere auf mich.«

Wilson war über das abrupte Ende der Audienz ebenso überrascht wie über das Wohlwollen des Abtes.

»Ich danke Ngawang Tenzing Norbu für seinen Segen, und ich möchte ihm sagen, daß ich die halbe Welt bereist habe und viele Menschen aus vielen Länder kennengelernt habe, aber mich selten in jemandes Gegenwart so wohl gefühlt habe wie in seiner.« Wilson verbeugte sich tief, und auch der Lama nickte ihm höflich lächelnd zu.

»Maurice Wilson, du bist ein besonderer Mann. Ich wünsche dir Glück … Trotzdem bleibt es natürlich ein unnützes Tun! Und … was die Geister und Dämonen betrifft, wie du sie nennst, ich denke, man muß lernen, sie zu erkennen. Und gib acht, auch dort oben leben welche, die uns Menschen nicht wohlgesinnt sind. Man muß große innere Stärke besitzen, um ihnen zu widerstehen und keinen Schaden zu nehmen. Das sagte ich auch den Engländern vor vielen Jahren, aber dann starben doch viele der Träger.« Er machte eine Pause und fuhr dann fort: »Weißt du, was die Menschen hier glauben? Dort oben an der Chomolungma und an den anderen hohen Bergen leben die Schneemenschen, die Sukpas. Es ist besser, ihnen nicht zu begegnen, es bringt großes Unglück. Manchmal kommen sie herab, töten einen Mann oder verschleppen Frauen, oder sie töten einen Yak durch einen Biß in den Hals und trinken sein Blut. Sie sind groß, ganz behaart und gefährlich. Wenn du einem begegnen solltest, mußt du schnell bergab laufen, dann fällt dem Sukpa sein langes Haar vor die Augen, und du kannst entkommen.«

Ngawang Tenzing Norbu lachte. Und einen Moment lang dachte Wilson, der alte Lama glaube natürlich nicht an die alten Legenden, die an den Feuern der Yakhirten erzählt wurden.

Wilsons Träger übergaben dem Abt noch drei Rupien und einen Schal als Geschenk, im Gegenzug erhielten sie eine halbe getrocknete Ziege und Yakfleisch. Dann war die Audienz beendet. Sie traten hinaus in die frostklare Nacht und Wilson schaute in einen Sternenhimmel, wie er ihn noch nie zuvor gesehen hatte. Ein funkelndes Gewebe überspannte das stille Rongbuk-Tal, die Milchstraße verlief direkt über ihren Köpfen im Himmelszenit. Die schwarze Silhouette des Everest im Süden wirkte jetzt unscheinbar und plump.

Noch am gleichen Abend bei Kerzenschein in seinem Zelt vertraute er seinem Tagebuch an, was er über diese ihn sehr beeindruckende Begegnung mit dem Lama dachte:

»Wir hatten nur eine halbe Stunde Zeit, aber es war ein großartiges Gespräch. Ich fühlte mich glücklich in seiner Gegenwart.«

Ein Jahr zuvor hatte Hugh Ruttledge, der Leiter der englischen Everest-Expedition 1933, den Lama getroffen und war genauso von ihm beeindruckt wie Maurice Wilson:

»Der Lama trauerte noch um den Verlust einer seiner Schwestern, aber er war bereit, die Männer der Expedition zu segnen, die eine eigenartige Verrücktheit nun zum vierten Mal zum Mount Everest gebracht hatte ... Er bat mich, vorsichtig zu sein und darauf zu achten, daß keine Tiere im Rongbuk-Tal getötet würden und die Leute gut zu behandeln seien. Dann versprach er, für uns zu beten. Er bat uns Europäer, das Mantra Om Mani padme hum nachzusprechen und kicherte über unsere eigenartige Betonung. Wir erlagen einfach dem Charme dieses Mannes, der trotz seiner Heiligkeit sehr warmherzig ist und wie ein guter Freund wirkt.«

Am Morgen ging Wilson noch einmal zum Kloster zurück. Er hatte über das angeregte Gespräch mit dem Abt etwas Wichtiges vergessen. Angeblich sollten noch einige Kisten mit Ausrüstung und Lebensmitteln im Kloster sein, die die Ruttledge-Expedition vor einem Jahr zurückgelassen hatte, wie er von seinen Bhutias wußte. Wilson wollte Ngawang Tenzing Norbu bitten, ob er einige Dinge davon mitnehmen dürfte. Die Sonne war vor kurzem über den östlichen Bergspitzen aufgetaucht, und schnell erwärmte sich der reifüberzogene Boden. Der Himmel war klar, Chomolungma lag einfach da. Soeben war das laute Tremolo der Klosterglocke verklungen, die zum morgendlichen Gebet rief, als Wilson in den Innenhof trat. Ein junger Mönch, der etwas verspätet von seinem Quartier zur Versammlungshalle eilte, gab Wilson zu verstehen, daß der Abt jetzt keinesfalls zu sprechen sei, daß er, Wilson, aber ein gerngesehener Gast beim Gebet wäre. Und schnell entschwand der Mönch mit wehendem Wollumhang hinter der schweren Holztür der Versammlungshalle. Wilson hörte kurz ein anschwellendes Gemurmel Dutzender Mönche im Gebet, dann war es wieder still, und er stand etwas unentschlossen im Klosterhof. Als er sich umschaute, sah er in der Mitte des gepflasterten Hofs einen gemauerten, weißgetünchten Ofen. Aus dem spitz zulaufenden Abzug stieg eine weiße Rauchfahne. Im Ofen glimmten

Wacholderzweige, deren eigenwilliger Geruch den Hof erfüllte. »Eigenartig«, dachte Wilson, »sicher hat weder die katholische Kirche diese Sitte aus Tibet übernommen noch umgekehrt.« Auch in der Vergangenheit hatten immer wieder Reisende, wenn sie zum ersten Mal mit dem tibetischen Buddhismus in Berührung kamen, über rituelle oder auch dogmatische Ähnlichkeiten mit dem Katholizismus spekuliert. Vor allem Jesuiten, die vor dreihundert Jahren als erste Europäer Tibet erreichten, wollten von äußerlichen Analogien auf eine göttlich inspirierte Gleichartigkeit schließen und sahen in den Tibetern schon »Proto«-Christen, denen nur noch der letzte Anstoß zur »wahren« Religion fehlte. Der Jesuit António de Andrade beschrieb in seinem 1624 veröffentlichten Buch »Neue Entdeckung des großen Catay oder des Königreiches Tibet« seine Beobachtungen in einem Kloster:

»Sie obliegen den größten Teil des Tages dem Gebet, welches sie wenigstens zwei Stunden am Morgen und ebenso lang am Abend pflegen. Sie singen so wie bei uns im ruhigen Ton, wie der cantus firmus. Die Lamas scheinen mir recht sanftmütige Personen zu sein, und auch bei den Laien hört man kaum einmal ein barsches Wort. Auch haben sie Gebetshäuser ähnlich den unseren, alle sehr reinlich und mit Gemälden an Decken und Wänden. In Tsabrang sahen wir eine sitzende weibliche Gottheit mit erhobenen Händen, sie sagen, es sei die Gottesmutter.«

»Ja, weit gefehlt«, dachte Wilson, »Jesuiten und Kapuziner hatten entgegen mehrfacher Ermahnungen aus dem Potala ihre hartnäckigen Missionsversuche nicht eingestellt und mußten schließlich das Land verlassen. Tibet wählte die Isolation, wurde zum geheimnisumwitterten Land am Ende der Welt und Lhasa zur ›verbotenen Stadt‹.«

Den Klosterinnenhof umgab eine überdachte Galerie auf

der ersten Ebene, gestützt von kunstvoll geschnitzten Holzpfeilern. Eine steile Treppe führte vom Innenhof in einen Raum neben der Gebetshalle. Dort stand auf einem Podest leicht erhöht der niedrige mit Kissen gepolsterte Holzsitz von Ngawang Tenzing Norbu, dahinter eine Regalwand, in der der tibetische Schriftenkanon Kanjur und Tanjur aufbewahrt wurde, rund dreihundert Bände im länglichen tibetischen Blockdruck, eingebunden zwischen kräftigen Holzdeckeln, eingeschlagen in gelbe Baumwolltücher. Die Wände der Halle waren mit farbenprächtigen Heiligengemälden verziert. Goldene Buddhas der Zeiten und Himmelsrichtungen, Medizinbuddhas, ein tausendarmiger Bodhisattva Avalokiteshvara, Guru Rinpoche, ein entrückter Milarepa, die weiße und die grüne Tara, das komplexe tibetische Pantheon war in seinen mythologischen Bezügen, Doppeldeutigkeiten und vielfachen Erscheinungsformen der Figuren mehr als verwirrend. Vor einem Gemälde blieb Wilson länger stehen. Er erkannte die Darstellung nach den Erzählungen Tewangs: Vor einer imposanten Bergkulisse ritt eine schöne Frau auf einem roten Tiger. Sie trug kostbare Gewänder, Schmuck und einen üppigen Blumenkranz auf ihrem Kopf. Ihre Haut schimmerte orange, in der einen Hand hielt sie eine Schale voller Obst und Feldfrüchte, auf der anderen Handfläche stand ein Mungo. Das war die Göttin Jomo Miyo Lang Sangma, eine der »fünf Schwestern des langen Lebens«. Sie und ihre vier Schwestern bewohnten die höchsten Gipfel des Himalaja. Und der Everest ist die Wohnstätte von Jomo Miyo Lang Sangma. Sie gibt den Menschen die Nahrungsmittel.

Durch die Wand drang aus der nebenan liegenden Gebetshalle Musik, ein dumpfer, stampfender Baßton. Wilson ging zurück zum Eingangstor und drückte langsam den Riegel herunter. Lautlos öffnete sich die Holztür, und er schlüpfte schnell in das Halbdunkel der fensterlosen Halle. Langsam gewöhnte er sich an das schwache Licht von Dutzenden Butterlampen, die in kleinen Bronzeschälchen entlang der Wände aufgestellt waren. Flackernd beleuchteten sie Wandgemälde und mehrere Heiligenstatuen, die in kleinen Nischen standen. An der Stirnseite saß unverkennbar Abt Ngawang Tenzing Norbu auf einem gepolsterten Sitz unter einer blau-goldenen Statue des Padmasambhava. Seine spitze Zipfelmütze, Zeichen der Abtwürde, wippte bei jeder seiner Bewegungen im Takt der monotonen Gebetslitaneien. Er war der uneingeschränkte Zeremonienmeister, bestimmte Form und Charakter der Rituale. Ihm assistierten zwei Mönche. Zimbeln schepperten, langstielige Trompeten dröhnten, Handtrommeln klapperten und jagten das Tempo, der vielstimmige Gebetschoral steuerte gerade auf ein Crescendo zu, ohne daß Maurice Wilson nur die leiseste Ahnung gehabt hätte, um was es im Moment ging. Nie zuvor hatte er eine solche Kakophonie gehört, er konnte keine Struktur und keine Form in der Musik erkennen. Erst erschien es ihm, als ob ein vielköpfiges Orchester die Anweisung erhalten hätte, daß jeder Solist aus Leibeskräften eine persönliche Improvisation auf seinem Instrument spielen sollte, ohne nur im geringsten auf den Klang des Ganzen zu achten. Langsam erkannte er, daß die Rhythmen und Harmonien auch wieder dem Gesetz der häufigen Wiederholung zu gehorchen schienen, ähnlich wie die ewigen Gebete, die unendlichen Umdrehungen der Gebetsmühlen oder die zahllosen Niederwerfungen von Pilgern vor dem Jokhang. Auch die Musik war eine eigene Art des Gottesdienstes, der Anbetung und Verehrung. Wilson war plötzlich verblüfft über dieses Ausmaß an rituellen Verpflichtungen und an spiritueller Disziplin. Es schien, als ob die ewige Beschwörung in der Lage war, Himmel und Erde an ihrem Platz zu halten, den Lauf von Sonne und Mond zu gewährleisten. Was würde geschehen, wenn eines Tages in diesem Land plötzlich nicht mehr Millionen Litaneien täglich durch die einsamen Täler und Schluchten hallen würden, keine Gebetsmühlen über Bergbächen rattern könnten und keine Gebetsfahnen auf hohen Pässen das ewige Om Mani padme hum in die Welt flattern ließen? Dieses Land würde sterben und der Himalaja zu Staub zerfallen. Wilson schluckte. Plötzlich war die morgendliche Ritualstunde zu Ende. Wilson schlüpfte aus der Gebetshalle und wartete im Innenhof auf Ngawang Tenzing Norbu. Als dieser ihn entdeckte, ging er sofort auf Wilson zu.

»Du warst in der Gebetshalle, habe ich richtig gesehen?«

»Ja, das ist richtig, ich war neugierig.«

»Das ist sicherlich kein Verbrechen, du bist jederzeit willkommen, obwohl ich mir wünschen würde, von deinem Besuch vorher zu erfahren. Ich würde meine Mönche dann ermahnen, mal etwas besser zu spielen und zu singen. Das war ja eben miserabel.« Ngawang lachte.

»Das habe ich so natürlich nicht erkannt, es war etwas verwirrend für mich, aber interessant.«

»Das kann ich verstehen, ich fand bei den Engländern auch vieles verwirrend ... Was ist der Grund deines Besuchs, ich dachte, ihr wolltet bereits aufgebrochen sein?«

Wilson trug ihm seine Bitte bezüglich der Hinterlassenschaften der Ruttledge-Expedition vor.

Der Abt stimmte nach einigem Nachdenken zu und wies einen jungen Mönch an, Wilson zu den Holzkisten zu begleiten, die in einem der hinteren Gebäude des Klosters in der Nähe der Yakställe aufbewahrt wurden.

»Du hast von deinen Plänen also bisher keinen Abstand genommen, na ja, ich hätte es mir denken können. Nun, diese Berg-Krankheit scheint auch schon die ersten Tibeter zu ergreifen. Vor dem Kloster lagert gerade ein junger Yaktreiber mit einer Salzkarawane aus Tingri. Es ist der Sohn meiner Schwester und lebt drüben im Solu Khumbu in Thame. Neunzehn Jahre ist er jetzt alt, aber schon als kleiner Junge, als er die Yaks auf den Hochweiden hütete, sprach er von nichts anderem als von der Jomo-Lang-ma, dessen Gipfel er besteigen möchte. Er macht seiner Familie schon angst mit diesen Geschichten. Nun will er, nachdem diese Karawane zurückgekehrt ist, nach Darjeeling gehen, um sich dort als Träger zu verdingen. Ich verstehe das nicht ...«

»Ja, es gibt mittlerweile eine richtige Kolonie von Sherpas und Bhutias in Darjeeling. Jedes Jahr kommen neue Expeditionen, und sie suchen Träger, Köche, Dolmetscher, Yaktreiber. Und sie bezahlen anständig. Ich kann ihm nur zuraten. Wie heißt der junge Mann?«

»Tenzing Norgay«, antwortete der Abt.

Nein, Wilson hatte kein schlechtes Gewissen, in den Ausrüstungskisten der Ruttledge-Expedition zu wühlen und sich gegebenenfalls den ein oder anderen Gegenstand anzueignen. Er fühlte sich allein schon aufgrund seines Hierseins im Recht, sich aus diesen Depots zu bedienen. Seine wichtigsten Errungenschaften waren ein Meade-Zelt, wesentlich tauglicher für das Hochgebirge als sein altes Zelt, einen ebenfalls höhenerprobten Benzinkocher samt Brennstoff und eine Kerzenlaterne. An den verführerischen Lebensmitteln wie Dosensardinen, Baked Beans, Fruchtdrops, Honig, Marmelade, Butter, Ovomaltine oder Keksen vergriff er sich nicht, geschweige denn am Rum oder Champagner. Fastete er nicht, so hielt er weiter an seiner frugalen Diät aus Haferflocken, Reis, Vollkornbrot und getrockneten Früchten fest. »Mit Hilfe von Glauben und Feigen will er den Mount Everest besteigen!« hatte ein Londoner Reporter gelästert.

»Glauben und Feigen haben mich immerhin schon zum Basislager gebracht, lästert ruhig weiter«, dachte Wilson und klappte die Deckel der Vorratskisten wieder zu.

Im Zelt breitete Wilson seine Ausrüstung aus und wählte wohlüberlegt aus: Nichts Überflüssiges durfte sich morgen im Rucksack befinden, ab jetzt trug er alles allein, Kleidung, Sonnenbrille, Hut, Zelt, Schlafsack, Höhenmesser, Pickel,

Seil, Kamera, Geschirr Kocher, Karte, Wasserflasche, Kerzen, Papier und Stift und natürlich Lebensmittel. Das war das Nötigste, aber es war genug. Einen Handspiegel packte er noch ein, denn er hatte mit dem Übersetzer-Mönch verabredet, daß er vom Nordostgrat Blinksignale mit dem Spiegel gegeben würde, damit die Mönche Bescheid wußten, daß es ihm gutginge.

Wilson notierte am Abend:

»Morgen geht es zum Basislager, und dann ist es Zeit, der Welt für eine Weile good bye zu sagen. Der Lama will auf meine Signale achten und betet für mich ... Everest sah an diesem Abend wieder wunderbar aus, meine Jungs hoffen, daß ich die Angelegenheit schnell erledigen kann. Sie waren die ganze Zeit eine wunderbare Begleitung.«

»Die Berge verraten niemandem ihre Geheimnisse, der nicht darum ringt.«
Francis Younghusband

Everest, Mai 1934
Martyrium

Noch nie zuvor hatten so viele gute Wünsche und Gebete aus Rongbuk den Gang eines potentiellen Everest-Eroberers begleitet, nie zuvor nahmen Lamas und Mönche derart Anteil am Schicksal eines Sahib, der sich dem »unnützen Tun« verschrieben hatte. Und auch die drei Bhutias Tsering, Tewang und Rinzing sahen dem Abenteuer von »Runnerbusy« Wilson mit Sympathie und Zuversicht entgegen. Am Abend brachte Tewang Wilson noch einige Kerzen ins Zelt, die dieser am nächsten Tag mitnehmen wollte. Zum Zeichen seiner Ergebenheit warf Tewang sich nieder und berührte mit der Stirn den Boden. Wilson fühlte sich verunsichert, waren Tewang und seine Kollegen für ihn doch Vertraute, die er als Partner behandelte und nicht als Träger, als »coolies«. Er bat Tewang aufzustehen, schüttelte ihm dann lange die Hand, dankte ihm für seine Loyalität und Hilfe und bekräftigte seine Entscheidung, am nächsten Tag allein starten zu wollen. Tewang gefiel das nicht, aber er erhob keine Einwände, verabschiedete sich mit Verbeugungen und ging rückwärts aus dem Zelt.

Leiser Gesang drang aus der Gebetshalle, als Wilson in der klaren Morgenkälte den schweren Rucksack schulterte und einen letzten Blick auf den goldenen Mond und die Sonne an der Stupa-Spitze warf. Ein perfekter Tag kündigte sich an, der Himmel war wolkenlos, der Wind kaum zu spüren. Wilson hatte gut geschlafen, fühlte sich ausgeruht und fit. Er hatte die feste Zuversicht, daß alles gutgehen würde. Die letzte Etappe seiner einsamen Reise hatte begonnen.

Auf einer Moränenterrasse unterhalb des Klosters lagerte die Yakkarawane mit ihrer Salzfracht aus Tingri, von der Ngawang Tenzing Norbu gestern erzählt hatte. Heute wollte die Karawane über den Nangpa La nach Nepal ziehen. Die ersten Yaks hatten sich erhoben und mit beruhigenden »Shoh! Shooh!«-Rufen versuchten die Treiber sie einzufangen und ihnen die in Stoffbahnen eingenähten Salzschollen auf die Tragsättel zu legen. Auch erfahrene Yaktreiber benötigten dazu meist mehr als einen Versuch, doch dann ließen sich die zotteligen Tiere an ihren gewaltigen Hörnern festhalten und in Ruhe beladen. Das helle Bimmeln ihrer Halsglocken bei jedem neuen Ausreißversuch begleitete Wilson noch ein Stück seines Weges. Der Pfad führte entlang des östlichen Bachufers etwas oberhalb der Talsohle. Bis zur Zunge des Rongbuk-Gletschers mochten es acht bis zehn Kilometer sein, der Pfad stieg auf dieser Entfernung nur sehr sachte auf 5200 Meter an. Der Everest lag immer voraus in Blickrichtung, als dominanter Talabschluß. Und den ganzen Tag lang konnte Wilson das Wechselspiel der Farben durch den sich ändernden Lichteinfall auf seinen Wänden und Flanken beobachten. Der erste Sonnenstrahl berührte die weit über alles hinausragende Spitze ebenso wie der letzte Schimmer aus Westen. Jetzt war bereits das oberste Drittel der Pyramide in orangenes Licht getaucht, und minütlich kroch der Tag über die Hänge weiter hinab ins Tal. Bald würde die Sonne auch Wilson erreichen. Nach etwa einer Stunde passierte Wilson ein Bächlein, das direkt aus dem Schotterhang oberhalb von ihm entsprang. Ngawang Tenzing Norbu hatte ihm von der

Quelle erzählt. Es sei eine heilige Quelle, deren Wasser kräftigt und heilt, und Wilson solle soviel wie möglich von diesem Wasser auf seinem Weg mitnehmen. Wilson hockte sich an den Bach und hielt seine Hände in das Wasser, die Finger schmerzten bereits nach wenigen Augenblicken vor Kälte. Er trank mehrere Schlucke aus der Hand, fühlte die unterirdische Kälte die Kehle hinabrinnen und füllte dann seine alte Armee-Feldflasche auf. Aus welchen unendlichen Tiefen mochte dieses Wasser kommen, fragte er sich, das hier fast auf der Kammlinie des höchsten Gebirges, fünftausend Meter über dem Meeresspiegel aus dem Felsen sprudelte. Obwohl er durch eine Wüste wanderte, das Wasser hatte dieses Land geformt, von den versteinerten Meeressedimenten über ihm bis zu den Gletschern, die die Geröllmassen talwärts schoben, dem Regen, der den Schutt abtrug und den Bächen, die die feingemahlenen Reste zurück ins Meer transportierten. Jetzt tauchte die Sonne über dem östlichen Bergkamm auf, es war acht Uhr morgens. Sofort spürte Wilson, wie die Wärme durch seine drei Lagen Kleidung drang, und er zog den winddichten Baumwollanorak aus. Der noch leicht gefrorene Boden ringsum begann zu dampfen, so schnell stieg die Temperatur. Wilson setzte die Sonnenbrille auf und machte es sich auf einem rundgewaschenen Felsblock bequem. Er blickte sich um und entdeckte erst auf den zweiten Blick weiter oben am Hang eine Ansammlung von Häusern. Sie waren aus den Steinen der sie umgebenden Schotterhänge erbaut und deshalb nur schwerlich auszumachen. Wilson wußte, daß es auch oberhalb von Rongbuk noch kleinere Klöster gab, aber nicht genau, wo. Doch dies mußte das Nonnenkloster Rongchung sein. Er kniff die Augen zusammen und konnte ein Dutzend eng zusammengewürfelter einstöckiger Hütten erkennen, nur überragt von einem größeren, rotgetünchten Gebäude, der Gebetshalle. Zwischen den Häusern konnte er Bewegung wahrnehmen, die Nonnen gin-

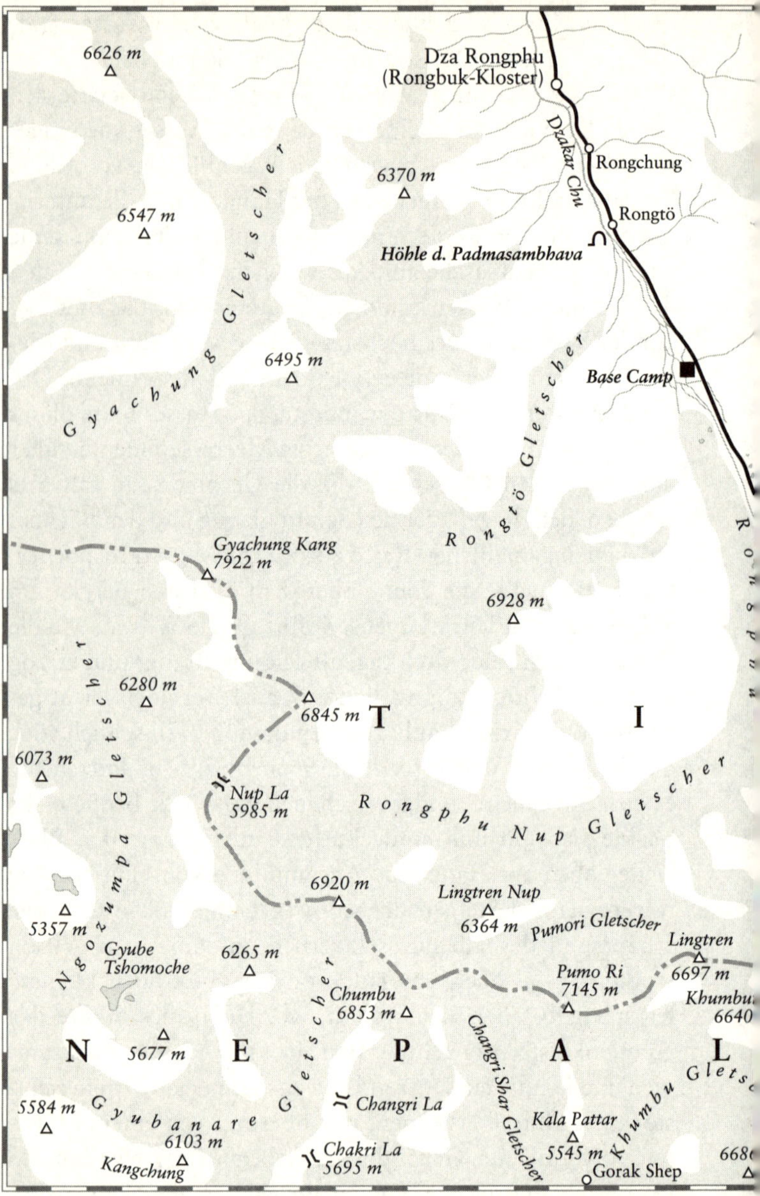

MALIK-Verlag, Meier-Hüsing-WO die Schneelöwen tanzen, S.184/185, Stand 21.01.2003

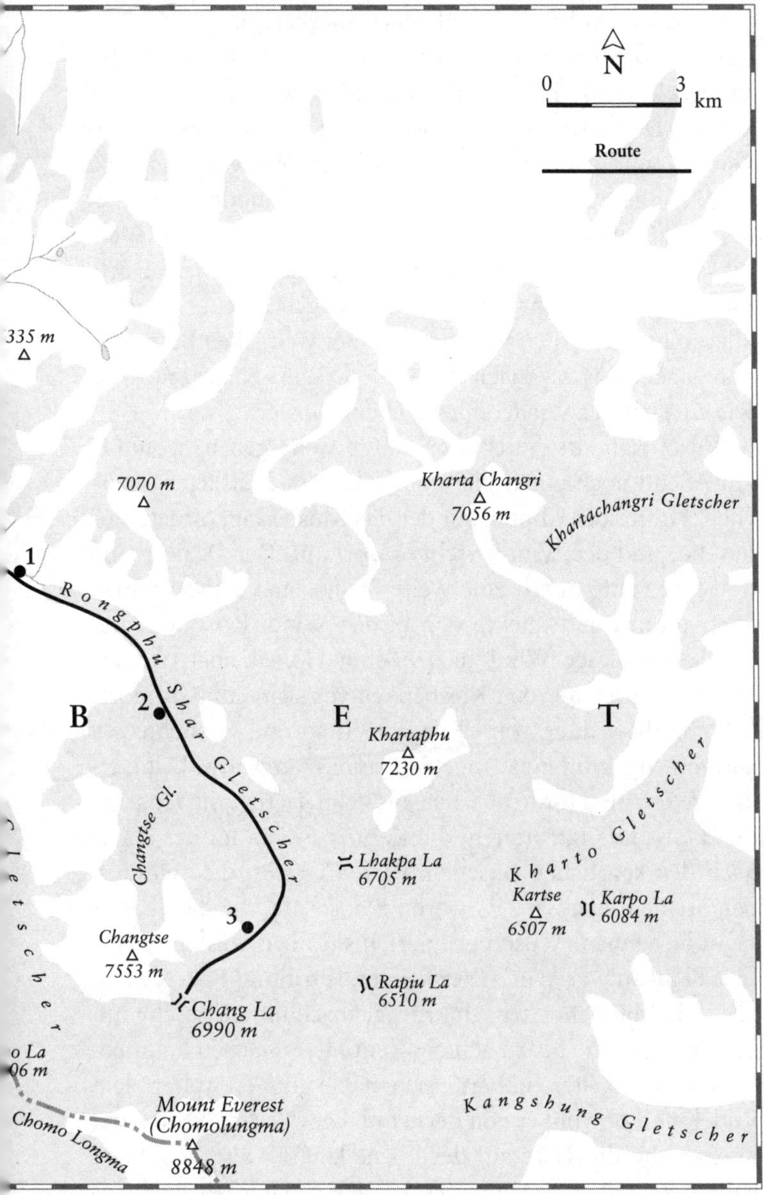
N
0
3
km
Route
335 m
7070 m
Kharta Changri
7056 m
Khartachangri Gletscher
1
Rongphu Shar Gletscher
2
B
E
T
Khartaphu
7230 m
Changtse Gl.
Kharto Gletscher
Lhakpa La
6705 m
Kartse
6507 m
Karpo La
6084 m
3
Changtse
7553 m
Rapiu La
6510 m
Chang La
6990 m
o La
06 m
Mount Everest
(Chomolungma)
8848 m
Chomo Longma
Kangshung Gletscher

gen wahrscheinlich ihren üblichen morgendlichen Beschäftigungen vor der ersten Gebetszeit nach. Wilson hatte den Eindruck, als ob ihm jemand zuwinken würde, und winkte zurück. Drei oder vier Nonnenklöster gab es hier im Dzakar-Chu-Tal, und auch sie unterstanden dem Abt von Rongbuk. Die Nyingmapa waren in dieser Hinsicht undogmatischer als die »Gelbmützen«, sie kannten keinen Zölibat, manchmal lebten Mönche und Nonnen sogar unter einem Dach, und sie durften auch heiraten. In der Regel verließen sie dann allerdings den Orden und gingen einer weltlichen Beschäftigung nach. Das war nach den Ordensregeln ebenso möglich wie ein späterer Wiedereintritt in ein Kloster.

Wilson sah auf die Uhr, er mußte weitergehen, wollte er am Abend noch einen Platz oberhalb des Basislagers erreichen. Hinter der Klippe, auf der das Kloster lag, öffnete sich das Tal, und der Wind frischte sofort auf. Der Dzakar Chu floß hier ruhig durch eine weite Steinebene. Wilson schritt kraftvoll aus und duckte sich in den Wind. Er spürte, wie ermüdend dieser Wind in größeren Höhen noch werden konnte. Mitten auf den Kiesbänken vor sich nahm er plötzlich eine Bewegung war. Wilson hielt an und versuchte mit zusammengekniffenen Augen etwas auszumachen. Dann erkannte er eine Horde aus acht bis zehn Tieren, die langsam den Fluß entlangtrotteten, die Köpfe gesenkt auf der Suche nach den spärlichen Büscheln harten Grases, die zwischen den Steinen wuchsen. Es waren Blauschafe, die die Tibeter »nawa« nennen. Wilson erinnerten sie an Alpensteinböcke: Ihre Flanken waren grau gezeichnet, Brust und Bauch weißlich. Die Männchen trugen kräftige, nach hinten geschwungene Hörner, die bis zu achtzig Zentimeter messen konnten. Wilson lief weiter, näherte sich dabei immer weiter dem Rudel, und obwohl er von der windabgewandten Seite kam, mußten ihn die Tiere auf der Ebene längst wahrgenommen haben. Trotzdem machten sie keine Anstalten zu flüchten.

Wilson erinnerte sich an die Verwunderung der ersten Europäer in diesem Tal über die zutraulichen Tiere. Jetzt konnte er erkennen, daß drei Männchen vorausgingen, dann folgten fünf Weibchen und drei Jungtiere. Der Pfad führte schließlich sehr nah an der Herde vorbei. Und die Männchen verfolgten mit gerecktem Hals nun Wilsons Bewegungen aufmerksam, aber es entstand keine Hektik unter den Tieren, Weibchen und Jungtiere ästen ungestört weiter.

Nach zwei Kilometern führte der Weg um einen riesigen Bergrutsch, der Felsen mit sich gerissen hatte, die die Größe einer Faust, aber auch eines Hauses hatten. Aus dieser gigantischen Geröllawine, die vor langer Zeit von den brüchigen Klippen der Osthänge herabgestürzt sein mußte, ragte an der Talseite eine einsame Gebetsfahne empor, ein bunter Tupfer im schwarz-braunen Steineinerlei. Wilson setzte seinen Rucksack ab und turnte über die wild ineinander verkanteten Blöcke und Quader in die Höhe. Der Geröllhaufen machte aufgrund der vielen Hohlräume zwischen den tonnenschweren Felsblöcken und den teilweise nur wenige Zentimeter schmalen Auflageflächen einen äußerst instabilen Eindruck, als ob die kleinste Belastung das verschachtelte Kunstwerk zusammenstürzen lassen würde, aber es hielt. Wilson stand vor der Gebetsfahne, fünfzehn Meter über dem Weg, und sah linker Hand einen niedrigen Eingang. Vor einem fast rechtwinkligen Granitblock hatten die Mönche zwei Mauern aufgeschichtet und mit Ästen und Schieferplatten ein Dach darübergelegt: eine wind- und schneegeschützte Hütte, angeschmiegt an das Felsbollwerk. Wilson setzte die Sonnenbrille ab, trat ein und mußte sich erst einmal an das von kleinen Butterlämpchen erzeugte Schummerlicht gewöhnen. Dann sah er einen alten Mönch an der Felswand hocken, um ihn herum eine Teekanne, mehrere Schälchen und Töpfe, eine kleine Heiligenstatue, ein paar Kissen und natürlich das qualmende Feuer aus Yakdung. Der

Mönch lächelte, stand auf und verneigte sich zum Gruß. Wilson verbeugte sich ebenfalls. Beiden war klar, daß sie sich nicht verständigen konnten. Der Mönch rieb sich gedankenverloren einen Moment lang sein tief zerfurchtes Gesicht, zeigte dann auf die Statue und sagte: »Padmasambhava! Guru Rinpoche! Padmasambhava!« Anschließend deutete er auf ein schwarzes Loch im Felsboden, fünfzig mal fünfzig Zentimeter groß, das Wilson bislang übersehen hatte. Jetzt verstand er: Das war die Höhle, in der Padmasambhava einst meditiert hatte! Und seitdem galten die Höhle und das ganze Tal als heiliger Bezirk, der Pilger, Eremiten und Mönche anzog. Von diesem Platz hatte das Tal seinen Namen Dza Rongpu, »obere Schlucht«, erhalten. Der Mönch entzündete eine Kerze und verschwand erstaunlich schnell und gewandt in dem schwarzen Schlund zur Unterwelt. Wilson blickte über den Rand und sah nur noch den flackernden Widerschein der Kerze an den Felswänden. Der Mönch rief etwas hinauf, wahrscheinlich eine Aufforderung nachzukommen, und Wilson rutschte sitzend Richtung Loch. Dann drehte er sich um, den Oberkörper noch über der Kante, um mit den Füßen in der Schachtwand einen Halt zu finden, und ließ sich dann nach und nach hinab. Der Fels war rauher, als er befürchtet hatte, und er fand ausreichenden Halt für die Füße. Kurz darauf stand Wilson auf dem Höhlenboden. Eisige Luft durchzog die nicht sonderlich geräumige Höhle. Man konnte bequem stehen. Der Raum war länglich gebogen und nur etwa zwei bis drei Meter breit, die Wände durchsetzt mit größeren und kleineren Nischen, Winkeln und Absätzen. Eine Butterlampe erhellte die einsame Klause, in die sich Tibets bedeutendster Heiliger, der einst den Buddhismus aus Indien ins Schneeland brachte, zur Meditation zurückgezogen hatte, in Einsamkeit und Kälte. Das lag 1300 Jahre zurück, aber Guru Rinpoche hatte Spuren hinterlassen. Der Mönch hob die Lampe in die Höhe und zeigte im flackernden Licht auf verschiedene Vertiefungen in zwei Felswänden und deutete dann auf seine Hände und Füße.

Solche Abdrücke, die Heilige im Fels hinterlassen haben, sind in Tibet immer ein Zeichen größter Heiligkeit. Im Potala kann man einen mit Gold überzogenen Felsbrocken bestaunen, in dem der Buddha Shakyamuni seine Fußabdrücke zurückließ. Und in der Nähe des Klosters Tengboche sieht man noch die Spuren des Lama Sangwa Dorje, der die ersten Klöster im Solu Khumbu gründete. Dort wurde Sangwa Dorje während seiner Meditation von einem Yeti versorgt, und, so erzählt die Legende augenzwinkernd, dort hat sogar Sangwa Dorjes Hund einige Spuren hinterlassen.

Wilson war es irgendwie unheimlich in der engen Höhle zumute, und er stieg schnell durch den senkrechten Schacht hinauf in die Hütte des Höhlenwächters und trat hinaus ins gleißende Sonnenlicht. Er spendete eine Rupie und verabschiedete sich von dem einsamen Mönch, der ihm noch einige Zeit nachwinkte. Wilson turnte geschwind die Blöcke hinab, schulterte wieder seinen großen Rucksack und wanderte weiter. Jetzt gewann der Weg an Höhe und wand sich durch einige Moränenhügel. Sie markierten das einstige Ende des Gletschers, der hier den mittransportierten Steinschutt abgeladen hatte. Hinter den Hügeln der alten Endmoräne öffnete sich eine steinige Ebene, und vielleicht einen Kilometer entfernt erhoben sich weitere Schutthaufen – der Rand des Gletschers. In deren Schatten hatten die englischen Everest-Expeditionen ihr Basislager errichtet. Bald hatte Wilson diesen Platz erreicht. Er war ideal gelegen, in unmittelbarer Nähe befand sich eine Quelle, und die Moränenhügel boten Schutz vor dem kalten Wind, der ohne Unterlaß den langen Rongbuk-Gletscher hinabfegte. Unter anderen Umständen hätten es die Bergsteiger auch nicht acht bis zehn Wochen hier oben ausgehalten, dachte Wilson und inspizierte die Umgebung. Der Lagerplatz war sehr sauber, nur ein Holzbrett von einer alten Vorratskiste und eine leere Bohnendose entdeckte Wilson, ein Stück Hanfseil und ein paar Knochen, das war alles, was Bruce, Norton und Ruttledge mit ihren Mannschaften zurückgelassen hatten. In dieser Höhe verrottete organisches Material sehr langsam, es trocknete nur im Handumdrehen aus. Oberhalb des Basislagers erhob sich ein zwanzig Meter hoher Moränenhügel. Wilson kletterte hinauf und schaute sich um. Im Schutt entdeckte er plötzlich einige behauene Granitbrocken, in die Namen eingraviert waren. Das mußte der Rest des »memorial hill« sein, einer Steinpyramide, die die Engländer zur Erinnerung an die Toten der ersten Expeditionen errichtet hatten.

Als die Expedition von 1924 das Basislager verließ, beschrieb Edward F. Norton, der Leiter der Expedition, den Abschied der gescheiterten Bergsteiger in bedrückter Stimmung:

»Die letzten Gefährten, die das Standlager verließen, drehten sich noch einmal um, ehe sie den Schauplatz ihrer Taten der Einsamkeit überließen. Heute erhebt sich eine neue Landmarke in dieser Einöde. Gegen den Hintergrund des großen Berges steht das Ehrenmal der Männer, deren Leben er gefordert hat. Der Bau wird bleiben, nichts ändert sich in Tibet. Aber wann werden wohl die nächsten Europäer das Tal hinansteigen und die Inschrift lesen?«

Als Wilson die eingravierten Namen las, schwand seine gute Laune, und sein Optimismus wankte. »Dem Andenken dreier Everest-Fahrten« stand dort, »1921 Kellas«, der schottische Arzt, ein Himalaja-Pionier der ersten Generation, der mit 53 Jahren beim Anmarsch über die tibetische Hochebene einem Herzinfarkt erlag, 1922 wurden sieben Sherpas unterhalb des Nordsattels von einer Lawine verschüttet, und dann »1924 Mallory und Irvine«, verschollen, verschwunden, verklärt, ihr Geheimnis blieb ungelüftet. Bei drei Expeditionen gab es also zehn Tote zu beklagen, und eine Handvoll Männer, Engländer und Sherpas, waren in die »Todeszone« oberhalb von achttausend Meter vorgedrungen, mit oder ohne Sauerstoff. Der Gipfel war noch weit entfernt. Man hatte unbekanntes Terrain kartographiert, hatte erstmals die Geologie der höchsten Gebirgsgruppe auf Erden untersucht, medizinische Erkenntnisse über die Anpassung an extreme Höhen gewonnen, Flora und Fauna des tibetischen Himalaja erforscht und eher beiläufig den Tibetern im Schatten des Everest ihre ersten Begegnungen mit »Weißen« beschert. Das alles wurde in Europa wohl gebührend beklatscht und ausführlich publiziert, aber es zählte eigentlich nichts, gar nichts, solange auf dem Gipfel nicht der Union Jack wehte! Großbritannien litt und hoffte mit jeder neuen Expedition. Filme und Vorträge über Everest-Expeditionen waren damals im ganzen Land überlaufen, jede der Londoner Tageszeitungen kämpfte um die Rechte für eine exklusive Berichterstattung, und überall tobte eine öffentliche Diskussion über die richtige Taktik, Ausrüstung und Zusammensetzung einer erfolgreichen Everest-Expedition. In den zwanziger und auch noch einmal in den dreißiger Jahren waren die Briten »besessen« vom Everest, schrieb ein Kommentator. Nach Scotts tragisch verlorenem Wettlauf zum Südpol richteten sich alle nationalen Hoffnungen auf die Eroberung wenigstens des »dritten Pols« durch Landsleute. Die Besteigung des Everest wurde zur Angelegenheit »höchsten nationalen Interesses« erklärt. Das erforderte besondere Männer und besondere Disziplin, militärisch geführte Expeditionen, viel Geld und die Regie der Royal Geographical Society und der indischen Regierung. Und keinen Maurice Wilson! Bestenfalls würde er England lächerlich machen und sich selbst wahrscheinlich umbringen!

Im Kloster erzählte man sich eine eigenartige Geschichte. Nach dem Abzug der ersten britischen Everest-Expedition gingen einige Tibeter hinauf zum Basislager, um zu sehen, ob sie etwas Verwertbares finden konnten. Der Ober-Lama von Rongbuk hatte das verboten, trotzdem gingen sie. Später erzählten die Männer, daß einige Schneemenschen im Camp lebten, als sie dort ankamen. Und als die Sukpas die Tibeter angriffen, flüchteten diese, so schnell sie konnten, zurück zum Kloster und versprachen dem Abt, nie wieder seine Anweisungen zu mißachten.

Maurice Wilson hatte sich neben das Ehrenmal gesetzt und schaute Richtung Everest. Zwanzig Meter unter ihm lag das verlassene Basislager, Ort vieler hochfliegender Pläne und bitterer Enttäuschungen. Vor ihm befand sich nur noch die Welt aus Fels und Eis. Nichts bewegte sich dort draußen außer einigen dahinfliegenden Wolkenfetzen. Es war still, bis auf das monotone Rauschen des Windes hörte Wilson nichts. Ein Gefühl großer Verlassenheit stieg in ihm auf. Wie schön wäre es, wenn Tewang oder Tsering dagewesen wären, um einen Tee zu kochen, oder Ngawang Tenzing Norbu, um beispielsweise von Berggeistern zu erzählen, oder Enid, um … um einfach hier mit mir zu sitzen und … Nein! Er mußte diese Gedanken verdrängen, er hatte es schließlich so gewollt und nicht anders! Er riß sich los von diesen Gedanken und schaute nach Osten. An der Mündung eines schmalen Seitentals stand etwa 150 Meter oberhalb am Hang das allerletzte Kloster des Tals, Tundrupling, ein kleiner, unscheinbarer Steinbau, nur zweihundert Meter von den Eiskaskaden eines gefrorenen Bergbachs entfernt. Auch dort lebten Menschen, Mönche und Nonnen, jahraus, jahrein. »Es ist unvorstellbar«, dachte Wilson. Aber es gab noch Unvorstellbares! Zwischen den hochgelegenen Klöstern lagen, am Hang verstreut, immer wieder kleine Steinhütten. Sie maßen vielleicht zwei mal zwei Meter, hatten nicht einmal Stehhöhe und meist nur eine winzige Maueröffnung, um etwas Luft und Licht hereinzulassen. In diesem Halbdunkel saßen im Sommer und im Winter, bei dreißig Grad Frost wie bei dreißig Grad Hitze, versorgt nur mit etwas Wasser und »tsampa«, Einsiedlermönche und widmeten sich der vielleicht extremsten Form tibetischer Meditation. Und das oft über mehrere Jahre! Diesen Asketen gelang das völlige Ausblenden der äußeren Welt sowie aller körperlichen Empfindungen und Bedürfnisse. Sie starben den kleinen Tod, und kein äußerer Einfluß vermochte ihnen mehr etwas anzuhaben. Sie spürten keine Kälte, keinen Hunger, keinen Schmerz, aber sie emanierten in ihrer Meditation Götter und Göttinnen des tibetischen Pantheons, mit denen sie verschmolzen und deren Qualitäten sie verkörperten.

Nein, man konnte das nicht wirklich verstehen oder begreifen, was dort vor sich ging. Es erschreckte und faszinierte Wilson gleichermaßen, was ein Mensch willens und fähig war, im Namen seines Glaubens zu ertragen und zu erreichen. Bin ich nicht genauso und gleichzeitig anders? Der Glaube versetzte auch hier Berge, aber diese Mönche mußten das niemandem mehr beweisen. Er schon! Sein Weg war ein anderer, er würde zurückkehren in die Welt der Menschen. Aber für viele war auch er ein eigenartiger Pilger, denn sein Weg führte hier draußen weiter, wo die Kälte weh tat, der Rucksack drückte und die Lunge keuchte. Während er auf den ersten Steilaufschwung zusteuerte, versuchte er zu singen, aber die Luft reichte nur zum Laufen. Am Moränenrücken links der Gletscherzunge angekommen, suchte er nach einem Pfad im Schutt, der aufwärts führte, und bald hatte er Trittspuren gefunden, die sich in Serpentinen die steile Moräne hochschlängelten. Oben am Kamm sah er ein Steinmännchen und wußte, daß er auf dem richtigen Weg war. Das Gehen auf dem rutschigen Geröllschutt am Moränenhang war kraftzehrend und zeitraubend. Wilson keuchte, setzte bewußt kleine Schritte und war versucht, den Eispickel vom Rucksack zu schnallen und als Stock zu benutzen. Der zwanzig Kilogramm schwere Sack drückte und war eine Last. Doch dann hatte er den Rücken erreicht, und schlagartig änderte er seinen Gang. Zwanzig, dreißig Meter breit war die Moräne zwischen Bergflanke und Abbruch zum Rongbuk-Gletscher, die Oberfläche fest, die Steine flach, Wilson kam gut voran. Rechts unterhalb von ihm lag nun der Rongbuk-Gletscher, hier unten nah seiner Zunge war er fast vollständig von Schutt bedeckt, eine graue, tief zerklüftete Landschaft, die sich wie ein riesiger, zackiger Drachenrücken zwischen den Steilhängen talwärts schob. Zwischen den unzähligen Spitzen und Furchen hatten sich tiefgrüne Seen aus Schmelzwasser gebildet, ab und an hörte man größere Felsen den sandigen Moränenhang dumpf herabpoltern, die dann aufs Eis schlugen. Weiter oben ging das Schuttgrau allmählich in ein Meer aus weißen Eiszacken über, der Gletscher teilte sich in seine drei Arme, die aus den Firnkesseln unter dem Everest und dem Pumori gespeist wurden. Urwelt, dachte Wilson, und Gott sah, daß es gut war!

George Mallory war 1921 auf der Suche nach einem geeigneten Einstieg zum Everest in das Gletscher-Labyrinth gelaufen, ohne eine Vorstellung von den Dimensionen der Himalaja-Gletscher im Vergleich zu alpinen Eisströmen zu haben.

»Wir standen in einer geheimnisvollen Welt, sogar das weiße Kaninchen aus Alicens Traumland wäre hier verrückt geworden. Überall ging es nirgends hin. Eigentlich wollten wir uns an die Sohle halten, meist klemmten wir uns in Spalten hinauf, rutschten Kamine herunter, schlugen Stufen um eine Säule oder tanzten über einen First. Alle Müdigkeit schwand angesichts dieser Fabelwelt, wo blaue Himmelsstreifen und funkelnde Eisgebilde sich in stillen Teichen spiegeln.«

Danach hatte man einen Anstieg über die Gletscher endgültig verworfen und dem Weg über die Seitenmoränen den Vorzug gegeben.

Gegen drei Uhr nachmittags erreichte Wilson die Einmündung des Östlichen Rongbuk-Gletschers in das Haupttal. Von hier war die Gletscherzunge noch nicht auszumachen. Halbrunde Schuttwälle belegten jedoch, daß sich hier einst beide Eisströme vereinigt hatten. Wilson folgte weiter den Trittspuren und gelangte bald zum Lager I. Steinmauern waren ringsherum als Windschutz errichtet worden. 1922 hatten die Träger provisorische Steinhütten für die Bergsteiger gebaut, damit die wertvollen Zelte für die höheren Lager aufgespart werden konnten. Die Mauern standen noch, die Dächer fehlten, da damals Planen und Zeltgestänge als »Balken« und »Schindeln« dienten. Wilson richtete sich ebenfalls in einer der Hütten ein, legte die Zeltplane über die Mauerreste, beschwerte sie mit Steinen, rollte Matte und Schlafsack aus und begann Schnee zu schmelzen. Er befand sich etwa auf 5500 Meter Höhe und hatte die Strecke vom Kloster hier hinauf trotz einiger Unterbrechungen und schweren Gepäcks in sieben Stunden zurückgelegt. Er war müde, aber zufrieden, denn die äußeren Umstände waren weiter auf seiner Seite. Das Wetter hatte gehalten, der Wind blies mäßig von den Eisfeldern, die leichten Kumuluswolken ließen auch für morgen auf stabiles Wetter hoffen. Mit einem Becher Tee in der Hand lehnte er an der Steinmauer und beobachtete die Szenerie. Die Sicht direkt nach Süden auf den Everest war jetzt durch seine Vorberge und den Changtse, auch North Peak genannt, verdeckt. Beim Blick zurück schaute er auf den schmutzigen Eisstrom des Rongbuk-Hauptgletschers, und vor ihm, wenige hundert Meter aufwärts, lappte die Zunge des Östlichen Rongbuk-Gletschers über den Schutt. Dieser Gletscher markierte seinen Weg und würde ihn – vielleicht schon morgen – an den Fuß des Nordsattels zum Lager III führen. Er erhob sich, um die kalt gewordenen Beine zu bewegen, da ertönte ein scharfer Pfiff vom Hang in seinem Rücken. Wilson erschrak über das plötzliche Geräusch in der Einsamkeit, drehte sich um, erneut ein Pfiff, und dann sah er hundert Meter entfernt ein graubraunes Knäuel gewandt über die Felsen wuseln. Murmeltiere, die ihren alpinen Verwandten anscheinend in Größe, Farbe und Verhalten völlig glichen. Am Sonnenhang unterhalb der Gletscher fanden sie im Geröll vortreffliche Bedingungen für ihre Baue, die an geschützten Stellen noch wachsenden Grassoden und Wurzeln genügten ihnen als Nahrung. Wilson hockte sich hin und beobachtete die Gruppe Murmeltiere im letzten Sonnenlicht bei ihren abendlichen Verrichtungen und freute sich über die Nachbarschaft einiger Lebewesen, denn als später die Dämmerung über das Rongbuk-Tal kroch, wuchs in ihm wieder eine gedrückte Stimmung. Trotzdem notierte er später im Kerzenlicht:

»Ich bin glücklich, hier herauf solch eine Last allein geschleppt zu haben. Nur noch dreitausend Meter zu klettern, das klingt gut, Wetter perfekt, nur eine leichte Brise weht.«

Maurice Wilson hatte die Strecke von Darjeeling zum Everest in einer unglaublichen Zeit zurückgelegt, er hatte sich mittlerweile gut an die Höhe gewöhnt und war trotz seiner eigenwilligen Diät kräftig genug, den schweren Rucksack über den Rongbuk-Gletscher zu schleppen. Besser als all seine europäischen Vorgänger. Er fühlte sich zwar manchmal einsam, war aber zuversichtlich, das gesteckte Ziel zu erreichen.

Am Morgen weckte ihn die durchdringende Kälte in seinem offenen Unterstand. Ein lauwarmer Tee und Haferflocken mit einigen Trockenfrüchten weckten rasch Wilsons Tatendrang, und kaum beschien die aufgehende Sonne das östliche Rongbuk-Tal, stapfte der einsame Bergsteiger weiter Richtung Everest. Er erreichte die Gletscherzunge und verließ nun die ihn bisher noch sicher leitenden Spuren seiner Vorgänger. Auf dem sich immer in Bewegung befindlichen Gletscher waren alte Wegmarkierungen längst verschüttet, verloren oder unsinnig. Das untere Drittel des sanft ansteigenden Gletschers war mit Geröll übersät, vom Kiesel bis zum Felsblock bedeckten die Steine alle Wellen des Eises. Der Gletscher wuchs in die Breite, und seine immer stärker aufgewühlte Oberfläche erschwerte zusätzlich die Orientierung. Zwar traf Wilson ein- oder zweimal auf verfallene Steinmännchen, die frühere Expeditionen als Wegmarkierung aufgestellt hatten, aber wann waren sie errichtet worden, wie weit waren sie von ihrem ursprünglichen Platz entfernt, und in welche Richtung waren sie gewandert? Wilson hatte die Karten der früheren Expeditionen im Gepäck, die grobe Richtung war ihm klar, aber das half im Irrgarten des Rongbuk-Gletschers wenig. Er hatte die Berichte von Bruce, Norton oder Mallory über ihre Erkundungen der Everest-Gletscher und -Zustiege gelesen, mehrmals sogar, aber hatte er sich Notizen gemacht und sie mitgenommen?

Er verlief sich, stolperte in Sackgassen, machte kehrt, versuchte einen anderen Weg; zwischen Geröllhügeln, abrutschenden Hängen von Seitenmoränen, spitzen Eiszinnen, die bis zu dreißig, vierzig Meter aus dem steinigen Untergrund aufragten. Die Sonne stieg höher, die Strahlung auf dem Gletscher dörrte ihn aus, der Hals war wund, die Augen tränten trotz seiner Gletscherbrille. Kurze steile Anstiege brachten ihn außer Atem, und immer noch wog der Rucksack über zwanzig Kilogramm. Am meisten machte ihm die Erschöpfung zu schaffen, als er am Nachmittag ständig Gletschertröge durchquerte, eine unter Bergsteigern gefürchtete

Situation. Vor allem in der Sonnenhitze steht die erwärmte Luft bewegungslos in diesen Mulden, und man wird dort von einer grenzenlosen Müdigkeit befallen, die sich aber sofort legt, wenn man wieder die frischere Luft oberhalb der Gletschertröge atmet. »Böse Luft« nannte Mallory einst das Phänomen.

Am Nachmittag gab Wilson auf und suchte sich einen Lagerplatz auf der Mittelmoräne noch unterhalb von Lager II. Er war frustriert.

Wilson mußte Gewicht reduzieren: Zwei Dosen und den Reservebenzinkocher ließ er in diesem Zwischenlager zurück. Die Kerzen waren zwar naß geworden, trotzdem konnte er sie anzünden und notierte völlig erschöpft kurz vor dem Schlafen:

»Was für ein mieser Tag auf dem Rongbuk-Gletscher, kein Weg, kein Pfad war zu sehen, habe das Gefühl, mich fünfzigmal verrannt zu haben.«

Noch ist er optimistisch, am kommenden Abend Lager III zu erreichen und zu seinem Geburtstag, dem 21. April, auf dem Gipfel zu stehen. Am Morgen frühstückt er, Haferflocken, etwas Brot, getrocknete Früchte und Tee. Er bricht auf. Der Gletscher teilt sich, der Arm rechts der Mittelmoräne endet in einem Kessel nördlich des Changtse, der linke Arm dagegen fließt um die Changtse-Ausläufer herum und weiter Richtung Nordsattel und Everest. Die riesigen, im Sonnenlicht bläulich und grün glänzenden Eiskathedralen auf dem Schutt des Gletschers verbinden sich langsam zu einer kompakteren und ebenen Eisfläche. Die ehemalige Mittelmoräne verläuft jetzt am westlichen Rand des Gletschers. Wilson kämpft nun. Die Höhe macht sich bemerkbar, sein Hals ist entzündet, die Augenlider sind geschwollen, und sein fast steifer linker Arm schmerzt. War der Rucksack zu schwer? Aber er hat nun Gewicht reduziert, es muß so gehen. Die Orientierung wird leichter. Er erreicht bald Lager II.

Es liegt geschützt am westlichen Rand des Gletschers. Wilson zögert, ob er weitergehen soll. Lager III ist noch weit, fünfhundert Meter höher gelegen, der Weg über Eis und Geröll bleibt beschwerlich, und er will nicht riskieren, wieder irgendwo zwischen den Camps ein Notlager aufschlagen zu müssen. Dann beginnt es zu allem Überfluß auch noch zu schneien. Das gibt den Ausschlag, Wilson baut das Zelt auf, vier Stunden vor seiner eigentlich festgesetzten Ruhezeit. Er hadert mit sich und der Situation, zweifelt, ob er mit dem zeitigen Lageraufbau das Richtige getan hat und überlegt, wie er das Gewicht weiter reduzieren könnte. Aber das ist unmöglich, will er sich nicht von seinem Ziel verabschieden.

»Ach, wenn ich Unterstützung durch Sherpas hätte, könnte ich schon in Camp IV sein. Der Lagerplatz hier liegt gut, aber ich finde hier nur alte Marmeladenglasetiketten, nicht mal eine Zigarette ... wenn nicht ein kleines Wunder geschieht, werde ich es bis zu meinem Geburtstag nicht mehr auf die Spitze schaffen.«

Gegen Abend bessert sich das Wetter, und Wilson läuft noch ein Stück über den Gletscher, um eine bessere Sicht auf Everest und Nordsattel zu bekommen. Jetzt, ausgeruht, gestärkt und ohne schweren Rucksack genießt er die stille Schönheit dieser Eiswelt. Über eine Breite von dreihundert Meter fließt der Eisstrom herab vom Nordsattel, gemächlich und erhaben, aber aus seiner Oberfläche dringen die Séracs wie Zinnen oder Kirchtürme. Und im nächsten Moment, wenn Lichteinfall oder Wolkendichte sich verändern, liegt der Gletscher da wie eine sturmgepeitschte See, die Ränder der Gletscherspalten bilden Wellenkämme aus Eis. Die Wolkendecke reißt hin und wieder auf, und plötzlich sieht er den Everest-Gipfel durch die Nebelschleier. Das hebt seine Stimmung und festigt seinen Entschluß: Ich werde es schaffen. Entsprechend früh ist Wilson am nächsten Tag auf den Beinen und steigt weiter. Aber bereits eine Stunde nach seinem Aufbruch beginnt es immer dichter zu schneien, außerdem frischt der Wind auf, und das Weiß des schneebedeckten Gletschers vermischt sich mit dem Grau des Nebels zu einer homogenen Masse, in der eine Orientierung unmöglich ist – vor allem, wenn man das Gelände nicht genau kennt und allein ist. Dabei fühlt er sich heute kräftiger und ausgeruhter als die Tage zuvor. Das Laufen auf dem frisch gefallenen Schnee fällt ihm leichter als auf dem harten Eis. Aber statt auf eine Wetterbesserung zu warten, um sich zu orientieren, stürzt sich Wilson mit seiner ganzen Kraft und Sturheit in den Schneesturm und den Irrgarten aus Séracs. Noch lange ist das Gewirr aus Spalten, Klippen und Abbrüchen auf dem Gletscher nicht zu Ende. Der Versuch, dieses Labyrinth zu durchschreiten, ist Wahnsinn, kostet Kraft und Zeit. Nur eine knappe Meile oberhalb seines Ausgangspunktes muß Wilson sich schließlich geschlagen geben und sein Zelt aufbauen, er weiß nicht, wo er sich befindet.

»Vielleicht muß ich mehr essen, das soll helfen, diese Gletschermüdigkeit zu überwinden … noch zwei Meilen bis zum Lager III. Die boys haben gesagt, das Vorratsdepot liegt nur eine halbe Meile entfernt, das müßte ich finden. Dann werde ich eine heiße Schokolade trinken. Vielleicht sollte ich einen Tag im Lager III pausieren und all diese Sachen genießen …«

Das Wetter bessert sich nicht, die Zeichen wenden sich gegen Wilson. Der Wind wächst zum Sturm, die Temperatur sinkt. Er bricht am nächsten Morgen das Lager ab, kann aber nur wenige hundert Meter zurücklegen, bevor ihn wieder eine neue Welle des Schneesturms ergreift. Er schafft es noch, sein Zelt aufzubauen, ohne es zu beschädigen, und seine Ausrüstung zu retten. Aber sein Zustand ist mittlerweile erbärmlich, die Vorräte und auch der Brennstoff gehen zur Neige. Der entzündete Hals heilt ebensowenig wie seine Augen, und nach wie vor schmerzt sein linker Arm. Er liegt auf sechstausend Meter Höhe am Everest im Zelt, während draußen ein Blizzard tobt. Vielleicht noch einen Kilometer voraus ruhen die Reste des Lagers III und die zurückgelassenen Vorratsdepots der Ruttledge-Expedition unter Schneewehen begraben. Sie könnten ihn retten, aber in seinem Zustand und bei diesem Wetter ist es völlig unmöglich, das Lager zu finden. Wilson wartet, versucht zu schlafen, schaut aus dem Zelt in den tobenden Sturm und hofft zweimal, daß er nachläßt und er aufbrechen kann. Doch jedesmal setzt der Blizzard bald darauf mit noch größerer Heftigkeit wieder ein und treibt den geschwächten Wilson zurück ins Zelt – den letzten ihm verbleibenden Schutz. Er teilt sich die restlichen Vorräte ein, den Tee, die Früchte, den Brennstoff. An diesem Tag hat Wilson Geburtstag, er wird 36 Jahre alt. Er wünscht sich »noch viele weitere gute Jahre«. Aber die einsame kleine Feier beschert ihm kein Glück. Nach zwei Tagen und zwei Nächten im Schneesturm muß er aufgeben.

»Es hat keinen Zweck mehr, mit welcher Anstrengung auch immer, ich erreiche so nicht das Lager III, Besonnenheit ist der bessere Teil der Tapferkeit.«

In der Nacht vernimmt er vom Gletscher eine eigenartige und beängstigende Symphonie. Der langsam fließende Eisstrom löst ab und zu die auf ihm liegenden Felsen, die dann polternd über das Eis kollern und mit dumpfem Knall in Spalten und Abgründe stürzen. Das über die Oberfläche rauschende Schmelzwasser gurgelt durch selbstgefräste Rinnen, die sich zu Gletscherbächen vereinigen und dann unvermittelt in der dunklen Tiefe verschwinden. Unter Spannung stehende Eisschollen lösen sich durch die Gletscherbewegung mit lautem Knall und brechen zusammen. Der

Sturm umspielt die scharfen Eiskanten mit singendem Ton und heult durch die Eiskavernen – die Musik der Winde, sagen die Tibeter.

In der kommenden Nacht läßt der Sturm endlich nach und gibt Wilson so die Gelegenheit, vom Berg zu fliehen, denn anders kann man das, was folgt, nicht bezeichnen. Er bricht das Zelt ab, nimmt seinen Schlafsack und die letzten Lebensmittel mit, die restliche Ausrüstung läßt er zurück, um sie bei seinem nächsten Versuch wieder nutzen zu können. Er ist müde, krank und deprimiert. Auf seinen Eispickel gestützt, stolpert er talwärts. Der Blizzard hat Gletscher, Felsen und Spalten mit einer gut ein Meter hohen Neuschneedecke überzogen, nicht die kleinste Spur seines Aufstiegs oder die anderer Expeditionen ist noch zu erkennen. Er stolpert, stürzt und rappelt sich wieder hoch. Nur noch instinktiver Lebenswille und seine enorme Kraft lassen ihn nicht einfach verzweifeln und liegenbleiben. Er hat Glück, daß er in keine der zugewehten Spalten tritt, daß nur noch ein schwacher Schneewind vom Nordsattel herabweht und daß er den Weg mit einer Sicherheit wiederfindet, die ihm schon im Flugzeug einmal das Leben gerettet hat. Die Nacht bricht herein, eine schmale Mondsichel erleuchtet das Rongbuk-Tal nur schwach. Wilson sieht nicht mehr genau, wohin er tritt, aber er spürt auch schon lange keinen Schmerz mehr, wenn er wieder einmal fällt und sich einfach einen Schneehang oder eine Geröllflanke herabrutschen läßt. Waren die Geister der Berge nun gnädig, oder haben sie mich demütigen wollen, fragt er sich noch halb im Delirium und schreit es in die Nacht hinaus. Irgendwann liegt er geschunden, aber noch am Leben auf der Flußebene nahe des Basislagers und weiß in diesem Moment, daß er überleben wird. Das spornt ihn zu einem letzten Kraftakt an, und um zehn Uhr abends, sechzehn Stunden nachdem er sein Lager verlassen hatte, taumelt er in den Klosterhof von Rongbuk und kann nur noch mit heiserer Stimme krächzen: »Tsering, Tewang!«, und da kommen sie auch schon mit ausgestreckten Armen angerannt und legen den mehr toten als lebenden Wilson ins Bett.

Wilson schlief unter Schaffelldecken in einem Nebenraum der Klosterküche und aß und schlief wieder, drei Tage lang. Rinzing hatte sofort eine heiße, kräftige Gemüsesuppe zubereitet, später gab es »momos«, tibetische Teigbällchen, gefüllt mit Fleisch und Zwiebeln in einer scharfen Soße. Wilson trank eine Kanne Tee nach der anderen – »der wunderbarste Tee, den ich jemals hatte« – und wieder eine Suppe. Er war völlig abgemagert, nahm nun auf seine vegetarische Diät keine Rücksicht mehr und genoß – in Maßen – Yak- und Schaffleisch. Drei Tage blieb er im Bett. Tewang sorgte dafür, daß das Feuer brannte, um ihn zu wärmen. Wilson war dankbar für die Freundschaft seiner drei Bhutias. Tewang erzählte ihm, daß er, kurz bevor Wilson zurückgekehrt war, mit dem Abt gesprochen hatte, um ihm zu sagen, daß er zum Lager I laufen wollte, um auf Sahib Wilson zu warten. Wilson war gerührt, und er erzählte ihnen deshalb auch von seiner Einsamkeit am Gletscher, seinen Ängsten und Zweifeln im Schneesturm und seinem Willen, heil wieder herabzukommen. Sie hörten ihm staunend zu, denn diese Geschichte übertraf bei weitem alles, was sie bisher selbst als Träger bei Bergexpeditionen erlebt hatten. Für sie als Einheimische war es überhaupt eine bedrückende und grausame Vorstellung, dort oben nur einen Tag oder gar eine Nacht allein verbringen zu müssen, in der Nähe der Berggeister und fern der Menschen. Sie bewunderten Wilson für seinen Mut. Über den Tag seines Abstiegs notierte er später:

»Es gab wohl keine Situation in meinem Leben, die mehr Energie und Kraft von mir verlangt hat.«

Er durfte das seltene Wohlgefühl eines heißen Bades im tibetischen Himalaja erleben und freute sich, daß entgegen seinen Befürchtungen keine Zehen oder Fingerglieder erfroren waren. Seine Halsentzündung besserte sich ebenso schnell wie die geschwollenen Augen. Und nach einer Woche begann Wilson wieder mit Märschen durch das Rongbuk-Tal, um neue Kräfte zu gewinnen. In dem kleinen Handspiegel, mit dem er den Mönchen vom Nordgrat aus Signale senden wollte, sah er seine von Sonne und Frost zerschundene Haut, auf der Nase hatte sich regelrecht Schorf gebildet, auf den Wangen pellte sich die verbrannte Haut. »Ich sehe aus wie eine getrocknete Aprikose«, notierte er. Allerdings eine stark behaarte, gerne hätte Wilson sich jetzt den Bart abrasiert und die Haare schneiden lassen, aber Tewang weigerte sich vehement und verwies auf die wenig geeigneten, weil stumpfen Gerätschaften, die es im Kloster gab. Rinzing reiste talabwärts zum nächsten Markt, um frische Lebensmittel zu kaufen, Kartoffeln, Reis, Zucker und die von Wilson so geliebten Trockenfrüchte. Die letzten hatte er beim Abstieg vom Rongbuk-Gletscher aufgegessen.

Er schmiedet neue Pläne: Beim nächsten Versuch werden ihn Tewang und Rinzing bis zum Lager III begleiten und Ausrüstung und Lebensmittel für einen komfortablen längeren Aufenthalt mitnehmen, in ein vorgeschobenes Basislager sozusagen. Von dort würde er dann in wenigen Tagen den Gipfel erreichen können.

»Das nächste Mal nehme ich mehr Verpflegung mit. Ich werde nicht aufgeben. Ich weiß, daß ich es immer noch schaffen kann …«

Tsering würde sie nicht begleiten können. Er hatte sich die ganze Zeit über auf der Höhe von Rongbuk nicht wohlgefühlt und war nun mit dem Pony in ein tiefer gelegenes Dorf im Dzakar Chu geritten. Auch Tewang war nicht völlig fit, er laborierte schon seit einigen Tagen an einer hartnäckigen Magenverstimmung mit Durchfall, die sich bislang nicht besserten. Wilson befürchtete schon, daß er die Ruhr hatte, eine verbreitete Krankheit im Himalaja, wollte aber noch einige Tage abwarten, ob Tewang genesen würde. Er verabreichte ihm einen Kräuterschnaps und massierte ihm den Bauch.

Als es Wilson besserging, meldete er sich im Kloster, um die Einladung von Ngawang Tenzing Norbu anzunehmen, und erhielt umgehend die Zusage für den gleichen Abend. Der Abt empfing Wilson wieder in dem kleinen Audienzzimmer, in dem sie sich bereits einmal getroffen hatten. Außer dem Übersetzer war heute kein Mönch anwesend, die Speisen wurden nacheinander heraufgebracht. Butterlampen beleuchteten den Raum schwach, ein Ofen erzeugte eine angenehme Wärme. Es roch nach Rauch und ranziger Butter. Ngawang Tenzing Norbu saß auf seiner flachen Polsterbank an einem Holztisch und bedeutete Wilson, sich gegenüber auf das bereitgestellte Polster zu setzen. Buttertee wurde in hölzerne Schälchen geschenkt und eine Nudelsuppe serviert. Wilson war trotz einiger Versuche immer noch ungeschickt im Umgang mit Eßstäbchen und hob deshalb das Schälchen möglichst nah vor den Mund, um sich nichts anmerken zu lassen. Geräuschvoll durfte es ja ruhig sein, und so schlürften beide genüßlich die heiße Suppe mit chinesischen Nudeln. Erst dann begann der Abt die Unterhaltung und sagte direkt:

»Ich sehe, daß du wohlbehalten wieder zurückgekehrt bist. Ich freue mich darüber und sehe, daß unsere Gebete gewirkt haben.«

»Ja, ich bin wohlbehalten zurückgekehrt, und ich danke dem Abt und den Mönchen für ihre Gebete. Ich war zeitweise sehr krank und schwach und bin deshalb froh, daß ich es trotzdem überlebt habe, das war nicht selbstverständlich.«

»Die Menschen haben dort oben sowieso nichts verloren

und erst recht nicht, wenn sie allein unterwegs sind. Haben dich die Berggeister in Ruhe gelassen?« Der Abt reckte den Kopf etwas vor und schmunzelte ganz leicht.

Wilson zögerte und dachte daran, wie er verzweifelnd aus dem Zelteingang in den Sturm gestarrt hatte und, schon halb irre durch Erschöpfung und Hunger, geglaubt hatte, im tosenden Sturm die Schreie der Bergdämonen zu hören und in den schattenhaften Wolkenfetzen, die über die Gletscher gerast waren, schemenhafte Fratzen zu sehen. Angst, Hunger, Einsamkeit, das waren die Dämonen, aber die konnten auch in London wohnen, vielleicht sogar noch schlimmere.

»Ja«, antwortete Wilson. »Ich glaube, die Berggeister haben mich in Ruhe gelassen ... obwohl sie mir gezeigt haben, daß sie da sind.«

Der Abt schaute überrascht auf und sah Wilson lächelnd an.

»Ah, dann glaubst du jetzt also, daß es sie gibt. Dann hast du die besten Chancen, von ihnen in Zukunft verschont zu bleiben. Obwohl das ein oder andere Gebet trotzdem hilfreich sein könnte.«

Wilson nickte nur stumm und wußte immer noch nicht, wer dort oben an der Chomolungma wohnte, aber er wollte ja wiederkommen und erzählte das dem Abt nun auch. Der sah von der inzwischen aufgetragenen Schale Yak-Momos mit Reis auf und stöhnte leise.

»Du wirst dort nicht finden, was du suchst, Wilson. Und nun bringst du auch noch die drei Bhutias in Gefahr, ich kann das nicht gutheißen.«

Wilson erzählte ihm, wie er die Meditationshöhle von Padmasambhava besucht und die Steinklausen oben am Berg gesehen hatte.

»Das ist nicht mein Weg«, sagte Wilson, »ich kann mich nicht Wochen, Monate oder Jahre zurückziehen und meditieren. Ich muß handeln, und ich erfahre durch Gott, was für mich rechtes Handeln ist.«

»Ich sage nicht, daß du Europäer nach den höchsten Stufen tantrischer Meditation streben solltest, geschweige denn, sie verstehen würdest, was sogar viele meiner Landsleute nicht tun. Ich habe nur gesagt: Vermeide unsinniges Tun, vor allem solches, das anderen Lebewesen schaden kann ... Wilson, ich möchte dir noch etwas zeigen, komm bitte mit!«

Ngawang erhob sich behende und gab Wilson einen Wink. Dieser folgte dem Abt, der schnell durch die dunklen Gänge des Klosters Richtung Versammlungshalle lief. In der Nähe des Eingangs an einer Wilson bislang nicht aufgefallenen Nische blieb Ngawang stehen und stellte eine Kerze vor die bemalte Wand. Ein in kräftigen Farben gemaltes Fresco füllte die Nischenwand. Wilde Bergdämonen, haarige Schneemenschen, weiße Löwen und geifernde Hunde tanzten ekstatisch im Schatten des Eisgebirges, zu ihren Füßen lag der von Pfeilen und Speeren durchbohrte, nackte Körper eines weißen Mannes. Wilson erschauderte und blickte Ngawang fragend an.

»Es gibt einige unter uns, die glauben, daß keiner von euch Langnasen ungestraft in das Reich der Chomolungma eindringen darf, und beten dafür, daß ihr nie den Gipfel betreten möget«, sagte Ngawang Tenzing Norbu leise. »Ich denke, daß das nicht richtig ist, aber ich wollte es dir trotzdem sagen ... Die weißen Löwen hier sind die Schneelöwen. Zwei Schneelöwen bewachten den Buddha Shakyamuni, heute gibt es sie nicht mehr, aber jeder Dalai Lama besitzt bis heute zwei weiße Löwenhunde zu seinem Schutz. Wir nennen sie ›ssengge‹, du hast sie hier im Kloster auch schon gesehen, nehme ich an, auch wenn unsere nicht so richtig weiß sind.« Ngawang lachte, und Wilson erinnerte sich an die kleinen graubraunen Fellknäuel mit roter Zunge, die etwas tolpatschig wirkten und immer wieder über den Klosterhof sprangen. Captain Battye in Gangtok besaß auch zwei dieser Hunde, er nannte sie Tibet-Terrier.

»Aber ganz etwas anderes, Wilson«, fuhr Ngawang jetzt fort, »ich möchte dich einladen. Du hast Glück, denn in den kommenden Tagen feiern wir ein besonderes Fest, das Tse Chu, es ist ein Fest zu Ehren von Phapka Chenrezig, des Bodhisattvas Avalokiteshvara, des Gottes des Mitgefühls. Zu jeder Monatsmitte zelebrieren wir ihm zu Ehren besondere Rituale. Aber nun ist der fünfte Monat, und am zehnten Tag des fünften Monats findet das Tse Chu statt, mit Gesängen, Tänzen und Gebeten. Sei am zehnten Tag unser Gast.«

»Gern!« erwiderte Wilson.

Welche gravierenden Auswirkungen diese Rituale im Kloster Rongbuk haben konnten, erlebte schon die Expedition von 1922 unter Charles Bruce:

»Ich fragte den tibetischen Koch, warum das Wetter mit dem fortschreitenden Sommer immer schlechter werde. Hierfür hatte er sofort eine ausreichende Erklärung. Um die Mitte jeden Monats werden im Kloster Rongbuk besondere Gottesdienste abgehalten, welche die bösen Berggeister dermaßen reizen, daß sie lauter denn je heulen, um die heilige Handlung zu unterbrechen. Nach Beendigung dieser Messen würden die Winde auch aufhören ...«

Wilson fühlte sich geehrt. Noch hatte er einige Tage Zeit bis zum 10. Mai, bis dahin wollte er weiter zu Kräften kommen und trainieren. Er erklomm die eintönigen und ermüdenden Geröllhalden oberhalb des Klosters, ein anderes Mal überquerte er den Dzakar Chu und stieg über einen Schuttkegel hinauf in ein schmales Bachtal. Auf etwa 5500 Meter Höhe verflachte sich der Hang, öffnete sich zu einer Ebene, und unvermittelt stand Wilson vor einem grünen Bergsee, über dem eine Arena aus namenlosen Berggipfeln aufragte, schlanke Spitzen und Nadeln, die Nordseiten vergletschert und alle über sechstausend Meter hoch. Jede für sich, dachte er, wäre in den Alpen eine Berühmtheit und ein Traumziel für Kletterer. Hier waren sie namenlos und er vielleicht sogar der erste Mensch, der dieses steinige Hochtal entlangging.

Auch setzte er wieder seine langen Wanderungen fort, mit denen er sich schon in England auf den Everest vorbereitet hatte. Er wanderte das Tal hinab bis Chödzom und noch ein Stück weiter Richtung Lamna La, oder er lief in einer Stunde hinauf zum Basislager und versuchte entlang der westlichen Moräne dem mittleren Arm des Rongbuk-Gletschers zu folgen, ein Weg, den bisher nur Mallory und Bullock 1921 erkundet hatten. Die Moräne war fest, der Weg eben, und Wilson gelangte fast bis zum Firnkessel unterhalb der Nordwand, von der aus er die südliche Seite des Chang La hätte sehen können, aber dann begann es zu schneien, und Wilson kehrte um.

Tewangs Zustand besserte sich, und deshalb begleitete der Sherpa ihn auf einigen Exkursionen, um auch seine Ausdauer zu verbessern, denn dieses Mal wollte er »Runnerbusy« auf keinen Fall allein Richtung Everest ziehen lassen. Eines Tages saßen sie in der Mittagssonne auf einem größeren Felsen neben dem Pfad, der Rongbuk mit dem Nonnenkloster Rongchung verband, und genossen die Wärme. Von Rongbuk aus näherten sich drei junge Mönche, sie trugen Kupferkannen auf dem Rücken und einen großen Flechtkorb. Sie kamen den Pfad herauf, bogen dann aber ab und stiegen langsam den Geröllhang empor. Wilson schaute Tewang fragend an.

»Die Mönche bringen den Einsiedlern Wasser und ›tsampa‹«, erklärte Tewang.

»Ich möchte gerne hinterhergehen«, erwiderte Wilson, und obwohl Tewang noch zögerte und seine Zweifel anmelden wollte, ob er das tun sollte, war Wilson schon vom Felsen gerutscht und folgte den Mönchen, die von ihrem neuen Begleiter weiter keine Notiz nahmen. Nach einer halben Stunde Anstieg gelangten sie zu zwei niedrigen Steinhütten, hundert Meter voneinander entfernt, die sich so in die steinige Einöde einfügten, daß man sie vom Pfad aus nicht wahrnahm. Die drei jungen Mönche stellten Wasser und »tsampa«, geröstetes Gerstenmehl, vor einer der Hütten ab, einer rief kurz etwas. Aus einer Maueröffnung streckte sich jetzt eine Hand hervor, die eine Holzschale hielt. Der junge Mönch schöpfte aus der Kupferkanne Wasser in die Schale, sofort verschwand die Hand im Dunkel der Klause, um kurze Zeit später wieder aufzutauchen. Nun füllte der zweite Mönch etwas »tsampa« in die Schale, dann folgte noch ein kurzer Ruf der Mönche, und schon gingen sie weiter zur zweiten Hütte. Wilson starrte noch wie benommen auf die Mauer mit ihrer schießschartengroßen Öffnung, aus der gerade eine faltige Hand, eingewickelt in rote Tücher, für wenige Sekunden hervorgelugt hatte, und es wurde ihm jetzt erst wirklich klar, daß dort drinnen tatsächlich ein Mensch lebte. Oder wie immer man diesen Zustand bezeichnen wollte. Tewang spürte Wilsons Ratlosigkeit.

»Das ist Yangtik, die Dunkelmeditation«, erklärte er. »Nur wenige Mönche entschließen sich zu dieser schwierigen Übung. Hier in Rongbuk hat dies eine lange Tradition. Sogar der Ober-Lama zieht sich ab und zu zu einer dreimonatigen Meditation hierher zurück!«

»Aber warum?« fragte Wilson, der all sein Unwissen und Unverständnis nur in dieser einen schlichten Frage bündeln konnte.

»Es ist schwierig für mich, dir das zu erklären«, begann Tewang. »Ich bin kein Mönch oder Lama, und du bist auch noch ein Europäer ... Sie sterben dort, nicht endgültig, aber eben etwas, und sie können das kontrollieren, und sie können dann mit den Göttern sprechen. Außerdem sagt man, das Ausschließen des äußeren Lichts führt schneller zum inneren Licht, und darum geht es ja ...«

Wilson versuchte zu verstehen. Ihm fielen die Anachoreten

in der syrischen Wüste ein oder die mittelalterlichen Flagellanten. Aber Tewang oder Ngawang Tenzing Norbu wären diese eigenwilligen Heiligen sicher nicht minder sonderbar vorgekommen wie ihm diese Einsiedler.

»Oben, Richtung Everest lebt ein Mönch seit fünfzehn Jahren in seiner Zelle und meditiert, sagt man, bewegungslos, im Sommer und im Winter«, erzählte Tewang weiter.

Klar, wenn man den Tod übt, braucht man keinen Schlaf, keine Gespräche, kein Licht und keine Bewegung, aber etwas Wasser und Mehl. Man fühlt keinen Schmerz, keinen Hunger, keine Müdigkeit, keine Kälte? Fast wie ich selbst auf dem Rongbuk-Gletscher vor wenigen Tagen, durchfuhr es Wilson plötzlich, und er lachte bitter.

»Alles eine Frage des Willens«, meinte Tewang schmunzelnd. »Das sagt Sahib Wilson doch auch immer wieder.«

Wilson begann langsam die Hintergründe der tibetischen Religionspraxis zu verstehen ...

»Im Winter, wenn der Buttertee noch ganz heiß war, mußten wir ihn schnell trinken, sonst wäre er gefroren. Dann gingen wir hinaus und stellten uns nackt auf den schneebedeckten Boden. Und nur durch die Kraft der Meditation fühlten wir, wie sich die Hitze in unseren Körpern ausbreitete. Nein, wir waren niemals krank.«

Das hatte ihm eine Nonne aus Rongbuk berichtet.

Sie gingen zurück zum Kloster. Rinzing war mittlerweile wieder eingetroffen und hatte ausreichend Lebensmittel mitgebracht, welche die drei für zwei Wochen auf dem Gletscher und am Berg benötigen würden. Rinzing ist wirklich ein guter Koch geworden, notierte Wilson und freute sich über die vielen getrockneten Datteln, die Rinzing mitgebracht hatte. Er liebte diese Trockenfrüchte und dachte darüber nach, welch weiten Weg aus Indien oder Nepal diese Datteln bis auf den Markt von Tingri zurückgelegt haben mußten. Er selbst backte sich spezielle Kekse aus dunklem Mehl, Haferflocken und Früchten. Leicht und nahrhaft, notierte er, für die höheren Lager genau die richtige Kost. Am Abend übergab er Tewang feierlich ein Schriftstück, in dem er erklärte, daß das Pony nun Tewang gehören würde, dem er es für seine guten und treuen Dienste schenkte.

»Vielleicht brauchst du das noch mal, um es bei irgendwelchen Behörden vorzulegen«, sagte Wilson zu ihm, und es schien, als ob er zum ersten Mal eine Vorahnung hatte, daß die Bhutias ohne ihn nach Darjeeling zurückkehren würden. Tewang war sichtlich gerührt und versprach Wilson, das Pony auf jeden Fall zu behalten und nicht zu verkaufen.

Am nächsten Nachmittag war es Zeit für den Besuch der Tempeltänze. Wilson und die beiden Bhutias hatten sich wieder ihre »feinsten« Stücke angezogen. Wilsons Tennisschuhe hatten allerdings das Weiß längst gegen ein staubiges Graubraun eingetauscht. Der Innenhof des Klosters war gefüllt mit Menschen. Ganze Familien aus den umliegenden Dörfern waren zu dem besonderen Schauspiel gekommen, teilweise waren sie mehrere Tage lang unterwegs gewesen. Männer, Frauen, Kinder, Alte und Junge, Yaktreiber, Bauern, Händler, Gaukler, Bettler, auch Mönche aus dem Kloster Tengboche im Solu Khumbu waren unter den Zuschauern. Auf der Galerie und im Erdgeschoß saßen in dichtgedrängten Reihen bestimmt zweihundert bis dreihundert Tibeter, Wilson war unübersehbar der einzige Weiße und zog bis zum Beginn der Aufführung alle Blicke auf sich. Es hatte sich natürlich längst im Tal des Dzakar Chu herumgesprochen, daß in Rongbuk eine Langnase kampiert, die allein die Chomolungma besteigen will. Wilson konnte sich des Eindrucks nicht erwehren, daß die tuschelnden, schnatternden und giggelnden Tibeter, die andauernd auf ihn zeigten, schon alles über ihn und seine Reise wußten und sich darüber köstlich amüsierten. Doch dann trat Ngawang Tenzing Norbu in den Innenhof, und die Gespräche erstarben abrupt. Der Abt trug eine edle gelb-rote Seidenrobe und eine rote Zipfelmütze und wurde von zwei Assistenten begleitet. Er klatschte in die Hände, hielt eine kurze Ansprache, so kam es Wilson jedenfalls vor, und setzte sich dann auf seinen gepolsterten Thron an der Stirnseite des Platzes. Die Musiker traten auf, sechs Mönche, auch sie trugen heute besonders prächtig geschmückte Roben und hatten seidene Schals um den Hals gelegt. Trommeln, Zimbeln, Oboen und Trompeten reichten zur Grundausstattung einer tibetischen Klosterkapelle. Trommeln und Becken hatten verschiedene Größe, und die zwei Trompeten waren auf unterschiedliche Tonhöhen gestimmt. Die mit gebogenen Schlegeln bearbeiteten Trommeln gaben den Grundrhythmus vor, die chinesischen Becken wurden dazu auf unterschiedlichste Art angeschlagen, derweil eine Trompete einen monotonen Grundton lieferte, während die andere dazu wechselnde Harmonien spielte. Wilson mußte an die Klage des Abtes über die minderen Qualitäten seiner Musiker denken und lächelte, blieb doch jedem europäischen Ohr bei dieser Harmonik der Unterschied zwischen »gut« und »schlecht« gespielt schlichtweg verschlossen. Die Musiker hatten ihre Ouvertüre beendet, da sprang auch schon der erste Tänzer in den Innenhof und begann sich zu Trommel- und Beckenschlägen wild über den Platz zu drehen. Er trug ein blaues, besticktes Seidengewand mit überlangen Ärmeln, wie es bei den tibetischen Notabeln üblich war, dazu einen schwarzen kegelförmigen Hut mit buntem Federschmuck. Sechs weitere Tänzer in gleicher Aufmachung gesellten sich dazu. »Sie rufen Chenrezig an, daß er sich dazugesellen soll«, flüsterte Tewang Wilson zu. Es folgte ein zweistündiger Reigen durch die tibetische Götterwelt. Heilige, Bodhisattvas, Gurus, Lamas, Dämonen und Geister traten auf in ihren unterschiedlichsten Erscheinungsformen, jeder Figur war eine eigene Musik, ein Tanz oder Gesang zugeordnet. So wurden die Götter inmitten der Sänger, Tänzer und Zuschauer lebendig und gleichzeitig angebetet. Trotz farbenprächtigster Kostümierung und kunstvoll geschnitzter Holzmasken ermüdete das Schauspiel Wilson irgendwann. Nur einmal noch zuckte er hoch, als Tewang ihn lächelnd anstieß und auf die Tänzerin hinwies: »Jomo Miyo Lang Sangma!« Die Göttin des Everest tanzte anmutig allein über den Platz zu einer getragenen Melodie, die Maske zeigte ein helles, offenes Gesicht mit betont großen Augen und breit lächelndem Mund. Ein Finale furioso beendete das Schauspiel und noch vor der einsetzenden Dämmerung hatten sich die meisten Zuschauer auf ihren langen Heimweg gemacht, nicht ohne daß Ngawang Tenzing Norbu allen Gästen ein kleines Geschenk in Form von Yakfleisch mit auf den Weg gab. Wilson notierte:

»Es gibt wirklich ein sehr echtes freundschaftliches Verhältnis hier zwischen den Lamas und der Bevölkerung. Die Dörfler beliefern ja auch das Kloster mit Lebensmitteln. Das scheint für ganz Tibet zu gelten und ist wirklich etwas anderes, als wie ich es sonst auf der Welt gesehen habe.«

Der Tag des Aufbruchs nahte. Wilson wußte, daß sie nicht mehr länger warten konnten, wollten sie nicht riskieren, in einen womöglich frühen Monsuneinbruch zu geraten. Er fühlte sich wieder gesund, auch Tewang war fit, wie der robuste, gutmütige Rinzing schon die ganze Zeit über. Wilson ging ein letztes Mal die Ausrüstung durch. Ein längeres Seil nahm er diesmal mit und natürlich Sonnenbrillen für die beiden Träger. Seine Kamera und den Spezial-Höhenmesser hatte er ebenso wie einen Benzinkocher oben im letzten Lager zurückgelassen, er konnte nur hoffen, daß die Sachen den Schneesturm gut überstanden hatten und daß er sie wiederfinden würde, denn er wußte nicht mehr, ob er die Stelle markiert hatte. Einen Luxus würde er sich leisten, die wenigen hundert Gramm Mehrgewicht waren zu verschmerzen: Er packte Schoko-Minz-Kekse aus den Ruttledge-Beständen in seinen Rucksack! Es war eigenartig, dachte er, nur einen dieser von ihm seit Kindertagen geliebten Kekse mußte er essen, und sofort lag die ganze Atmosphäre und das Leben in Bradford vor ihm, sogar hier im fernen Tibet. Gerüche und Geschmäcker hatten eine besondere Macht.

Drei Rucksäcke mit fünfzehn bis zwanzig Kilogramm Gewicht hatte er schließlich gepackt, der kräftige Rinzing würde den schwersten tragen. Rongbuk lag wieder ruhig da, das Tse-Chu-Fest war vorüber, der Klosteralltag kehrte wieder ein. In den Zimmern der Mönche brannte noch Licht, manchmal vernahm man leises Gemurmel. Der Sternenhimmel über Tibet protzte wieder mit all seinen Schönheiten, wie eigentlich fast jede Nacht, dachte Wilson, so üppig glimmerte und blinkte es am Firmament. Enid steht jetzt unter dem gleichen Himmel, aber es liegen Welten dazwischen. Seit Monaten hatte er nichts mehr von ihr gehört, und er hatte gelernt, sie aus seinen Gedanken zu verdrängen, solange es hier genug zu tun gab. Fast jedenfalls. Aber an solchen Abenden, oder in der Einsamkeit auf dem Rongbuk-Gletscher, da gab es genügend Gelegenheiten, sich an sie zu erinnern, eine Briefzeile, ein flüchtiger Geruch, eine Melodie. Dann krampfte sich ihm manchmal Bauch und Herz zusammen, und er wollte weinen.

»Ich glaube, es vergeht kein Abend, an dem du nicht darüber nachdenkst, wo ich bin oder was ich gerade mache. Es ist gut zu wissen, daß ich in zwei Monaten wieder dasein werde.«

Der größte Unsicherheitsfaktor für alle frühen Everest-Expeditionen war das Wetter. Man sammelte Erfahrungen über die Anpassung an große Höhen, über die geeigneten Wegstrecken, über angemessene Bekleidung und ausreichende

Verpflegung. Die Bergsteiger diskutierten heftig über den Nutzen von Sauerstoff oder über die richtige Größe einer Expedition und das Alter der Gipfelteams. Man konnte vieles beeinflussen, steuern und optimieren. Aber niemals das Wetter. Sicher war nur: Das schmale Zeitfenster zwischen der abflauenden Winterkälte Ende April und den einsetzenden Monsunschneefällen Anfang/Mitte Juni war die einzige Zeit, in der es überhaupt eine *Chance* für eine Gipfelbesteigung gab. Mehrmals hatten die englischen Expeditionen trotz bester Planung, Logistik, Ausrüstung und starker Bergsteiger kapituliert vor arktischer Kälte, Stürmen, permanentem Schneefall und Lawinen. Das Wetter blieb der größte Unsicherheitsfaktor und entschied über Erfolg oder Mißerfolg.

Das Wetter im Vormonsun 1934 war schlecht.

Die drei Männer brachen am 12. Mai von Rongbuk auf, gut gerüstet, akklimatisiert und voller Zuversicht. Wilson und Tewang litten noch leicht unter den Nachwehen ihrer Erkrankungen, aber Wilson machte alles mit seinem strotzenden Optimismus wieder wett. Das Wetter war günstig, sonnig und fast windstill. Wilson hatte mit Rinzing die Schuhe getauscht. Der Bhutia trug jetzt stolz englische Bergschuhe, und Wilson erfreute sich an den fellgefütterten Stiefeln des Tibeters. Die Sonne schien »erbarmungslos«, wie Wilson notierte. »Ich benutze deutsche Antifrostsalbe und Sonnenschutzcreme.« Sie kamen gut voran, Wilson kannte den Weg, vermied kleine Umwege, wie auf seinem ersten Gang, Rinzing und Tewang waren mit dem Gelände seit der Ruttledge-Expedition im vergangenen Jahr bestens vertraut, und so erreichte die Gruppe zügig und unbeschadet am Nachmittag Lager I. Das Team war eingespielt, Rinzing kochte sofort Tee, Wilson und Tewang stellten die beiden Zelte auf. Rinzing war überzeugt davon, daß Wilsons Scheitern beim ersten Versuch vor allem auf den Mangel an warmem Essen zurückzuführen sei. Entsprechend legte er sich ins Zeug, um mit den beschränkten Mitteln auf knapp sechstausend Meter Höhe etwas Genießbares zuzubereiten. Es gelang ihm sogar, »chappatis« zu backen. Wilson genoß sichtlich das Essen und die Begleitung. Ruhe, Kraft und Hilfsbereitschaft der beiden Tibeter waren ein großer Halt für ihn. Einsamkeit am Everest war eine besondere Einsamkeit, befand er. Nur hier hatte er sich wie allein im Universum gefühlt. Er versprach den beiden, daß sie ein besonderes »Backshish« bekommen sollten, da sie ihn nun zum Lager III begleiten würden. Sie saßen noch vor dem Zelt, als die Sonne hinter den westlichen Bergketten verschwand. Sofort sank die Temperatur. Wilson mußte sich Handschuhe anziehen, um noch seinen Teebecher halten zu können. »Mein Stift ist aus Eis«, kritzelte er noch ungelenk in sein Tagebuch.

Die Nachttemperaturen sanken bis auf zwanzig Grad minus. Früh waren sie wieder auf den steifen Beinen, aber es dauerte zwei Stunden, bis Tee gekocht war, sie etwas gegessen hatten und schließlich die gepackten Rucksäcke schultern konnten. Ein großer Vogel kreiste in der einsetzenden Thermik über ihrem Lager. Tewang zeigte auf die charakteristische Färbung der Schwingen und sagte, daß es ein Lämmergeier war, der vor allem Aas frißt. Dann such mal schön weiter, dachte sich Wilson und setzte seinen Rucksack auf. Das Wetter blieb stabil, sonnig und trocken. Die abrupten Wechsel zwischen Hitze und Kälte ermüden jeden Menschen in dieser Höhe besonders, aber dieses Wechselspiel war immer noch leichter auszuhalten als Sturm, Nebel und Schneefall. Die beiden Bhutias kannten den richtigen Weg zum Lager II und vermieden die aufreibenden Umwege, die Wilson vor drei Wochen durchs Labyrinth der Séracs gelaufen war. Sie erreichten bereits am frühen Nachmittag Lager II und bauten die Zelte auf. Hier in der Nähe hatte Wilson bei seiner Flucht vor drei Wochen in Panik und Umnachtung seinen

Rucksack zurückgelassen, unter anderem mit seiner Kamera und dem zweiten Kocher. Er bat Rinzing, den Rucksack zu suchen, und versprach, ihm dafür seinen hoffentlich noch darin verstauten Pullover zu schenken. Der anscheinend niemals müde werdende Rinzing begab sich noch am Nachmittag auf die Suche. Als Rinzing Stunden später noch immer nicht zurückgekehrt war, machte sich Wilson Vorwürfe, daß er ihn hatte allein gehen lassen. Doch dann kroch der rotgefrorene Bhutia plötzlich aus der Dunkelheit ins Zelt und zeigte triumphierend auf Wilsons Pullover, den er gleich übergezogen hatte. Was er nicht fand, war das Paar Steigeisen, das Wilson ebenfalls hier fortgeworfen hatte.

Am kommenden Tag ging es weiter entlang des zerfurchten Rongbuk-Gletschers, durch die Eisnadeln und Kathedralen, durch die gefürchteten Gletschermulden und über Moränenschutt – trotz aller Erschöpfung und Müdigkeit. Rinzing kannte die Route und führte die Gruppe zielsicher ins Gletscherbecken unter dem Nordsattel. Kurz zuvor passierten sie die Stelle, an der Wilson drei Tage im Blizzard ausgeharrt hatte, orientierungslos, dem Wetter ausgeliefert. Nun erst erkannte er, wie nah er an den Resten des ehemaligen Ruttledge-Lagers und seinen Vorratsdepots gelegen hatte. Und er stand da, nach Luft schnappend, und betrachtete nun zum ersten Mal die gewaltige Szenerie der Everest-Nordwand ohne Schneegestöber und Nebeltreiben. Sie sahen direkt auf das Profil des Nordgrats, der vom Chang La gleichmäßig in die Höhe zieht bis zu seiner Vereinigung mit dem Nordostgrat auf 8435 Meter Höhe, welcher dann den langen Gipfelgrat mit den Felsstufen des First und Second Step bildet. Der wild gezackte Nordostgrat senkt sich linker Hand hinab bis auf den übergletscherten Rapin-La-Paß, der auf gleicher Höhe wie Lager III liegt und steil ins Kama Chu zur Ostseite des Everest abbricht. Der Nordsattel liegt dagegen gut sechshundert Meter über dem Lager III. Zwei kürzere Gletschersteilstufen führen zum Fuß der eigentlichen Wand des Nordsattels, ein wild zerklüfteter Gletscherabbruch, übersät mit überhängenden Séracs, durchzogen von gewaltigen Spalten und Lawinentrichtern. Es gibt zwei Schlüsselstellen im Aufstieg zum Everest, eine ist der felsige »Second Step« am Gipfelgrat, die zweite ist die Eiswand zum Nordsattel. Die Eismassen unter dem Chang La sind nicht stabil, sondern rutschen langsam, aber stetig zu Tal. Eistürme stürzen zusammen, Spalten öffnen sich, andere verschwinden, Lawinen reißen ganze Hänge mit sich, und die Wand bietet jedes Jahr ein anderes Bild, ein geeigneter Durchstieg muß immer wieder neu erkundet und erprobt werden.

So phantastisch das Panorama sein mochte, das Lager III ist kein gemütlicher Lagerplatz. Meint man vielleicht, im Windschatten des Nordcols vor den gefürchteten Westwinden geschützt zu sein, stellt man bald fest, daß dem nicht so ist, sondern die Stürme förmlich über die Hänge hinabfallen und dabei noch massenhaft losen Schnee vor sich hertreiben. Die Temperaturen sinken auch im Mai auf zwanzig Grad unter null.

Auf der Moräne am Gletscherrand unterhalb des Changtse schlug die Gruppe ihre zwei Zelte auf. Das schöne Wetter hatte gehalten, aber Höhe und Hitze hatten besonders Tewang völlig erschöpft, und auch Wilson mußte sich erst einmal ausruhen. Den nimmermüden Rinzing trieb es bald darauf schon wieder hinaus, da er so schnell wie möglich die Vorratslager von Ruttledge finden wollte. Die ungefähre Lage kannte er noch, doch alle Spuren waren nach einem Jahr natürlich verschwunden. Schließlich dämmerte es, und Wilson stand vor dem Zelt in der Finsternis und rief besorgt nach Rinzing. Kurz darauf kam dieser schwer beladen und breit grinsend durch den Schnee gestapft. Wilson traute seinen Augen nicht:

»Wir überlegten, ob wir eine kleine Weihnachtsparty in meinem Zelt veranstalten sollten, ich hatte diese Dinge seit Monaten nicht gesehen: Honig, Marmelade, Butter, Rosinen, Käse-Biskuits, Anchovis-Paste, Schokolade, Nestle-Milch, Ovomaltine und viele andere Schätze des Himmels. Es war zu kalt und zu spät, um noch zu kochen, also gab es nur Schokolade und Kekse zum Abendessen.«

Der nächste Tag brachte immer noch schönes Wetter, aber Wilson zog es vor, die Inhalte der Vorratskisten weiter zu erforschen als den Zustieg zum Nordsattel. Rinzing kam dieses Tagesprogramm gelegen, und er schleppte eine weitere Kiste herbei. »Du kannst dir nicht vorstellen, in was wir hier schwelgen«, sinnierte Wilson im Tagebuch und warf kurzerhand seine strengen Diätregeln über den Haufen, was ihm nur einiges Magenzwacken, aber keine Gewissensbisse bereitete. Anchovis-Paste wurde anscheinend zu jedem Gang gereicht, ob Suppe oder Käsekräcker. Auch dem geschwächten Tewang bekamen heiße Suppen und süße Schokolade bei seiner Genesung bestens.

Das Wetter wurde schlechter, Wilson bekam Kopfschmerzen und schlief unruhig, ein Symptom der Höhenkrankheit, das jederzeit auftauchen kann, auch nach Tagen in größerer Höhe. Er genoß die Versorgung durch Chefkoch Rinzing, dem diese Tätigkeit sichtlich Spaß machte.

»Um halb sieben morgens kam Rinzing mit Ovomaltine oder schwarzem Tee, eine Stunde später mit heißer Fleischbrühe, und dann ging es mittags wieder los, und abends gab es heiße Schokolade. Hier liegt soviel Zeug rum, er könnte ein Geschäft aufmachen.«

Die viertägige Schönwetterperiode ist vorbei, es schneit und stürmt, nur fünfzig Meter beträgt die Sicht. Der unermüdliche Rinzing hat Bambusstangen aus dem alten Lager geholt und entzündet ein Lagerfeuer. Wilson liegt im Zelt, hängt trüben Gedanken nach und langweilt sich.

»Mein Gott, sind meine Fingernägel schwarz, der Dreck frißt sich schon in die Haut ein. Ich könnte langsam wirklich wieder etwas zivilisierter werden.«

Noch zwei Tage bläst der Sturm, und das Schneegestöber nimmt kein Ende.

Am Morgen des 21. Mai scheint endlich wieder die Sonne, und der Sturm hat nachgelassen. Genau ein Jahr nach seinem Abflug aus London packt Maurice Wilson seinen kleinen Rucksack und beginnt den Aufstieg zum Nordsattel. Rinzing begleitet ihn ein Stück. Eine Route durch das Eisgewirr des Nordsattels muß genau geplant sein. Auf dem Weg zum Ziel, der Paßhöhe des Chang La, gilt es Lawinenstriche zu vermeiden, den jederzeit einsturzbereiten Séracs auszuweichen, offene und verdeckte Spalten zu umgehen. Wilson hatte sich nach Absprache mit Rinzing eine Route überlegt, die mit dem geringsten Risiko behaftet schien. Die Wand zum Nordcol war gefährlich, 1924 starben hier bei einem Lawinenabgang sieben Sherpas, und bereits im Jahr zuvor hatte der Expeditionsleiter Hugh Ruttledge vor den Tücken des Anstiegs gewarnt. »In einer solchen Wand ist die Gefahr immer gegenwärtig!« schrieb er. »Der generelle Winkel der Nordcol-Hänge ist so steil, daß eine gehörige Portion Stufenschlagen notwendig ist, fast die ganze Strecke über ... und für die Träger müssen Fixseile gelegt werden ... Die blanke Schlußwand ist vielleicht fünfzig Fuß hoch und senkrecht. Kann ein Bergsteiger dort Stufen schlagen, auf fast siebentausend Meter Höhe?«

Wilson mußte eine große Rechtsschleife gehen, eine Eisflanke erklettern, einen Lawinenkegel nutzen, um Höhe zu gewinnen, und gelangte dann über weitere Schneehänge zu einer senkrechten Eisbarriere, die den Ausstieg zu den flacheren Ausläufen des Cols über die ganze Paßbreite versperrte. Dort bot nur ein einziger breiter Riß den möglichen Durchstieg. Wilson nannte ihn den »chimney«, den Kamin. Das flache Gletschereis bis zum Wandfuß war blank gefegt und hart wie Stein. Daß er seine beim ersten Versuch zurückgelassenen Steigeisen im Lager II nicht wiedergefunden hatte, war verschmerzbar – so meinte er.

Wilson hatte gehofft, auf die Fixseile der Ruttledge-Expedition zu stoßen, die über die gesamte Wandhöhe für den zügigen Auf- und Abstieg der schwer beladenen Träger gelegt worden waren. Aber vergeblich: Die Wand war im vergangenen Jahr verrutscht, Lawinen hatten Teile der Seilkette weggerissen, andere waren unter tiefem Schnee verschüttet, ebenso wie die Stufen zerstört waren. Es blieb ihm nichts anderes übrig, als selbst Stufen zu schlagen, ein mühsames Geschäft, insbesondere in dieser Höhe. Und, Wilson hatte zwar seit Monaten seine Fitneß und Ausdauer trainiert, aber kein einziges Mal war er mit Pickel und Steigeisen im Gletschereis unterwegs gewesen. Rinzing zeigte ihm, wie gute Stufen ins Eis zu schlagen waren, und begleitete Wilson die ersten 150 Meter. Der Eishang wurde steiler, sie mußten auf verwehte Spalten achten, die immer wieder den ganzen Hang durchzogen. Rinzing verließ ihn dann mit besten Wünschen, er wollte vor der Dämmerung wieder im Lager III bei Tewang sein.

Wilson arbeitete sich vorsichtig und langsam weiter die Hänge empor, unter überhängenden Séracs hindurch und steile Couloirs hinauf. Das ungewohnte Stufenschlagen erschöpfte ihn schnell, immer öfter mußte er zwischen den einzelnen Schlägen kurz innehalten und nach Luft schnappen. Dann, noch unterhalb der großen Querspalte, entschied er sich, hier die Nacht zu verbringen. Wilson bereitete sich, so gut es eben ging, auf dem schrägen Schneehang einen sicheren und komfortablen Schlafplatz, war aber zu erschöpft, um sich noch ein Essen zu kochen.

Am nächsten Tag, nach einem warmen Tee und Keksen, ging es weiter bergan, wieder langsam, aber beharrlich. Er stand dann vor der großen Spalte und suchte verzweifelt nach einem Übergang. Sie durchzog die gesamte Wand, zwischen drei und fünf Meter breit. Wilson robbte bäuchlings an den Spaltenrand und schaute in die Tiefe: Die Schneewände verloren sich in der Dunkelheit des Gletscheruntergrunds, unter ihm ging das Weiß des Schnees in schmutziges Eisgrau über. Wilson rief etwas und lauschte, ob es ein Echo gäbe aus dieser Gletscherhöhle. Aber nichts war zu hören, obwohl er manchmal ein leichtes Rauschen zu vernehmen glaubte. Die einzige Möglichkeit, die Spalte zu überwinden, war eine Schneebrücke hundert Meter links von ihm. Wilson hatte keine Erfahrung mit der Haltbarkeit solcher Naturkonstruktionen und keinen Partner, der ihm Seilsicherung geben konnte. Er schob sich deshalb auf dem Bauch liegend, um sein Gewicht zu verteilen, langsam über den Schnee und gelangte schließlich sicher auf die andere Seite. Da die Suche nach einem Übergang und die Inspektion der Gletscherspalte viel Zeit in Anspruch genommen hatte, wollte er den steilen Hang, der zum »chimney« hinaufführte, nicht mehr angehen und bereitete sich deshalb wieder ein äußerst ungemütliches Lager. Er aß ein paar seiner trockenen Spezialkekse und schlief bald erschöpft ein.

Tags darauf stand er unter der Eiswand, senkrecht, teilweise überhängend, blankes Eis fünfzehn bis zwanzig Meter hoch an der niedrigsten Stelle. Darüber neigte sich der Hang und erreichte bald die Paßhöhe des Chang La. Vor einem Jahr standen hier zwei der besten britischen Kletterer, um einen Durchstieg zu finden, Eric Shipton und Frank Smythe.

»Ich begann die erste Stufe zu schlagen. Gleich nach dem ersten Schlag erkannte ich, daß das Eis diese feste, rauhe Konsistenz besaß, wie ich sie aus den Himalaja-Bergen kannte. Stufen in dieses Eis zu schlagen ist ein mühsames Unterfangen. Aber als ich auf die erste Stufe treten wollte, merkte ich, daß ich wegen des nach außen gewölbten Eises nicht ohne Erics Unterstützung die Balance halten konnte. Dann streckte ich beide Arme nach oben und konnte einen Felshaken in das Eis hämmern, Karabiner und Seil folgten. Nun vertraute ich darauf, daß der Haken hielt, und konnte weiter Stufen schlagen, ohne rückwärts rauszufallen. Mit dem linken Fuß auf der einen Stufe, schlug ich rechts oberhalb des Wulstes eine zweite, groß genug für beide Füße. Aber zuvor war eine Pause notwendig«, schrieb Smythe später.

Es war die Schlüsselstelle der Wand oder auch das Nadelöhr, daß alle durchschreiten mußten, wollten sie weiter hinaufkommen. Dort stand nun Maurice Wilson – allein, ohne Unterstützung und mit einem linken Arm, der fast unbeweglich war. Vielleicht durchzuckte es ihn hier zum ersten Mal, daß er den Mount Everest nicht besteigen würde, vielleicht gab es für ihn auch bereits Gewißheit. Aber er gab nicht auf, und er ging auch noch nicht zurück. Nein, er nahm das Ringen mit dem Eiskamin, dem »chimney« auf, wohl Stunde um Stunde bis zur Dämmerung. Aber am Ende des Tages mußte er seinem Tagebuch das Mißgeschick anvertrauen, daß seine Streichhölzer unbrauchbar geworden waren, und das hieß: »Nur noch eines ist zu tun: kein Essen, kein Trinken – zurück!«

Er rutschte und schlitterte die Eishänge hinab, wohl beobachtet vom treuen Rinzing, der ihm über die flachen Gletscherhänge entgegenkam und in dessen Arme ein erschöpfter Wilson sank.

Das Wetter verschlechterte sich, und Wilson blieb im Schlafsack. Für Rinzing und erst recht für Tewang bedeutete dieser zweite Mißerfolg das Ende des Unternehmens. Zu deutlich war, daß ein Mann allein, wie hartnäckig, willensstark und mutig er auch immer sein mochte, ohne die angemessene Unterstützung dort nicht weiterklettern konnte. Sie waren seit Wochen in der kräftezehrenden Höhe über fünftausend Meter, und die extremen Bedingungen in Lager III hatten ihnen in den vergangenen Tagen den letzten Willen genommen. Rinzing fragte freudig, wann sie losgehen wollten, nach unten, nach Hause. Aber Wilson schüttelte zu ihrer großen Überraschung den Kopf und erklärte, sie sollten ihn zum Nordsattel begleiten, dann würden sie es schaffen, genauso, wie sie es hierher zum Lager III so gut geschafft hatten. Aber dieses Mal lehnten Rinzing und Tewang ab. Seit zwei Monaten standen sie in Diensten von Sahib Wilson und hatten viele seiner extremen Anforderungen klaglos akzeptiert, hatten ihm geholfen, ihn gepflegt und unterstützt. Nun sagten sie: Nein! Um sich zu schützen, um ihn zu schützen. Sie wußten, daß es keinen weiteren Versuch geben konnte – ohne Tote. Die Kräfte waren am Ende, das Wetter begann umzuschlagen auf den Monsun. Sie hatten alles versucht und viel erreicht. Nein, sie wollten nur noch umdrehen. Wilson muß auch gewußt haben, daß es keine Rückkehr mehr für ihn geben würde, ginge er noch einmal allein in die Wand. Drei Tage blieb er mit den Sherpas noch im Lager III, und viele Male hat er wohl versucht, sie zum Mitkommen zu überreden, aber vergeblich. Sie liebten diesen Berg, sie waren ihm ergeben, und sie brauchten natürlich immer Geld für ihre Familien, aber die hatten nur etwas von ihnen, wenn sie lebten. Verzweifelte Wilson? Hoffte er auf ein Wunder, ein Zeichen Gottes, eine neue Vision? Jedenfalls entschied er sich nach zwei Tagen des Haderns und Wartens: »Ich werde allein gehen«, verkündete er den geschockten Bhutias. »Ich bin in neun oder zehn Tagen zurück, wartet hier auf mich, aber wenn ich nach vierzehn Tagen nicht zurückkomme, kehrt um und nehmt diesen Brief mit zur Polizei nach Darjeeling, dann wird euch nichts geschehen.«

»Wer immer dieses Schreiben lesen sollte: Ich möchte Sie darüber informieren, daß ich die drei Träger, die mich zum Zweck einer Solobesteigung des Everest (bei deren Ankündigung Sie ja sicher sehr gelacht haben) begleitet haben, von mir bestochen wurden.

Sie haben mir treu gedient und mich sicher durch viele schwierige Gegenden und Situationen geführt. Ich bitte Sie als Sportsmann, sich zu bemühen, daß die drei ohne Bestrafung gehen können, die zu verhängen ja einige Beamte als ihre besondere ›Pflicht‹ zu betrachten scheinen.

Einige von uns suchen immer danach, und einige warten, bis sie aufgerufen werden, aber von dort, wo ich jetzt stehe, einen Blick auf den Mount Everest zu werfen, war alles Vergangene und was noch kommen mag wert!

Keep smiling und cheerio!

M. Wilson«

Der Brief gelangt Wochen später tatsächlich nach Darjeeling. »Ausdünstungen eines Geisteskranken« nannte der stellvertretende Polizeichef diese Zeilen.

Rinzing wollte etwas einwenden, setzte an, stockte, und Wilson machte ihm mit einer Handbewegung klar, daß er nichts zu sagen bräuchte. Rinzing wußte, daß es zu spät war, daß vielleicht alles zu spät war. Sie traten alle drei schweigend vor das Zelt der Sherpas, Wilson umarmte Rinzing und Tewang, bedankte sich noch einmal für ihre Treue, gab ihnen den ausstehenden Lohn und verschwand in seinem Zelt.

Er zählte durch: Schlafsack, Kamera, die Sauerstoffausrüstung, der Höhenmesser, Eispickel, Kocher, Tee – sowenig

Gepäck wie möglich, sogar aus der Landkarte hatte Wilson nur das Viertel ausgeschnitten, das er brauchte. Alles Überflüssige blieb zurück.

Früh am nächsten Morgen, als Rinzing nach ihm sehen wollte, war Maurice Wilson bereits aufgebrochen. Der Bhutia schaute zum Nordsattel und erkannte einen schwarzen Punkt, der sich durch haushohe Séracs, Gletscherbrüche und über die unteren Schneehänge in Richtung der großen Querspalte hochkämpfte. Er mußte schon seit zwei, drei Stunden unterwegs sein. Vom Nordsattel herabtreibende Schneeschleier nahmen Rinzing immer wieder kurz die Sicht auf den sich langsam, aber stetig bewegenden Fleck dort oben. Der andauernde Weststurm rauschte in Rinzings Ohren, sonst war es still am Chang La.

»Om Mani padme hum«, murmelte Rinzing und legte die Hände vor der Brust zusammen, »möge deine Seele Frieden finden, Sahib Wilson, dort oben, oder wo sonst auf dieser Welt.« Er drehte sich frierend um und ging zu Tewang ins Zelt.

Allein

Es war wieder Zeit zu beten und zu fasten. War es nicht immer so gewesen? Hatte er nicht nur die Hölle von Ypres als einziger seiner Einheit überlebt, halb wahnsinnig und schwer verletzt, er hatte die Schwindsucht überlebt, den Flugzeugabsturz, den Blizzard? Das war nicht umsonst gewesen! Das war auch kein Zufall, kein Mut, kein Glück. Oh nein, das war oft genug Qual. Denn es war eine Aufgabe, eine Verantwortung. Vielleicht auch Schicksal. Er hatte ein ... ein ... ein Recht hier zu sein, ja, es war richtig so, wie es war. Brot, Porridge, Trockenfrüchte, Tee, das war alles, das reichte. Er hatte zu seinem Gott gesprochen, fast die ganze Nacht, hatte ihn angefleht und bedrängt: ein Zeichen, bitte ein Zeichen! Was soll ich tun? WAS SOLL ICH TUN? Aber der Morgen war stürmisch, kalt und öd am Nordsattel wie schon Tausende zuvor. Nein, da war kein Zeichen, oder keines, was er in der Lage gewesen wäre zu erkennen. Es ist eigentlich eine einfache Welt hier. Es gibt nur noch drei Farben: himmelblau, schneeweiß und felsschwarz – und ein grausames Grau, das alles andere aufsaugen und überdecken konnte. Es gibt nur noch drei Dinge, die man tun muß und möchte: trinken, schlafen, verdauen. Oder fasten, beten, klettern? Und es gibt drei Männer hier oben. Man wird aufs Wesentliche zurückgeworfen, ja. Eine einfache Welt. Der Eiskamin wird auch einfach sein. Ich habe es nur nicht erkannt beim ersten Versuch. Es kommt auf die Sicht an, es ist ein einfacher, klarer Weg, vorgegeben, direkt: Eis, blau, hart, zwanzig Meter, senkrecht hinauf und ein Riß, einen halben Meter breit. Das ist so klar wie der Flug über die persische Wüste ohne Landkarte, direkt von hier nach dort, kürzester Weg mit letzter Kraft.

Er schrieb: »Es ist eine schwarze Welt, kalt und tot, unermeßlich, ohne Pflanzen oder Insekten, ohne auch nur den Hauch von etwas Lebendigem.«

Hat Rinzing da gerufen? Da unten am Rand des Gletschers steht ein Zelt, ich kann es nicht mehr erkennen zwischen den Felsen, und da auf dem Eis läuft jemand, ja, es muß Rinzing sein, winkt er? Ich winke zurück mit dem Pickel! Schön, daß die beiden noch da sind. Zehn Tage sollen sie warten, habe ich gesagt. Das ist lange. Ich muß früher zurück sein. Rinzing sagte, der Monsun kommt schon bald, die Wolken, der Schnee, die Lawinen. Jetzt aber muß ich rasten, etwas schlafen, nicht lange, und etwas trinken. Einen Platz finden für mein Zelt, es ist alles so steil hier, wo ist bloß die Stelle vom vorigen Mal? Egal, ich gehe bis zur großen Spalte, dort war es flacher. Die Sonne versinkt früh hier auf der

Nordseite. Zwei Paar Handschuhe, vier Lagen Hemden und Hosen, das muß reichen ... Es dauert alles so lange, ich setze den Rucksack ab, zerre das Zelt heraus, umständlich baue ich es auf, liege erschöpft im Schnee, schnaufe, schleppe mich ins Zelt, lege mich in den Schlafsack, über eine Stunde ist vergangen. Ab siebentausend Meter gibt es keine wirkliche Anpassung mehr an die Höhe, nur noch unterschiedliche Stufen des Ertragenkönnens. Auf fünftausend Meter können Menschen auf Dauer leben, auf achttausend sterben sie nach zwei Tagen. Und auf siebentausend? Nach drei Wochen? Nach einem Monat? Noch lebe ich!

Kekse, Tee, viel Tee, ein paar Rosinen, es dauert Stunden, bis das Wasser kocht, die Kekse sind trocken im Mund, man kann sie kaum schlucken.

Die Sonne bescheint noch die oberen Felsen des Everest, Neuschneelawinen donnern durch die Couloirs der Nordostwand. Die Spitze trägt wie immer ihre prächtige Schneefahne.

Eine Kerze, *ein* Bleistift, *eine* Packung Streichhölzer. Sie dürfen nicht feucht werden! Der Stift ist so kalt, aber ich kann noch etwas schreiben in dem schwachen Licht.

Eine schwarze Dohle steigt von den Felsen über der Moräne empor, fliegt direkt auf mein Lager zu, krächzt und dreht kurz vor der Wand ab und schraubt sich in die Höhe. Sie riechen jedes Lebewesen hier oben. Sie suchen meine Brotreste und meine Gesellschaft. Sie sind die wahren Herrscher dieses Reichs, segeln entlang der Grate und Wände in die höchsten Höhen und stürzen unvermittelt wieder hinab, zweitausend bis dreitausend Meter, nur um bald darauf wieder den Gipfel zu umkreisen, einfach so, nur zum Spaß. Hast du mal Dohlen im Schnee gesehen? Sie spielen wie Kinder, rutschen auf ihrem Rücken einen Schneehang hinab, trippeln wieder hoch, und es beginnt von neuem. Warum nicht als Dohle wiedergeboren werden, hier am »Berg-der-so-hoch-ist-daß-ihn-kein-Vogel-überfliegt«, wie ein Lama den Everest nannte. Ja, laß uns fliegen oder rodeln, das ist vielleicht besser als hinaufzuklettern …

Es wird so kalt, alle Sachen bleiben an, ich krieche einfach nur in den Schlafsack …

Heute war es längere Zeit klar, die Wolken verzogen sich, und ich konnte nach unten auf den Gletscher sehen. Aber ich konnte kein Zelt mehr entdecken, niemand lief über den Schnee. Sind sie abgestiegen?! Nein, das kann nicht sein, ich glaube das nicht. Wahrscheinlich ist das Zelt viel zu klein, als daß ich es zwischen den großen Blöcken erkennen könnte. Jetzt haben sich die Wolken wieder dazwischengeschoben, ich kann nichts sehen. Fühle mich kraftlos, müde, bleibe noch etwas liegen …

Der Eiskamin! Schlage Stufen! Erst links, dann rechts, muß mit links zuerst hochsteigen, um mich zu verkeilen, kann den Arm nicht hochstrecken, aber die Hand findet Halt, festhalten, ich schlage einen Griff in der Tiefe des Risses. Es strengt an, der Pickel bildet einen langen Hebel, das Eis ist teilweise so mürbe. Schwierig, das Gleichgewicht zu halten, bin schon einmal heute rausgefallen, aber ich werde zunehmend sicherer, ein neuer Tritt, ein neuer Griff. Wenn das Eis doch nur nicht so kalt wäre, aber ich muß mich dagegenpressen. Nur nicht nach hinten schauen, dann taumele ich nach außen und stürze. Der Arm tut so weh, jedes Strecken ist zuviel, aber bekomme sonst kein Gleichgewicht. Es ist eine senkrechte Wand, habe das Eis direkt vor der Nase, grün, schartig, greife rechts wieder hoch, schlage eine Kerbe zum Hochziehen, vorsichtig, der Oberkörper muß im Riß bleiben, tief einatmen, um dich zu verkeilen, ja, damals hatten sie hier Sprossenleitern und Fixseile. Da oben ist Schnee, weißer Schnee, kann das schon die Kante sein, wird es flacher dort, ich muß nach oben, muß schauen …

oh, verdammt, links rutscht mein Stiefel von der Leiste, *halte dich* …

»Ich bin hier«, schreie ich, und noch mal »Ich bin hier!«. Hören sie mich? Nein, sie hören mich nicht, aber vielleicht finden sie mich. Vielleicht neben Mallory, wäre doch nicht schlecht, oder? Ich muß lachen, aber dann tut die Brust so weh. Nein, egal, aber ich weiß, du hörst mich, du hast mich immer gehört … Ja, es ist einsam hier, und es ist mehr als das, es ist etwas Tod hier. Aber seit gestern glaube ich, daß jemand mit im Zelt ist, ja wirklich, manchmal jedenfalls, habe aber noch niemanden entdeckt. Vielleicht ist es Rinzing, der kommt, um mich zu holen. Oder es ist Mallory? Ich weiß genau, daß er noch irgendwo hier oben ist. Ich habe jedenfalls zwei Becher Tee gemacht und zwei Kekse hingelegt. Wir werden teilen!

Ich habe es bisher verschwiegen, aber ich habe … ich habe etwas von dir mitgenommen, ohne dich zu fragen, es mußte sein, aber lach nicht, dann muß ich auch wieder lachen, und das tut weh. Hier, ich habe ihn aus dem Rucksack geholt, diesen Schuh, dieser blaue Riemchenschuh, das ist deiner, siehst du? Ich hoffe, du hast ihn nicht zu sehr vermißt, aber die Gelegenheit war so günstig … er riecht, weißt du, er riecht so gut nach dir und immer noch nach diesem kleinen Zimmer da in Maida Vale … Ich komme nicht mehr zurück. Ja, seit heute weiß ich, daß ich den Gipfel nicht erreichen werde, nicht in diesem Leben. Aber ich werde trotzdem hierbleiben, denn ich weiß, ich gehöre hierher, ich kann es nicht anders ausdrücken. Ich werde gehen, weitergehen, dorthin, wo noch niemand war. Ich hatte dir mal gesagt: Glaube ist kein Glaube, der sofort schwindet, wenn die Gebete nicht beantwortet werden. Ich habe gebetet, oft, und gefastet. Aber ich fand kein Zeichen, daß ich verstanden hätte, und nun habe ich einfach keine Kraft mehr, zum ersten Mal. Ist das ein Zeichen? Du merkst, ich weiß es nicht. Ich weiß nur, ich habe nie gegen diesen Berg gekämpft, eher mit mir. Du kennst das ja, wie sie immer geredet haben: erster Angriff, zweiter Angriff, trara, sie zogen in den Kampf, der Berg verteidigte sich, zeigte seine Waffen, der Berg war Feind und Gegner. So kann man hier nie siegen! Demut! Ich paßte mich an, habe keine Steine aus der Erde gebrochen und keine Tiere getötet. Die Heiligkeit des Platzes bleibt unangetastet. Und trotzdem habe ich die Berggeister wohl nicht verstanden ... Siehst du, hier habe ich die Freundschaftsfahne, meinen Union Jack, auf dem ihr alle unterschrieben habt. Sie wird nicht auf dem Gipfel wehen, aber hier stoße ich jetzt den Pickel mit der Flagge in den Schnee. Und um den Schaft knote ich ein violettes Band, ausgeblichen und zerfetzt. Wie bei den Gebetsfahnen der Tibeter wird auch ihre Geschichte der Wind mitnehmen.

Es wurde dunkel und es wurde hell, es wurde kalt, es wurde heiß, ich wußte nicht, wo ich war, alles war Schnee, alles war Sonne.

Nein, nichts tat mehr weh, nicht der Arm, nicht die Füße, nicht der Kopf. Auch der Schmerz war ausgezogen, auch er verließ mich wie schon zuvor Hunger, Durst und Müdigkeit. Bewegen konnte ich mich nun nicht mehr. Ich lag einfach da, der Atem floß, das Herz schlug, Himmel über mir, Schnee und Fels unter mir, der Berg unter mir, Klöster, Dörfer, Felder, Flüsse, Mönche, Nonnen, Bauern, Träger, Diebe, Narren und Heilige auf den Ebenen und Gipfeln des Schneelandes.

Und die Sterne gingen auf, und es war kalt wie nie zuvor, aber ich fror nicht mehr. Und Chomolungmas Spitze glänzte, und der Wind verebbte, und der Firn leuchtete im Mondschein. Und alle Zeit stand still!

Und Jomo Miyo Lang Sangma ritt herab auf ihrem roten Tiger über die Schneehänge, so daß die Kristalle aufstoben und im Mondlicht glitzerten, der Blumenkranz um ihren Kopf strahlte. Sie schwebte und galoppierte so leicht, wie die Schneeflocken selbst tanzten. Schwarz ihr Haar, orangefarben die Haut, bekleidet mit einem seidenen Umhang. Die Göttin sagte nichts, sie hielt die Schale mit Früchten in die Höhe und lächelte.

Wo sind deine Schwestern des langen Lebens? Der Schneelöwe ruft! Zeig mir einen Stern!

Sie öffnete den Mund, aber ich verstand nichts, sie deutete nach oben, und ich versuchte mich aufzurichten, aber ich war wie festgewachsen. Die Göttin kam näher, schwebte nah vor meinem Gesicht und sagte wieder etwas, das ich nicht hörte. Ihr Gesicht verschwamm plötzlich, ich schrie, daß sie nicht gehen dürfte, dann sah ich in den Schleiern plötzlich Gesichter, die ich kannte, die ich liebte, da war Sarah, da waren auch Fred und Rennie, und Ngawang sah ich, und ich glaube auch Rinzing und Tewang ... und da warst du!

Jetzt erschien die Göttin wieder, und ich verstand sie, als sie sagte: »Folge mir!« Und ich saß auf dem Rücken des Tigers, und Jomo Miyo Lang Sangma galoppierte mit mir durch die Nacht in ihr Reich, das dort begann, wo meines endete. Chomolungma lag unter mir und verblaßte.

Schneesturm an der Chomolungma
von Milarepa

Zur Wildnis, zu der Chomolungma Gletschermauern
gelangte ich, der Einsamkeit begehrend.
Beide, Himmel und Erde, pflogen des Rats
und sandten den schnaubenden Wind als Boten.
Wind und Wasser, die Elemente gerieten in Wallung,
es ballten sich die düsteren Wolken des Südens.

Das erhabene Paar, Sonne und Mond,
ward gefangengehalten,
gefesselt die achtundzwanzig Gestirne der Mondstationen,
die acht Planeten in eiserne Ketten geschlagen,
die falsche Milchstraße gänzlich verborgen,
die kleinen Sterne vom Dunst restlos verhüllt.

Als dann die Dunstwolken alles verdeckten,
strömte hernieder neun Tage, neun Nächte der Schnee,
gleichmäßig strömte er achtzehn Tage und Nächte,
starker Schneefall,
wie von großen wolligen Büscheln,
den Vögeln gleich schwebend kam er herab.
Doch die Dicke des Schnees hat alles Maß übertroffen,
oben der weiße Gipfel des Schneebergs ragt gegen den Himmel
unten die Haine der Bäume liegen herniedergedrückt.
Die schwarzen Berge umhüllt ein weißes Gewand.
Eisdecken glätten den wogenspiegelnden See,
und in der unterirdischen Höhle birgt sich ein blauer Strom.
Der Boden, ob hoch oder tief, ebnet zur Fläche sich hin.

Zwischen dem wirbelnden Schnee, der da von oben fiel,
zwischen dem Wind des vollendeten Neujahrs im Winter
und dem Baumwollgewand des Milarepa als drittem.
Da tobte ein Kampf auf dem Gipfel des ragenden weißen Schneeberges.
Der niederfallende Schnee, er zerschmolz in der Weite zu Wasser,
der Wind, heulte er auch laut, legte sich dennoch von selbst,

und das Baumwollgewand brannte gleich Feuer.
Vollkommen habe ich besiegt
den schneegesichtigen Dämon.

Der geheimnisvolle Tod des Maurice Wilson

Es kann nie geklärt werden, wie weit Maurice Wilson am Mount Everest wirklich gelangte. Die Erkundungsexpedition von Shipton fand seine Leiche 1935 in der Nähe von Lager III. Zum letzten Mal lebend sah ihn Rinzing am 29. Mai, wie er über die Hänge des Nordsattels aufstieg. Seine letzte Tagebucheintragung stammt vom 31. Mai: »Auf geht's! Ein großartiger Tag!«

Man nimmt an, daß er aufgrund des Wetters, seiner Ausrüstung, seiner Verfassung und seiner mangelnden Erfahrung noch am selben Tag oder tags darauf gestorben ist. Aber er starb unbestreitbar unten am Lager, am Fundort der Leiche und nicht oben in der Wand. Wenn allerdings Rinzing und Tewang tatsächlich auf Wilson vierzehn Tage gewartet hätten, hätte er sie am Tag vor seinem Tod noch im Lager III antreffen müssen. Aber nach den Aussagen der beiden gegenüber der Polizei in Darjeeling haben sie Wilson nicht mehr gesehen, weder lebend noch tot, behaupteten aber, die verabredete Zeit auf ihn gewartet zu haben. War Wilson also noch zehn Tage nach seinem Abmarsch am Leben, und wenn ja, wo war er zu diesem Zeitpunkt? Die Wand bis zum Nordsattel ist vom Lager III ebenso gut einsehbar wie der weitere Weg auf dem unteren Nordostgrat. Wäre Wilson tatsächlich dorthin gekommen, hätten es die Träger in jedem Falle registriert und es bei der Polizei wohl gesagt. Der Bericht erwähnt allerdings nichts davon. Ist er unvollständig? Dies und alles weitere bleibt Spekulation. Klar ist nur, es kann nicht zutreffen, daß die Träger zehn Tage oder länger im Lager III gewartet haben und daß Wilson bereits am 31. Mai oder 1. Juni gestorben ist. Entweder war Wilson noch wesentlich länger am Leben oder Tewang und Rinzing sind entgegen ihren Aussagen unverzüglich nach Rongbuk abgestiegen. Dort haben sie dann nach übereinstimmenden Aussagen noch vierzehn Tage gewartet, bevor sie die Rückreise nach Darjeeling antraten.

»Wir Männer aus dem Westen, die in dieses eigenartige Land kommen, sind Pilger. Aber im Gegensatz zu den hiesigen Pilgern, die ihren Weg mit der Länge ihres Körpers ausmessen, sind wir Pilger des Abenteuers. Wir haben unsere Zelte, unsere Pferde, unsere Diener und unsere Maschinen. Unser Geschäft ist es, den Berg zu erobern, nicht, ihn anzubeten!«
Captain John Noel, Teilnehmer der Everest-Expeditionen 1922 und 1924

»Ich liebe die Berge. Ich will sie nicht erobern. Ich komme als Pilger zu ihnen.«
Tenzing Norgay

Jenseits des Everest

Tewang litt tatsächlich an der Ruhr, und trotz der kurzfristigen Genesung hatte ihn der Marsch zum Lager III und der lange Aufenthalt in Höhe und Kälte stark geschwächt, und er bekam einen Rückfall. Am Morgen nach Wilsons Abmarsch entschieden sich Rinzing und Tewang deshalb zum schnellen Abstieg nach Rongbuk. Das Wetter an diesem Tag – es muß der 30. Mai gewesen sein – schien freundlich zu bleiben, und da sie tagtäglich mit Monsunschneefällen rechneten, brachen sie unverzüglich das Lager ab.

Ein Sherpa, ein Bhutia, verläßt seinen Sahib nicht – normalerweise. Rinzing und Tewang aber konnten nicht länger unter dem Nordsattel warten. Sie hatten Wilson gewarnt, hatten versucht, ihn von seinem Unternehmen abzubringen, und deutlich erklärt, daß sie auf keinen Fall weitergehen würden. Ihre Vorräte gingen zur Neige, Tewang war krank, und der Monsun rückte näher. Sie konnten nicht anders, als schleunigst nach Rongbuk zurückzukehren, wollten sie nicht auch ihr Leben riskieren. Später wurde vereinzelt Kritik laut, sie hätten Wilson im Stich gelassen, hätten ihn suchen müssen, so etwa von Tenzing Norgay in seiner Autobiographie, der die drei Bhutias in Darjeeling traf und von ihnen die Geschichte über Maurice Wilson hörte. Der später berühmteste Sherpa der Welt war damals noch ein junger Mann, der auf sein erstes Engagement als Träger wartete. Das sollte im kommenden Jahr 1935 erfolgen, als er Eric Shiptons Erkundungsexpedition begleitete, bei der dann die Leiche Wilsons unter dem Nordsattel entdeckt wurde.

Tenzing führte zwölf Jahre später selbst einen Soloaspiranten zum Everest, der ebenfalls illegal und verkleidet nach Tibet einreiste. Aber der Kanadier Earl Denman gab unter dem Nordsattel von selbst auf und kehrte lebend nach Rongbuk und Darjeeling zurück.

Nach allem, was bekannt ist, war die Entscheidung Rinzings und Tewangs angemessen, sie hatten für Wilson alles getan, was in ihrer Macht stand. In Rongbuk trafen sie ihren Freund und Kollegen Tsering wieder, der sich inzwischen erholt hatte. Tewang stieg weiter ab nach Chödzom, Rinzing blieb in Rongbuk und wartete, ob Wilson doch noch zurückkehren würde. Er glaubte zwar nicht mehr daran, brachte es aber nicht über sich, das Kloster so schnell zu verlassen. Oft stand er an der großen Stupa und schaute nach Süden, das weite Rongbuk-Tal hinauf, ob er eine menschliche Gestalt erkennen konnte. Er lief noch einmal zum Basislager hinauf und durchstreifte die einsamen Schotterhügel auf der Suche nach einem Zeichen, einer Spur von Wilson. Nichts! Rinzing stieg ab und beriet sich mit Tsering und dem mittlerweile zurückgekehrten Tewang. Sie beschlossen, endgültig abzureisen. Tewangs letzter Dienst für Wilson bestand darin, daß er Rinzing mit fünf Dosen Haferflocken aus ihren verbliebenen Beständen zum Kloster schickte und den Abt bat, Wilson die Dosen zu geben, falls er doch noch vom Berg zurückkehren sollte. Natürlich versicherte Ngawang Tenzing Norbu, daß Wilson in diesem Fall von zwei Mönchen zurück nach Darjeeling begleitet würde – er befand sich ja weiterhin illegal in Tibet.

Der Bhutia Rinzing verabschiedete sich am nächsten Tag mit Tränen in den Augen endgültig vom Abt, nachdem er zwei Wochen lang geduldig in seinem Zelt unter der Stupa gewartet hatte, ob Sahib Wilson doch noch zurückkehren würde. Sie wußten nun beide, daß Wilson oben geblieben war, und Ngawang Tenzing Norbu sagte nur zu Rinzing: »Wir werden die Riten für ihn abhalten, Rinzing, sei unbesorgt, und mach dir keine Vorwürfe, niemand von euch trägt Schuld an seinem Tod.« Rinzing verließ wortlos nickend die Klause des Abts.

Mit ihrem treuen Pony reisten die drei Bhutias zurück nach Darjeeling, dieses Mal auf der belebteren Haupthandelsroute. Über das Chumbi-Tal und den Natu-La-Paß erreichten sie drei Wochen später Sikkim und wenige Tage darauf Darjeeling.

Am 11. Juli wurden sie von Polizeidirektor E. English verhört, insbesondere Tewang, da er Wilsons wichtigster Kontaktmann in Darjeeling war und die geheime Abreise organisiert hatte. Tewang saß ängstlich vor dem Schreibtisch und befürchtete, man wolle sie beschuldigen, daß sie Wilson allein zurückgelassen hatten.

»Name?« begann English zu fragen.

»Tewang Bhutia.«

»Alter?«

»32.«

»Wohnort?«

»Darjeeling.«

»Sie wissen, warum Sie hier sind?« Der Polizeidirektor blickte von seinem Zettel auf.

»Nein ... nein ... nicht genau, wir ... ich ...«

»Kennen Sie diesen Mann«, unterbrach English Tewang und legte ihm eine Art Ausweis mit einem Foto von Sahib Wilson vor. Es zeigte einen kräftigen Mann, in Uniform, lächelnd, das Bild mußte einige Jahre alt sein, aber Tewang hatte keine Zweifel.

»Ja, ich kenne den Mann.«

»Ja, und ... wer ist es?«

»Wir nannten ihn Runnerbusy.«

»Bitte?« English zog die Augenbrauen hoch »wie?«

»Runnerbusy«, wiederholte Tewang mit Unschuldsmiene.

»Sie kennen seinen richtigen Namen?«

»Ja ... äh ...«

»Tewang, mach es nicht unnötig kompliziert«, ging English sichtlich genervt dazwischen, »erzähl jetzt die ganze Geschichte, und zwar zügig. Dies ist ein Verhör und keine Plauderstunde!«

»In Tibet sagte er uns, daß wir ihn nun Sahib Wilson nennen können.«

»Wilson, Maurice Wilson, also der Mann auf dem Foto, mit dem wart ihr in Tibet, und der ließ sich Sahib Wilson nennen?« English entspannte sich und lehnte sich zurück.

»Ja, so war es«, sagte Tewang und nickte.

»Erzähl weiter, wie und wo habt ihr Wilson kennengelernt? Warum seid ihr mit ihm nach Tibet gegangen?«

»Wir sind Bhutias, Sahib, Träger, Köche, Sirdars, wir leben davon, Expeditionen zu begleiten, Weißen in den Bergen die Ausrüstung zu tragen, zu kochen, Zelte auf- und wieder abzubauen ... und sie – wenn nötig – zu pflegen und ihnen den richtigen Weg zu zeigen. In diesem Frühjahr gab es keine

Expedition, das war schlimm für uns ... Wir wußten nicht, wo wir Geld verdienen sollten. Da kam Sahib Wilson. Er kam zu mir und sagte, er brauche drei Träger, für drei Monate, zweihundert Rupien für jeden, er wolle nach Tibet, zum Everest. Ich habe mich natürlich sehr gewundert, daß er allein war, aber nichts gesagt. Ich liebe den Berg und brauchte das Geld, wir haben Frauen und Kinder. Also stimmte ich zu und sagte ihm, daß er den Richtigen gefragt habe, da ich ein Jahr zuvor mit Sahib Ruttledge am Everest war und den Weg kenne. Dann gab er mir Geld, um ein gutes Lastpony zu kaufen. Und ich habe meine Freunde Rinzing und Tsering gefragt, ob sie mitkommen wollten.«

»Sie sind doch der Diener von Karma Paul, dem Übersetzer?«

»Ja, das stimmt, aber ich arbeite nur zeitweise für ihn ... Karma Paul hatte damit nichts zu tun ... Wilson kam direkt zu mir, weil er gehört hatte, daß ich an der Ruttledge-Expedition teilgenommen hatte ... Er war immer sehr gut zu uns, und wir verstanden uns, wir haben ihn nicht zurückgelassen, verstehen Sie, wir ... wir konnten ihn nicht aufhalten, als er wieder losging ... er wollte, er mußte irgendwie weiter ... alleine.« Tewang schaute auf den Boden.

»Tewang, das interessiert mich weniger. Ich möchte wissen, warum ihr nachts gereist seid und Wilson in Verkleidung?«

»Ich ... ich weiß es nicht ...«

»Du weißt es nicht?« English' Blick verfinsterte sich zusehends. »Das glaube ich dir nicht ...«

Tewang wurde nervös, darum ging es also, um Wilsons Einreise, und nicht darum, daß sie ihn verlassen hatten. Aber er mußte jetzt bei seiner Aussage bleiben, sonst würde er sicher bestraft.

»Nein, Sahib, wirklich, ich weiß nichts, ich habe ihn ja auch nicht danach gefragt, warum er allein zum Everest wollte, ich nehme das so hin. Sehen Sie, viele Sahibs haben merkwürdige Angewohnheiten, ich frage doch nicht jedesmal nach, warum machen sie dies denn so oder das nicht anders ... das wäre doch unhöflich ... ich bekomme meinen Auftrag, mache meine Arbeit, bekomme mein Geld und gut. Und ob ein Sahib nun eine Lama-Robe anzieht oder nicht, das ist doch allein seine Sache, oder?«

Tewang fand, er hatte sehr überzeugend gesprochen, und schaute English triumphierend an. Der lehnte sich jetzt vor und sagte betont langsam:

»Maurice Wilson besaß keine Genehmigung, nach Tibet einzureisen, und keine Erlaubnis, auf den Mount Everest zu steigen. Er hat uns damit viel Ärger gemacht, und das wird hart bestraft. Und ihr wußtet das! Ihr habt ihm geholfen, sonst hätte er gar nicht so weit kommen können. Ihr solltet auch bestraft werden, meine ich.«

»Nein, nein, Sahib, das denke ich nicht ...« Tewang wedelte nervös mit den Händen. »Ich erzähle Ihnen die Geschichte weiter ...«

Und Tewang berichtete von ihrer Reise durch Sikkim und Tibet, von Rongbuk, den Besteigungsversuchen und von ihrem Abschied. Er erzählte sehr wahrheitsgemäß, betonte aber immer wieder, was für ein vortrefflicher Sahib Wilson gewesen sei und daß die drei Bhutias wirklich nichts von der fehlenden Erlaubnis gewußt hatten.

English hörte geduldig zu, machte sich einige Notizen und nickte dann.

»Und, Sahib English, ich habe einen Brief von Wilson, für Sie!«

»Für mich?« fragte English erstaunt.

»Ja, an die Polizei von Darjeeling steht drauf«, bekräftigte Tewang und gab English den zerknitterten Umschlag, den er von Wilson auf dem Rongbuk-Gletscher erhalten hatte.

English riß den Brief auf und überflog die Zeilen, er lachte laut auf.

»So, ihr habt ihm gut gedient die ganze Zeit, und wir sollen deshalb von einer Bestrafung absehen. Was denkt sich dieser Verrückte eigentlich, das ist kein Spiel! Wir belassen es für heute dabei«, sagte er dann zu Tewang gewandt. »Mit deinen Freunden werden wir ja auch noch sprechen. Dann sehen wir weiter, wer was wußte oder nicht. Du bleibst bis auf weiteres in Darjeeling. Wir schreiben jetzt noch ein Protokoll deiner Aussagen, das mußt du dann unterschreiben.«

Tewang nickte schnell und freute sich, endlich hier rauszukommen.

English nahm den Brief von Wilson und legte ihn in einen Karton, in dem er andere Dinge aus Wilsons Hinterlassenschaft aufbewahrte, die Laden La in Wilsons Hotelzimmer konfiszieren ließ. Er blätterte sinnierend durch die Briefe, Enid und Leonard Evans schienen die engsten Freunde Wilsons in London zu sein, aber daß Wilson sich nun ausgerechnet in diese Frau verlieben mußte ... dumme Sache aber auch, würde sich wohl nun nicht mehr verheimlichen lassen, die Briefe mußten an Mrs. Evans als Absenderin zurückgegeben werden. Die Fotografien erbrachten nichts Neues, Aufnahmen von Wilsons Wanderungen durch Sikkims Gebirge, einmal war Tewang zu sehen, einmal Karma Paul, das war alles und bewies gar nichts. Die Konten hatte er mittlerweile auch überprüft, aber Wilson besaß nur noch wenige Rupien. Er hatte vielleicht geahnt, daß er sie nicht mehr brauchen würde. English stöhnte leise und warf die Unterlagen zurück in die Box mit dem Etikett »M. Wilson«. Er setzte sich hin und schrieb seinen Bericht. Die Kulis sollten bestraft werden, befand er, sie belogen ihn hier nach Strich und Faden, taten naiv und wußten genau, was in Wirklichkeit geschehen war. Und was Wilson betraf, diesen Verrückten, war seine Überzeugung, »daß es eigentlich keinen Zweifel mehr gab, daß dieses Mißgeschick Wilson das Leben gekostet hat«. Aber ohne Leiche gab es keine Sicherheit. Und die würde es vielleicht nie geben. Aber vielleicht wenigstens einen Prozeß gegen die drei Kulis.

Wilson blieb verschwunden, und die drei Bhutias warteten ab. Es mußte etwas geschehen, meinte Polizeioffizier English, wenn eine Anklage, dann möglichst bald. Doch die politischen Verhältnisse erforderten einen sensiblen Umgang mit dem Fall, befand dagegen der Deputy Commissioner McDonald Clark. Er schrieb an den Political Officer in Gangtok und bat um eine Stellungnahme, ob Wilsons drei Träger nun angeklagt werden sollten oder nicht. Er selbst hatte dazu eine klare Meinung:

»Vom politischen Standpunkt aus betrachtet, wäre es wünschenswert, von der ganzen Angelegenheit sowenig Aufhebens wie möglich zu machen, und eine weitere Verfolgung der Träger würde nur die Aufmerksamkeit der Behörden in Sikkim und Tibet auf den Fall lenken. Ein möglicher Prozeß würde außerdem auf sehr schwachen Beinen stehen, denn wir haben keine Beweise außer den schriftlichen Aussagen der drei. Diese könnten sie jederzeit während eines Prozesses widerrufen.«

Der Political Officer for Sikkim, Bhutan and Tibet, Frederick Williamson, hielt sich im Zuge seiner regulären Inspektionsreise in der englischen Handelsagentur in Gyantse auf und hatte eigentlich ganz andere Sorgen. Im Dezember war der 13. Dalai Lama in Lhasa verstorben, und in der Hauptstadt tobten hinter den Kulissen erbitterte Machtkämpfe zwischen »Reformern« und »Traditionalisten«. Die Suche nach einer Reinkarnation des Dalai Lama hatte gerade erst begonnen, mehrere Gruppen von Mönchen durchstreiften das riesige Land und suchten nach Zeichen für eine neue Wiedergeburt. Und der Regent, eine Art Interimsherrscher, war noch sehr jung und ohne Hausmacht. Außerdem versuchten in dieser unübersichtlichen Situation die Chinesen – die ewigen Rivalen der Briten, wenn es um den politischen Einfluß in Tibet ging – ihre Position in Lhasa zu festigen. Williamson mußte vielerlei diplomatische Spiele spielen, die Balance der Kräfte war sehr labil, und um so lieber stimmte er jedem Vorschlag zu, der weiteren Ärger zu verhindern half:

»Die weitere Verfolgung der Kulis würde noch mehr Aufmerksamkeit in Tibet und Sikkim erregen, als es die paar Zeitungsartikel bisher schon getan haben. Ich persönlich finde, daß ein Prozeß gegen die Kulis gerechtfertigt wäre, aber das würde vor allem die Aufmerksamkeit der Presse nach sich ziehen, und wir wären ihnen ausgeliefert mit ihrer Behauptung, die Engländer rächen sich nun an den armen Kulis. Wenn Mr. Wilson zurückkäme, wäre ich natürlich sehr für eine konsequente Verfolgung und die Verhängung einer schweren Strafe, aber unter diesen Umständen erscheint mir eine mögliche Anklage der Kulis kein nützlicher Schritt zu sein. Leider haben wir auch keine Beweise gegen Karma Paul, der, so glaube ich, Wilsons wirklich wichtiger Helfer in der ganzen Angelegenheit war.«

Die Regierung von Bengalen und die Regierung Britisch-Indiens stimmten dieser Haltung ebenfalls zu, und so entgingen, durch wichtige diplomatische Interessen befördert, die Bhutias Tsering, Tewang und Rinzing aus Darjeeling einer Anklage wegen Verletzung des »East Bengal Frontier Act's«. Die Polizei in Darjeeling klappte widerwillig die Akte »M. Wilson« zu – vorerst.

Im oberen Rongbuk-Tal war wieder die Stille der Berge eingekehrt, die Stille von Schneefall, Wind und Lawinen. Keine Schreie, kein Weinen, keine Gebete mehr. Monsunschnee hatte den zusammengekrümmten Körper Wilsons gnädig bedeckt, nur einige Dohlen, die in den Felswänden des Changtse hausten, hatten Stücke aus seinem zum Himmel gewandten Gesicht gepickt, der Lämmergeier flog nicht in diese Höhen.

Der Abt von Rongbuk, Ngawang Tenzing Norbu, stand in diesen Tagen öfter als sonst auf den Stufen der Stupa und sah zum südlichen Horizont. Die an die Berge drängenden Wolkenhaufen des Monsuns verhüllten nun meist die Wände und Gipfel. Ab und zu riß der Sturm die Schleier auseinander und gab die Sicht frei auf die tagtäglich nach frisch gefallenem Schnee weißer strahlenden Berge. Manchmal senkten sich die Wolken mit dem nachlassenden Wind am Abend auf die Gletscher und Talgründe, und nur die höchsten Gipfelpyramiden ragten noch aus dem Meer empor, sie leuchteten in warmem Orange über Wolkenweiß und Schneeweiß. Das waren die Farben von Jomo Miyo Lang Sangma. Und eines Tages wußte Ngawang Tenzing Norbu, daß der verrückte, mutige Europäer nicht mehr zurückkehren würde. Er schüttelte langsam den Kopf. Es ist nicht gut, daß wir ihn nicht beerdigen können, dachte er. Ganz oben auf dem westlichen Bergkamm über Rongbuk erhob sich eine eigenartige Felsformation, die wie eine Klosterruine aus uralten Zeiten aussah. Heute versank die Sonne genau hinter den Ruinenfelsen, und das Licht zauberte für wenige Minuten ein äußerst seltenes Schauspiel an den Himmel. Der Umriß des Klosterfelsens wurde von hinten erleuchtet, verdoppelte sich wie eine schwebende Projektion in den Wolkenfetzen, bevor er wieder verblaßte. Ein gutes Zeichen, befand Ngawang.

Enid Evans fühlte sich in diesen Tagen nicht besonders gut. Sie litt immer noch an den Nachwirkungen einer Frühjahrsgrippe, und obwohl der Mai mit Rhododendronblüten und Birkenpollen mit aller Macht London erreicht hatte, nervte sie der warme Nieselregen der letzten Tage sehr. Mit ihrem Foxterrier Mickey lief sie gelangweilt die Maida Vale entlang, um noch kurz im Regent's Park spazierenzugehen. Als sie in eine Seitenstraße abbog, verebbte sofort das Rauschen des Verkehrs. Sie atmete durch. Die warme Luft tat gut.

Seit Maurice sich in seinem letzten Brief aus Darjeeling verabschiedet hatte – »Ich muß nur noch dreihundert Meilen laufen, und du wirst nicht weit weg sein für mich. Kopf hoch, ich liebe euch« –, hatte sie kein Lebenszeichen mehr erhalten. Sie kramte abwesend in ihrer Handtasche und fand das kleine, etwas ramponierte Schwarzweißfoto, »Captain Maurice Wilson, M. C.« war mit Bleistift auf die Rückseite gekritzelt. Ein kräftiger Kerl in Uniform lächelte sie an, und sie erkannte wieder diese maßlose Energie und Zuversicht, mit der Maurice bislang alle Widerstände seines Lebens überwunden hatte. Aber sie war in den vergangenen Tagen beunruhigt. Enid seufzte leise und steckte das Bild zurück in die Handtasche. Sie war mittlerweile am Hannover-Gate des Parks angelangt und schaute zum Himmel. Die Regenwolken zogen nach Süden ab, und eine orangefarbene Abendsonne flirrte durch die Baumwipfel. Leonard würde heute spät kommen.

Die langgezogenen Trompetentöne klingen aus, der gutturale Gesang der Mönche hebt an. Ngawang Tenzing Norbu sitzt auf seinem Thron an der Stirnseite der Versammlungshalle in seiner Festtagsrobe und schlägt die länglichen Blätter des Bardo Thödol um. Das tibetische Buch der Toten beschreibt die Riten und Gesänge für die Toten, die deren Seelen sicher durch die verschlungenen Pfade der Zwischenzustände in eine neue Inkarnation geleiten sollen. Ngawang Tenzing Norbu hebt an zum Gebet, die Mönche repetieren:

»Edler Sohn, du bist nun hier bei dem angelangt, was man den Tod nennt. Die Geisteshaltung der Erleuchtung sollst du hervorbringen!

›Wehe, da nun für mich die Todesstunde gekommen ist,

will ich, gestützt auf dieses Todeserlebnis, nur Liebe, Mitleid und die Geisteshaltung der Erleuchtung in mir erwecken. Damit ich zum Heil aller Wesen, die endlos wie der Himmel sind, die vollkommene Buddhaschaft erlangen möge!‹

Indem du dies denkst und die Geisteshaltung der Erleuchtung hervorbringst und besonders zu der Zeit, da du nach dem Heil aller Lebewesen verlangst, wirst du das Licht im Tode als das Wesen des wahren Seins erkennen. Aufgrund der Natur dieses Lichts wirst du die höchste Vollendung des großen Siegels erlangen und zum Heile aller Lebewesen wirken.«

Ngawang Tenzing Norbu sah Wilsons lachendes, unrasiertes Gesicht vor sich und mußte an die merkwürdigen Geschichten denken, die er von seinem Christengott und diesem Bodhisattva Jesus erzählt hatte. Aber Wilson verstand zu beten und zu fasten, und er wußte, was Mitgefühl mit allen lebenden Wesen bedeutete. Er hatte kein Tier geschossen im Rongbuk. Ich werde weiter für ihn beten. Om Mani padme hum. Und Ngawang nahm seinen Dorje und die Glocke und atmete tief ein. Die Gebetsfahnen trugen seine Worte hinaus in die Welt.

Noch lange sangen die Mönche von Rongbuk die Texte und Gebete des Bardo Thödol für den Christen Maurice Wilson, die verrückte Langnase, der behauptete, die Götter zu kennen, und in ihrem Namen die Chomolungma erreichen wollte. Der Wind hatte sich mit dem Sonnenuntergang gelegt, das ewige Aus- und Einatmen des Gebirges war für kurze Zeit zur Ruhe gekommen. Die Mönchsgesänge stiegen in der Stille empor bis auf die höchsten Höhen und verhallten im Angesicht der Götter, ein letztes Mal segnete der Lama Maurice Wilson und den Berg.

Nach den Verhören der drei Träger bei der Polizei von Darjeeling dauerte es nicht lange, bis die ersten Reporter Wind von der Geschichte bekamen. Seit Monaten war Wilson und sein waghalsiges Unternehmen aus den Londoner Zeitungen verschwunden. Sosehr er während seiner Zeit in England und direkt nach der Landung in Indien die Publizität genossen und gern ausführlich zu seinen Ideen und Plänen Stellung bezogen hatte, so verschwiegen wurde er, nachdem er sich für eine illegale Einreise entschieden hatte. Die *Times* erwähnte bereits am 17. Juli unbestätigte Gerüchte aus Darjeeling, daß Wilson verkleidet nach Tibet eingereist war. Drei Tage später gab es Gewißheit: »Mr. Wilsons Schicksal – zuletzt gesehen auf 6700 Meter Höhe.«

Der Korrespondent aus Kalkutta berichtete aufgrund der Polizeiberichte über die Reise und schloß:

»Wilson glaubte, daß alle bisherigen Expeditionen an ihrer Größe und ihrem Gewicht gescheitert sind. Er sagte einmal, daß derjenige, der irgendwann den Everest besteigen würde, eine Art indischer Yogi sein müßte, ohne viel Besitz und gewöhnt an ein hartes und entbehrungsreiches Leben. In diesem Glauben wagte er seinen Aufstieg und starb.«

Der *Star* titelte am selben Tag:

»Der einsame Mann vom Everest – Mut oder Selbstmord?«

»Ganz Indien fragt sich, was aus Maurice Wilson wurde, dem früheren Armee-Offizier, der den Mount Everest allein ersteigen wollte ... Er fastete, um sich auf ein Leben unter extremsten Bedingungen vorzubereiten ... Sein Plan zum Everest zu fliegen, wurde mehrmals verboten und mit der Warnung an ihn verbunden, daß er verhaftet würde, falls er seine Pläne weiterverfolgt.«

Und die *Daily Mail* schrieb am 20. Juli:

»Einsamer Tod eines Briten am Everest. – Mr. Maurice

Wilson, der 36jährige Londoner, begann am Morgen des 31. Mai um drei Uhr nachts seinen verbotenen Versuch, allein den Gipfel des Everest zu erobern. Dabei kämpfte er mit tückischen Gletscherspalten und Lawinen. Und von seinen zurückgekehrten Trägern wurde berichtet, daß er auf etwa siebentausend Meter Höhe sein Leben verlor. Bei diesem tapferen Alleingang, um den höchsten Punkt der Erde zu erobern, nahm Mr. Wilson ein Leichtzelt, Brot, zwei Dosen Porridge und eine Kamera mit, mit der er für die Welt seinen Erfolg dokumentieren wollte.«

Und auch der *Daily Telegraph* widmet dem Schicksal Wilsons am selben Tag eine ausführliche Geschichte unter dem Titel: »Das Drama des einsamen Everest-Kletterers«.

Allerdings erklärt der *Daily-Telegraph*-Reporter aus Darjeeling Wilson noch nicht definitiv für tot:

»Es wird vermutet, daß Mr. Wilson in der gefährlichen Region am Nordsattel auf etwa siebentausend Meter Höhe verschollen ist. Dort gehen regelmäßig Lawinen ab, und es gibt sehr gefährliche Gletscherspalten. Experten sagen, daß dort nur eine erfahrene, gesicherte Seilschaft überhaupt eine Chance auf ein Durchkommen hätte.«

Und der *Daily Express* widmete in ähnlichen Worten dem Unternehmen sogar eine zweiteilige Serie. Es ist bemerkenswert, daß keine der großen Tageszeitungen Wilsons Unternehmen scharf verurteilte, weder den Soloflug von England nach Indien noch den Marsch in Rekordzeit über die tibetische Hochebene oder den wiederholten, hoffnungslosen Ansturm auf die Eiswände des Nordsattels: Vokabeln wie »prächtig«, »mutig« oder »großartig« überwogen. Die *Times* blieb selbstverständlich sachlich distanziert. War es Sensationslüsternheit der berüchtigten Londoner Presse, oder war es echte Bewunderung eines Großteils des Publikums, was durch diese Artikel schimmerte? Die Gegenrede blieb jedenfalls den »Experten« überlassen. Schon Wilsons Soloflugpläne wurden von Piloten und Beamten als Verrücktheit erklärt (»Der bekloppte Flieger«), ebenso wie die englischen Alpinisten fast einhellig seinen Besteigungsversuch als dumm, wahnsinnig, selbstmörderisch und geistig verwirrt disqualifizierten.

Ausgerechnet der Deutsche und Österreichische Alpenverein, der 1934 den Tod von neun Mitgliedern seiner Nanga-Parbat-Expedition betrauerte, schrieb in seinem Vereinsorgan, den *Mitteilungen*: »Wilsons Unternehmen war eines der kühnsten, das je ein Mensch wagte!«

Während der Monsunschnee Wilsons Leiche bedeckte und ins Rongbuk-Tal der kurze tibetische Sommer einzog, herrschte in London unter seinen Kritikern Enttäuschung. Nachdem die Expedition von 1933 unter Hugh Ruttledge trotz neuester technischer Ausrüstung und jeglicher offizieller Unterstützung gescheitert war, mußte ein Erfolg her, sonst ließ sich bald keine neue Expedition mehr finanzieren. Zusätzlich gab es innerhalb des Everest-Komitees Kämpfe zwischen »Praktikern« und »Theoretikern«, zwischen jüngeren, erfahrenen Kletterern, die den Everest als alpinistisches Problem betrachteten, und den Vereinsfunktionären, die noch nie auf einem Dreitausender gestanden hatten und deren Gedanken sich um Taktik, Image und Geld drehten. Im Sommer 1934 formierte sich ein neu zusammengesetztes Everest-Komitee, wieder waren die Royal Geographical Society und der Alpine Club vertreten, und der administrative Vorsitz blieb der alte. Man einigte sich schließlich auf einen »Doppelschlag«: 1935 würde zunächst eine Erkundungsexpedition aufbrechen, die einige offene Fragen klären sollte bezüglich des Monsunanbruchs, des Gebrauchs von Sauerstoffgeräten und möglicher alternativer Anstiegsrouten. Dann würde im Frühjahr 1936 die eigentliche Expedition folgen, die endlich den ersehnten und notwendigen Erfolg bringen mußte.

Als Leiter für die Erkundungsexpedition im Frühsommer 1935 verpflichtete das Komitee Eric Shipton, einen ehemaligen Farmer aus Kenia, der an der Expedition von 1933 teilgenommen hatte und mit einigen spektakulären Bergfahrten in den Alpen und im Himalaja zum »shooting star« unter Englands Alpinisten avanciert war. Es mag eine bittere Ironie der Everest-Geschichte sein, aber zwei Jahre nach der letzten Mammutexpedition, griff Eric Shipton (und später ebenfalls sein Freund und Kletterpartner Bill Tilman) genau die Ideen auf, für die der Außenseiter Wilson belacht und geschmäht wurde, »small is beautiful« hieß die Devise. Shipton schrieb über seine Entscheidung, die Erkundungsexpedition zu leiten:

»Es gab auch private Motive: Meine Abneigung gegen große Expeditionen war mittlerweile zur Obsession geworden, und ich war begierig, endlich zu demonstrieren, daß zu einem Zehntel der bisherigen Kosten und ohne die fragile Umwelt dort oben zu zerstören, eine gut ausgerüstete kleine Mannschaft auf dem Nordsattel plaziert werden kann und einen konsequenten Gipfelversuch unternehmen würde.«

Auch störte Shipton der hohe Lebensstandard der früheren Everest-Expeditionen. Er verabscheute die Dosenverpflegung, die von Spaghetti, Würstchen, Lachs und Hammelfleisch über Honig, Marmelade, Keksen, Nußschokolade bis zu Whiskey und Champagner alles bot. »Es gab nichts, was wir nicht hatten!« erinnerte sich Shipton an die Gelage der 33er Expedition. Meinte man zu jener Zeit, eine reichhaltige Speisekarte sei ein nützlicher Ausgleich zu den körperlichen und seelischen Entbehrungen in Höhe und Kälte, der die Leistungsbereitschaft nach großen Anstrengungen wiederherstellen sollte, glaubte Shipton mittlerweile eher an das Gegenteil. Er verordnete seiner kleinen Mannschaft einen streng nach Inhaltsstoffen berechneten Speiseplan, der keine Rücksicht auf die verschiedenen Geschmäcker und kulinarische Empfindlichkeiten nahm: Vitamine und viertausend Kalorien täglich sollten Pemmikan, Käse, Milchpulver, getrocknete Früchte, Eier, Zucker, Linsen, Nüsse und Mehl liefern. So viele Lebensmittel wie irgend möglich sollten vor Ort auf den lokalen Dorfmärkten gekauft werden. Eine Handvoll Sherpas und Tragtiere reichte dafür aus. Maurice Wilson hätte sich gefreut. Shipton selbst bereute in seinen Erinnerungen viele Jahre später augenzwinkernd seine rigide Haltung:

»Ich ging zu weit in eine bestimmte Richtung, es war eine falsche Haltung, Leute zu zwingen, mit ihren üblichen Eßgewohnheiten völlig zu brechen, die überhaupt nicht an solche rohe Nahrung gewöhnt waren.«

Die wirkliche Effizienz seiner Small-is-beautiful-Expedition konnte Shipton allerdings nie beweisen, denn er mußte eine Klausel in seinem Vertrag unterzeichnen, die ihm einen ernsthaften Besteigungsversuch untersagte! Der sollte der großen Nachfolgeexpedition 1936 vorbehalten bleiben. Shipton hielt sich an die Abmachung, obwohl die Wetterverhältnisse trotz der Monsunzeit erstaunlich günstig waren. Und er ärgerte sich darüber bis an sein Lebensende.

Am 4. Juli erreichte die kleine Expedition das Rongbuk-Kloster. Der Abt segnete die Gruppe und sprach sehr angetan von Maurice Wilson. Am 7. Juli erreichte eine siebenköpfige Bergsteigertruppe mit ihren Trägern – darunter auch der neunzehnjährige Tenzing Norgay, späterer Erstbesteiger des Everest – das Gletscherbecken unter dem Nordcol. Der Monsunschnee hatte alle Spuren der früheren Lager überdeckt. Sie errichteten ihr Lager III, fanden später die Lebensmitteldepots von 1933 und, als sie den ersten Aufstieg zum Nordsattel unternahmen, die Überreste von Maurice Wilson. Der Kinderarzt Charles Warren entdeckte als erster den Toten:

»Es war der 9. Juli. Es wurde entschieden, das Camp etwa eine Marschstunde weiter auf den Gletscher zu verlagern. Wir gingen gegen halb zehn los. Einige Monsunwolken kamen von Süden, aber zunächst ging ich nur in meinem Hemd. Ich war ein Stück den anderen voraus, und Eric hatte sich auf einen Stein gesetzt, um Pause zu machen. Da sah ich einen Stiefel im Schnee liegen und ein Stück weiter eine grünliche Masse, es war ein Zelt. Ich rief Eric zu, als ich weiterging: ›Hey, hier liegt ein Zelt und ein Paar Stiefel, es muß ein Depot sein!‹ Dann kam ich näher und bekam einen Riesenschreck, als ich plötzlich den zusammengekrümmten Körper eines Menschen im Schnee liegen sah. Sofort kam mir der Gedanke: Wilson! Ich rief wieder zu Eric: ›Es ist dieser Kerl Maurice Wilson!‹ Bald kamen alle anderen zu der Stelle, und wir mußten entscheiden, was zu tun war.

Der Körper lag da auf seiner linken Seite mit angezogenen Knien. Der erste Stiefel lag etwa zehn Yards entfernt, der zweite stand neben dem Mann. Er trug einen Pullover und graue Flanellhosen, darunter ebenfalls wollenes Unterzeug. Ein kleiner Kocher stand neben ihm, eine Schnur führte von dort zu den Überresten eines Zeltes, die einige Fuß entfernt aus dem Schnee ragten. Auch unsere Träger waren mittlerweile nachgekommen und sahen, was wir entdeckt hatten. Sie schienen es eher beiläufig aufzunehmen. Wir fanden seinen Rucksack, darin den Union Jack mit einigen Unterschriften, und schließlich das Tagebuch, ein bemerkenswertes Dokument, das seine Monomanie und Entschlossenheit enthüllte. Wir entschieden uns, ihn in einer Gletscherspalte zu beerdigen. Wir wickelten ihn in die Zeltplane und warfen den Körper in die Tiefe, wo er verschwand. Wir nahmen unsere Mützen und Kappen ab, und ich glaube, alle waren bewegt in diesem Augenblick. Ich dachte immer, ich wäre immun geworden beim Anblick des Todes, aber unter diesen Umständen und weil Wilson ja irgendwie doch das gleiche getan hatte wie wir selbst, ging uns seine Tragödie doch näher, als es uns lieb war. Wir errichteten eine Steinpyramide an der Stelle, wo wir seine Leiche gefunden hatten, und lasen am Abend im Lager sein Tagebuch.«

Eric Shipton beschrieb diese Situation so:

»Ich erinnere mich gut. Wir saßen unter einem Felsen im oberen Gletscherbecken des Östlichen Rongbuk-Gletschers, und Kempson las laut aus dem Tagebuch des Mannes vor, dessen Leiche wir soeben nur wenig entfernt gefunden hatten. Er hatte dort mehr als ein Jahr gelegen, nun sprach dieser Mann selbst zu uns, enthüllte uns seine geheimen Gedanken. Draußen war es völlig still, nur der Schnee fiel in dicken Flokken. Und ich hörte diese eigenartige, intime Geschichte und hatte wenig Zweifel an der Aufrichtigkeit des Schreibers. Das Motiv hinter diesem verrückten Abenteuer war ungewöhnlich. Er suchte nicht nach persönlichem Ruhm, er glaubte, durch so etwas wie göttliche Inspiration geleitet zu sein, eine Botschaft den Menschen überbringen zu wollen. Sein Glaube blieb anscheinend fest bis zum Schluß ... Sein Unternehmen kann man vielleicht nicht von einem alpinistischen Standpunkt beurteilen, aber wir bewunderten seinen Mut.«

Entsprechend emotional fiel dann auch diese Passage in Eric Shiptons offiziellen Bericht an die Polizei in Darjeeling aus:

»Es ist eine traurige und unerklärliche Geschichte, und sein Tagebuch war eine interessante und empfindsame Lektüre. Aber er schien tatsächlich zu glauben, allen Schwierigkeiten allein mit Willen und Schneid – was er sicherlich beides besaß – begegnen zu können. Er trug noch einen konkaven Handspiegel bei sich, um den Mönchen in Rongbuk Signale von oben geben zu können. Er hatte eine große Leidenschaft für das Land, durch das er reiste, er schwärmte für Tibet und flüchtete aus der Zivilisation. Es war bewegend, als wir das Tagebuch lasen.«

Sie begruben Wilsons verbliebene Ausrüstung mit seiner Leiche. Sein Tagebuch nahmen sie an sich, die Kamera blieb verschollen. Shiptons Erkundungsexpedition blieb kurze Zeit später im hüfthohen Neuschnee oberhalb des Nordsattels stecken. Mehrere Teilnehmer erreichten danach noch eine Reihe bisher unerstiegener Gipfel in der näheren Umgebung des Rongbuk-Gletschers, bevor sich die Expedition Mitte August auf den Rückweg nach Darjeeling machte.

Am 21. August öffnet der Polizeioffizier English in Darjeeling wieder die Akte »M. Wilson« und vermerkt, daß die Leiche des Verschollenen gefunden wurde. Er schickt ein Telegramm an die Regierung von Bengalen und die Regierung von Britsch-Indien, mit der Bitte, Wilsons Mutter zu informieren, *bevor* die Presse davon erfährt. Einen Tag später schreibt Expeditionsleiter Eric Shipton einen offiziellen Bericht über den Fund Wilsons an den Political Officer for Sikkim, Bhutan and Tibet, der sich zu dieser Zeit in Lhasa aufhält und dort drei Monate später sterben wird.

In betont knapper, bürokratischer Diktion erhält die Witwe Sarah Wilson in Shipley nahe Bradford von der Regierung Britisch-Indiens eine Mitteilung über den Tod ihres Sohnes. Es ist die erste Nachricht, die ihr überhaupt etwas über sein Schicksal nach dem Verschwinden aus Darjeeling mitteilt. Sofort schreibt sie einen Brief zurück:

»Ich kann es einfach nicht glauben. Können Sie mir bitte Einzelheiten mitteilen? Können Sie mir sagen, ob irgend etwas bei ihm gefunden wurde, aus dem ich schließen kann, daß es sich wirklich um meinen Sohn handelt?«

Ein Reporter des *Yorkshire Observer* besuchte in diesen Tagen Sarah Wilson und Maurice' Bruder Fred Wilson, der ebenfalls noch in Bradford lebte. Seine siebzigjährige Mutter hatte die Nachricht über den Tod ihres jüngsten Sohnes sehr mitgenommen, sie war Halbinvalide und pflegebedürftig. Noch lange lebte sie in dem Glauben, daß der Tote vom Everest doch nicht ihr Sohn war und Maurice eines Tages zurückkommen werde. Erst ein Gespräch mit Eric Shipton und das gefundene Tagebuch überzeugten sie endgültig vom Tode ihres Sohnes.

Sein Bruder Fred erklärte den Reportern knapp, »daß er immer wieder Maurice von seinen Plänen habe abhalten wollen. Aber er war besessen davon und machte weiter«. Kein weiterer Kommentar. Für seine Brüder blieb Maurice das schwarze Schaf der Familie.

Das gleiche galt für die englische Bergsteigerszene – bis auf ganz wenige Ausnahmen wie etwa den Bergliteraten Frank S. Smythe, Teilnehmer der Everest-Expeditionen 1933, 1936 und 1938:

»Ich kann nicht verhehlen, daß ich seine Absichten irgendwie auch bewunderte. Natürlich war es kein ›Bergsteigen‹, aber es hatte etwas Erhabenes. Man kann es Verrücktheit nennen, man kann es nennen, wie man will, aber gibt es da nicht ein Element von Größe im Denken dieses Mannes, gespeist aus Idealismus, die Sehnsucht, etwas auszudrücken, das Bewußtsein zu erweitern, sich zu erheben über alle irdischen Erwägungen, sich aufzumachen, den höchsten Berg der Welt zu erklimmen, an dem geschulte Expeditionen erfahrener Bergsteiger scheiterten? Es ist etwas Besonderes in diesem Denken, wie auch in dem Gedanken, daß Mallory und Irvine auf immer in den Nebeln verschwanden, die die oberste Bergspitze umgaben.

Männer wie Wilson werden für verrückt erklärt von denen, die eine Handlung nur nach ihren Resultaten beurteilen und weniger nach ihren Motiven und ihrem Geist, die sie inspirierten, das ›Unmögliche‹ zu versuchen. Sie starben, aber nur, wenn Scheitern und Erfolg allein nach den Kategorien von Tod und Leben beurteilt werden, dann sind sie gescheitert. Allein Gott weiß, ob sie wirklich scheiterten.«

Aber Maurice Wilson fand immer noch keinen Frieden. 25 Jahre ruhte er in den kalten Tiefen des Rongbuk-Gletschers. Der jahrhundertealte Schnee nahm den Toten auf, doch der fließende, mahlende Eisstrom gönnte ihm keine Ruhe. In Zeitlupe torkelte der Körper in der Tiefe durch Klüfte, Schmelzwasserbäche und Gletscherspalten. Die letzten Spuren der englischen Expeditionen hatte der Everest-Sturm seit langem verweht, im einsamen Gletscherkessel unter dem Nordcol ertönte nur ab und zu ein Dohlenschrei. Dann spurte sich im Jahre 1960 eine große chinesische Bergsteigerexpedition ihren Weg zur Chomolungma. Unterhalb von Lager III stießen sie nahe der Mittelmoräne auf einen menschlichen Leichentorso und Ausrüstungsgegenstände. Sie fotografierten und filmten den Toten, beerdigten die Überreste des einsamen Bergsteigers erneut und erfuhren erst viele Jahre später von seinem eigenartigen Alleingang. Doch wiederum spuckte der Gletscher den Toten Jahre später aus wie einen Fremdkörper, 1975 wurden von Chinesen wieder Teile von Maurice Wilson und seiner Ausrüstung gesichtet, 1985 von einer baskischen Gruppe und 1989 von der amerikanisch-britischen NO-Grat-Expedition – wieder und wieder, wie ein unheilvoller Wiedergänger des Everest. Noch heute kann man an bestimmten Stellen abseits des bekannten Pfades im Ronguk-Tal auf ausgeblichene Knochenteile stoßen, die einst dem Manne gehörten, der erklärt hatte: »Ich werde den Everest allein besteigen!« Und kurz vor seinem Abmarsch schrieb er: »Wenn ich den Everest nicht besteige, wird er in meiner Generation gar nicht mehr erstiegen!«

Maurice Wilson war ein lebender Anachronismus, er suchte Erleuchtung und Gottesnähe in den Bergen, als es um »Eroberung«, »Siege« und »nationale Ehre« ging, er riskierte den Alleingang, als militärische Großexpeditionen die ultima ratio waren, er verzichtete auf Protektion, als es mächtige Vereine gab wie den Alpine Club, er fastete und betete und sagte in Darjeeling einem Reporter: »Ich bin Engländer und komme aber als Kosmopolit!«

Vielleicht kam er in der falschen Epoche, er gehörte zur »lost generation«, die als Jugendliche zu Tausenden in den Schützengräben des Ersten Weltkriegs krepierten. Keine bürgerliche Karriere, kein persönlicher Ruhm, kein Dienst am Vaterland, sie waren auf sich zurückgeworfen, allein, so einsam wie er im Maschinengewehrfeuer in Meteren stand, in Todesangst, so einsam stand er auch wieder unter dem Eiskamin des Nordsattels und kämpfte um »sein« Leben.

Messners Alleingänge an der Grenze von Physis und Psyche, die Besessenheit eines Mallory und später eines Buhl oder eines Bonatti, die verrückten Visionen aus Einsamkeit, Entbehrung und Schmerz, die Selbstfindungselogen und spirituellen Pilgerfahrten der Siebziger-Jahre-Alpinisten, war nicht all das schon angelegt in dem eigenartigen Furor des Maurice Wilson, ungestüm und wild bis zur Blindheit, aber zutiefst aufrichtig und menschlich?

Man sagte, Kleinexpeditionen seien zum Scheitern verurteilt, Alleingänge auf den Everest niemals möglich, Fasten und womöglich Beten als mentale Vorbereitung abstrus und kindisch! Fünfzig, sechzig, siebzig Jahre später gab es das alles, und es war sogar »en vogue«!

Alleingänger waren auf dem Everest, spirituelle Sucher, Behinderte, sie gingen in Rekordzeiten, ohne Pause, nachts, im Winter, fuhren auf Skiern ab oder flogen mit dem Gleitschirm, sie phantasierten in Höhendelirien, sahen Doppelgänger und visionierten Traumgebilde, sie riskierten immer ihr Leben, auch heute, wo man für einige zehntausend Dollar den Eintritt ins ultimative Abenteuer oder in die tiefste Selbsterfahrung erkaufen zu können glaubt. Aber am Everest gibt es nie Garantien, keine Sicherheiten.

Einst wollten die Weißen mit dem Berg kämpfen, ihn erobern, später wollten sie sich dort selbst erfahren und erkennen, heute wollen sie ihn vermarkten und vielleicht am liebsten mitnehmen.

Und was sagen die Sherpas seit Jahrhunderten, Tewang und Rinzing damals auf dem Chang La und heute die Pembas, Ang Tarkys und Tenzings auf dem Südsattel oder dem Chang La?

»Die Götter werden siegen!«

Und die Gebete und Gesänge der Mönche von Rongbuk steigen seit einigen Jahren wieder aus den ehemaligen Ruinen des aufgebauten Klosters in den Himmel empor, wie schon zu Zeiten Wilsons, Shiptons, Nortons oder Mallorys und schon lange, lange zuvor, als der Berg nur hieß »Der-so-hoch-ist-daß-kein-Vogel-über-ihn-fliegen-kann«.

»In Darjeeling unterhalten sich ein junger Sherpa und eine junge Bhutia im Schatten einer Sykomore. Denk dir, sagt er, im letzten Sommer haben wir auf dem Rongbuk-Gletscher einen toten Sahib gefunden. Sein Körper war sehr mager, aber unverletzt und ganz mit einer Eisschicht überzogen wie ein Stein beim ersten Glatteis im Herbst. Der Fund schien uns ein böses Vorzeichen. Um uns wieder zu beruhigen, haben uns die Sahibs klargemacht, daß dieser Mann ganz allein und ohne Unterstützung bis hinauf auf die Chomolungma klettern wollte, die hoch oben auf dem höchsten Berg der Welt wohnt. Im Rongbuk-Kloster sagten uns die Mönche, sie hätten diesen Wilson Sahib im vorigen Jahr zum Nordsattel aufbrechen sehen. Die Lamas und vor allem der Ober-Lama von Rongbuk hielten mehr von ihm als von allen anderen

Männern aus dem Abendland, die im Kloster Station gemacht hatten. Denn er sprengte keine Löcher mit dem Hammer in die Felsen, auf die Gefahr hin, die darin eingeschlossenen Geister zu befreien, und er hatte weder Gewehr noch andere Waffen bei sich, um die freien Bergtiere zu erlegen. Er hat ihnen gesagt, er wolle die Chomolungma ersteigen, um dann allen Menschen den Segen der Enthaltsamkeit zu predigen.«

Aus den Erinnerungen von Tenzing Norgay

Spuren im Eis
von Jochen Hemmleb

Expeditionsarzt Lee Meyers erkannte den ausgeblichenen Knochen sofort: »Das ist ein Teil eines menschlichen Oberschenkels!« Schon bald fanden wir weitere Spuren: Ein Stück einer Elle, Fragmente einer Schädeldecke, ein paar noch zusammenhängende Rippenbögen, dazwischen Fetzen von olivgrünem Baumwollstoff. Das war im Mai 1999. 65 Jahre nach seinem Tod suchte der »rastlose Geist« Maurice Wilsons noch immer Bergsteiger an der Nordseite des Everest heim.

Als Charles Warren 1935 den leblosen Körper unweit von Lager III am Östlichen Rongbuk-Gletscher gefunden hatte, schien es keine Fragen über die Umstände von Wilsons Tod zu geben: »Seiner Haltung nach mußte er im Schlaf an Erschöpfung und Unterkühlung gestorben sein« – vermutlich nachdem er ein letztes Mal versucht hatte, die Eiswand des Nordsattels zu bezwingen. Doch Warren kam nicht umhin, »drei sonderbare Dinge« über den Fund zu notieren: »(1) Kein Schlafsack konnte gefunden werden. (2) Er [Wilson] war weniger als zweihundert Meter vom Lebensmitteldepot der Everest-Expedition von 1933 entfernt, von der er wußte, da er sie bereits genutzt hatte. (3) Er war in Rufweite von Lager III, wo Tewang und Rinzing angeblich auf ihn gewartet hatten.«

War es so, wie Peter Meier-Hüsing vermutet, daß die Sherpas vorzeitig nach Rongbuk abgestiegen waren, um dort auf

Wilson zu warten? Und wenn ja, warum hatten sie dies getan? Der Amerikaner Thomas Noy interpretiert die bekannten Fakten anders: Seiner Meinung nach war das Zelt, das bei Wilson gefunden wurde und in dem er vermutlich gestorben war, nicht Wilsons eigenes – sondern das seiner Sherpas. Wilson, so Noy, sei bei seinem Versuch weit über den Nordsattel hinausgelangt. Seine lange Abwesenheit veranlaßte die Sherpas dazu, abzusteigen – im Glauben, der Berg habe ihren Sahib behalten. Doch Wilson kehrte zurück, flüchtete regelrecht vom Berg und ließ auf dem Weg nach unten einen Großteil seiner Ausrüstung zurück. Als Wilson sich mit letzter Kraft ins Lager III zurückschleppte, fand er dort nur noch ein verlassenes Zelt. Darin suchte er Zuflucht und starb noch in der gleichen Nacht. Zwar erscheint es ausgeschlossen, daß Wilson jemals in der Lage und Position gewesen war, einen ernsthaften Gipfelversuch zu unternehmen. Doch sein Wille und seine Entschlossenheit könnten ihn durchaus bis auf den Nordsattel und darüber hinaus gebracht haben – vielleicht bis in die Region von Lager V, ähnlich wie der Amerikaner Woodrow Wilson Sayre bei seinem illegalen Versuch 1962. Ein solcher Versuch hätte mehrere Tage in Anspruch genommen. Und wenn Wilson oberhalb des Nordsattels die treppenartigen Felsen rechts des Nordgrats benutzt hätte (so wie es alle Expeditionen bis dahin getan hatten), wäre er von Lager III aus nicht zu sehen gewesen. Bei Wilsons Leiche fand man weder sein Sauerstoffgerät noch seinen Höhenmesser oder seine Kamera. Und Sayres Gruppe stieß im Eis der Nordsattelflanke auf ein altes Zelt, von dem sie annahmen, es könnte Wilsons gewesen sein …

Bis heute bleiben offene Fragen im »Fall Wilson«, bis heute sind die Gerüchte nicht verstummt. Gab es wirklich ein geheimes zweites Tagebuch voll erotischer Phantasien Wilsons? Eric Shipton und Dan Bryant, die beide 1935 beim Fund der Leiche dabei waren, hatten angeblich davon berichtet – und ein Theaterstück, »The Ice Chimney« von Barry Collins, basiert auf dem (imaginären) Inhalt dieses »Sex-Tagebuchs«. Charles Warren, der die Habseligkeiten Wilsons untersuchte, schreibt allerdings nichts davon. Ähnliche Gerüchte behaupteten, bei Wilsons Leiche habe man Frauenkleider gefunden. Wilson sei Fetischist gewesen. Chinesen hätten in einem alten Lager am Everest einen hochhackigen Frauenschuh gefunden. Die Fotos, welche die Chinesen 1960 bei der Wiederentdeckung der sterblichen Überreste Wilsons machten, zeigen nur Bergsteigerkleidung – doch von dem Frauenschuh erzählten sie uns selbst noch im Sommer 2001 ...

Mit der Zeit werden auch die letzten Knochen Maurice Wilsons im Eis und Moränenschutt des Östlichen Rongbuk-Gletschers verschwunden sein. Andere Spuren wird der Berg vielleicht noch freigeben. Doch ist es für die Geschichte wirklich wichtig, durch sie noch mehr über Maurice Wilson und seine letzten Tage zu erfahren? Nein – und ja. Denn jede dieser Spuren erlaubt uns einen kurzen Blick zurück in die Vergangenheit. Durch sie nehmen wir an einem vergangenen Ereignis nochmals teil – oder erfahren einen noch nicht bekannten Teil der Geschichte. In jedem Fall aber werden sie uns wieder an Maurice Wilson erinnern: einen Mann, der so ganz anders gewesen ist als die »Everest-Helden« seiner Zeit. Und der uns bei aller Verrücktheit auch irgendwie berührt, eine verborgene Sehnsucht nach dem Außergewöhnlichen weckt, ja vielleicht sogar ein wenig inspiriert.

Bildnachweis

Aus C. G. Bruce, *Mount Everest – Der Angriff 1922*, Basel 1924: Bild 4, 5, 6, 7, 8
Aus C. K. Howard-Bury, *Mount Everest – Die Erkundungsfahrt 1921*, Basel 1922: Bild 9
Aus Nigel Nicolson, *Der Himalaya*, 1975: Bild 3 (Captain John Noel)
Aus E. F. Norton, *Bis zur Spitze des Mount Everest – Die Besteigung 1924*, Basel 1926: Bild 10
Aus Dennis Roberts, *I'll Climb Mount Everest Alone – The Story of Maurice Wilson*, London 1957: Bild 1, 2

SERIE PIPER

Fergus Fleming

Nach oben

Die ersten Eroberungen der Alpengipfel. Aus dem Englischen von Bernd Rullkötter. 469 Seiten mit 61 Abbildungen. Serie Piper

Das Dach der Welt befand sich für die Europäer lange Jahrhunderte direkt über ihnen: Eiger, Mönch, Jungfrau und Montblanc, der verwunschene Berg, waren Gipfel in unerreichbarer Höhe. Noch im 18. Jahrhundert zählte ein angesehener Wissenschaftler die verschiedenen Drachenarten auf, die die unnahbaren Eiswelten bevölkerten. Kein Wunder, daß die Einheimischen sich lieber im Tal aufhielten. Doch dann kamen im 19. Jahrhundert besessene Forschungsreisende, verschrobene Bergsteiger und begeisterte Abenteurer, meistens Briten. Fesselnd, mit viel Humor und Ironie erzählt Fergus Fleming von den ersten Bezwingern der Alpen – von Katastrophen, Expeditionen, Irrtümern und Erfolgen.

»Eines der schönsten Bücher über die Berge zu der Zeit, als man sie noch in Crickethosen bestieg.«
Die Welt

05/1462/01/L

Erik Weihenmayer

Ich fühlte den Himmel

Ohne Augenlicht auf die höchsten Gipfel der Welt. Aus dem Amerikanischen von Maurus Pacher. 468 Seiten mit 16 Seiten Farbbildteil. Serie Piper

Durch eine seltene Augenkrankheit wurde Erik Weihenmayer vollkommen blind. Aber der Lebenswille des sportlichen jungen Amerikaners blieb ungebrochen. Erst beginnt er zu klettern, dann Berge zu besteigen. Sein Ziel: die sieben höchsten Gipfel aller Kontinente zu bezwingen. Im Mai 2001 steht er mit 32 Jahren auf dem Dach der Welt, dem Mount Everest, als erster Blinder in der Geschichte der Menschheit. In seinem humorvollen, inspirierenden Buch schildert er all die Abenteuer, die diesem großen Augenblick vorangingen.

»Weihenmayer ist in seinem Buch weit davon entfernt, seine Geschichte als sentimentale Erfolgsstory zu erzählen. Spannend zu lesen!«
Frankfurter Allgemeine

05/1566/01/R

Hans Kammerlander

Bergsüchtig

Klettern und Abfahren in der Todeszone. Unter Mitarbeit von Walther Lücker. 349 Seiten mit 56 Schwarzweiß- und 85 Farbfotos. Serie Piper

Der Südtiroler Hans Kammerlander ist einer der erfolgreichsten Extrembergsteiger der Welt und bisher der einzige, der vom Mount Everest mit Skiern abgefahren ist. In diesem Buch erzählt er von seiner Bergsucht, die ihn seit seiner Jugend immer wieder auf die höchsten Gipfel treibt, von seinem Leben zwischen Fels und Eis und von seinen Abenteuern auf den Achttausendern.

»Ein ehrliches, bodenständiges und schnörkelloses Buch. Ein echter Kammerlander eben.«
Abendzeitung, München

05/1561/01/L

Nicolas Vanier

Die weiße Odyssee

Aus dem Französischen von Reiner Pfleiderer. 318 Seiten mit 42 Farbfotos. Serie Piper

Nicolas Vanier hat sich seinen Traum erfüllt, als erster allein mit seinen Schlittenhunden vom Pazifik bis zum Atlantik zu fahren: 8600 Kilometer quer über den Kontinent. Sein Bericht ist nicht nur ein packendes Leseabenteuer – es ist auch die Geschichte einer unerschütterlichen Freundschaft zwischen einem Menschen und seinen Hunden, die sich in der Auseinandersetzung mit einer gnadenlosen Natur bewährt.

»Von den Strapazen der Fahrt berichtet Vanier in seinem Buch, von ihrem beinahe fatalen Ausgang, aber auch von der Weite und Schönheit der Landschaft im Norden. Vanier ist mehr als ein Draufgänger, er kann blendend erzählen. Ein moderner Jack London.«
Focus

05/1409/01/R

SERIE PIPER

Reinhold Messner

Der nackte Berg

Nanga Parbat – Bruder, Tod und Einsamkeit.320 Seiten mit zahlreichen Farb- und Schwarzweißabbildungen. Serie Piper

Über 8000 Meter ist er hoch, der magische Nanga Parbat. Seine mächtige Rupalwand, die mehr als vier Kilometer in die Tiefe fällt, hat Reinhold Messner als erster durchstiegen. Doch bis heute ruft sie die Erinnerungen an das Jahr 1970 wach, an die dramatischen Geschehnisse, die den Extrembergsteiger nicht loslassen, denn damals mußte er fassungslos und ohnmächtig den schrecklichen Tod seines Bruders durch eine Lawine erleben. Drei Jahrzehnte später erinnert er sich – an den Bruder, an das schreckliche Erlebnis am Nanga Parbat, an eine Tragödie, die am Anfang von Messners Identität als Grenzgänger steht.

»Ein großartiges, sein weitaus bestes Buch. Wer den Mythos Messner verstehen will, muß dieses Buch lesen, und er wird auch etwas vom Menschen Messner verstehen. Und von sich selbst.«
Die Zeit

05/1467/01/L

Jon Krakauer

In eisige Höhen

Das Drama am Mount Everest. Aus dem Amerikanischen von Stephen Steeger. 390 Seiten und 33 Schwarzweißfotos. Serie Piper

Geplant war ein Bericht über die dramatischen Auswüchse des kommerziellen Bergsteigens, Jon Krakauer wurde jedoch Augenzeuge der schlimmsten Katastrophe, die sich je auf dem Dach der Welt ereignet hat: Zwölf Bergsteiger kamen ums Leben. Jon Krakauers spannendes und tief berührendes Buch ist ein einmaliges Dokument, das sich mit der Faszination und Irrationalität des Bergsteigens auseinandersetzt.

»Eines der besten Bergbücher, weil es hautnah und nachvollziehbar zeigt, warum Leute auf den Gipfeln ihr Leben riskieren, obwohl sie es gerade dort wiederfinden wollen.«
Tages-Anzeiger, Zürich

05/1659/01/R

Bettina Selby

Himalaja

Mit dem Fahrrad durch Nepal, Kaschmir und Sikkim. Aus dem Englischen von Jürg Wahlen. 298 Seiten mit 22 Farbfotos. Serie Piper

Eine Frau um die fünfzig fährt mit ihrem Fahrrad 8000 Kilometer von Karatschi Richtung Himalaja, durch Indien und Nepal bis nach Katmandu. Immerhin, wenigstens das Fahrrad ist eine Spezialanfertigung – zum Nachbauen gibt's die genauen Anweisungen. Das ist aber auch der einzige Luxus auf der fünfmonatigen Tour, die Bettina Selby mitten hineinführt in die Fremde, die sie konfrontiert mit unabwägbaren, manchmal auch gefährlichen Situationen, mit Neugier und Gastfreundschaft, mit Zudringlichkeit und Zuneigung, vor allem aber mit dem intensiven Erleben einer atemberaubenden Landschaft.

05/1062/01/L

Pam Houston

Wildnis im Herzen

Aus dem Amerikanischen von Ulrike Wasel und Klaus Timmermann. 284 Seiten. Serie Piper

Pam Houston ist süchtig nach Abenteuern. Kein Fluß ist ihr zu reißend und kein Berg zu hoch auf ihrer Suche nach den extremen Seiten des Lebens. Stets zieht es sie in die entlegensten und unberührtesten Gegenden der Erde: in die Berge Colorados, auf die Stromschnellen wilder Flüsse oder in die Einsamkeit Alaskas. Sie fühlt sich dort am wohlsten, wo nur noch Steinböcke, Bären, Kojoten und Krokodile leben. Packend, unerschrocken und voller Humor erzählt sie von der Faszination der Wildnis, die sie in ihrem Herzen trägt.

»Das Buch liefert tiefenscharfe Erkundungen einer passionierten Beobachterin. Es sind Botschaften aus dem Herzen einer romantisierten Wildnis, die sich unterm Strich als kaum verstellte Liebesgeschichten einer Erotikerin des Natürlichen offenbaren.«

Facts

05/1343/01/R

SERIE PIPER